科目別 過去問題集

SUPER
J-Book Series

2024高卒認定
スーパー実戦過去問題集
国語

編集●J-出版編集部
制作●J-Web School

最新過去問題
&詳細解説
6回分
2021~2023年

J-出版

もくじ

高卒認定試験情報ほか

問題／解答・解説

高卒認定試験の概要

1. 高等学校卒業程度認定試験とは

高等学校卒業程度認定試験（高卒認定試験）は、高等学校を卒業していないなどのため、大学等の受験資格がない方に対し、高等学校卒業者と同等以上の学力があるかどうかを認定する試験です。合格者には大学・短大・専門学校や看護学校などの受験資格が与えられるだけでなく、高等学校卒業者と同等以上の学力がある者として認定され、就職、転職、資格試験等に広く活用することができます。ただし、試験で合格要件を満たした者が満18歳に達していないときには、18歳の誕生日から合格者となります。

2. 受験資格

受験年度末の3月31日までに満16歳以上になる方。現在、高等学校等に在籍されている方も受験が可能です。ただし、すでに大学入学資格を持っている方は受験できません。

3. 実施日程

試験は8月と11月の年2回実施されます。8月試験と11月試験の受験案内（願書）配布開始日、出願期間、試験日、結果通知送付日は以下のとおりです（令和6年度の実施日程を基に作成しています。最新の実施日程については文部科学省のホームページを確認してください）。

	第1回（8月試験）	第2回（11月試験）
配布開始日	4月1日(月)～	7月16日(火)～
出願期間	4月1日(月)～5月7日(火)	7月16日(火)～9月6日(金)
試験日	8月1日(木)・2日(金)	11月2日(土)・3日(日)
結果通知送付日	8月27日(火)発送	12月3日(火)発送

4. 試験科目と合格要件

試験の合格者となるためには、合格要件に沿って8科目もしくは9科目の試験科目に合格することが必要です（「理科」の選択科目によって科目数が異なります）。

教科	試験科目	科目数	合格要件
国語	国語	1	必修
地理歴史	地理	1	必修
	歴史	1	必修
公民	公共	1	必修
数学	数学	1	必修
理科	科学と人間生活 物理基礎 化学基礎 生物基礎 地学基礎	2 または 3	以下の①、②のいずれかが必修 ①「科学と人間生活」の1科目と「物理基礎」、「化学基礎」、「生物基礎」、「地学基礎」のうち1科目（合計2科目） ②「物理基礎」、「化学基礎」、「生物基礎」、「地学基礎」のうち3科目（合計3科目）
外国語	英語	1	必修

5. 試験科目の出題範囲

試験科目	出題範囲（対応する教科書名）	
国語	「現代の国語」「言語文化」	令和４年４月以降の高等学校入学者が使用している教科書
地理	「地理総合」	
歴史	「歴史総合」	
公共	「公共」	
数学	「数学Ⅰ」	
科学と人間生活	「科学と人間生活」	
物理基礎	「物理基礎」	
化学基礎	「化学基礎」	
生物基礎	「生物基礎」	
地学基礎	「地学基礎」	
英語	「英語コミュニケーションⅠ」	

出願から合格まで

1. 受験案内（願書）の入手

受験案内（願書）は、文部科学省や各都道府県教育委員会、各都道府県の配布場所などで配布されます。ただし、配布期間は年度毎に異なりますので、文部科学省のホームページなどで事前に確認してください。なお、直接取りに行くことができない方はパソコンやスマートフォンで受験案内（願書）を請求することが可能です。

〈パソコンもしくはスマートフォンで請求する場合〉

次のＵＲＬにアクセスし、画面の案内に従って申し込んでください。

https://telemail.jp/shingaku/pc/gakkou/kousotsu/

○受験案内（願書）は、配布開始時期のおよそ１か月前から出願締切のおよそ１週間前まで請求できます。

○請求後、受験案内（願書）は発送日から通常３～５日程度で届きます。ただし、配布開始日以前に請求した場合は予約扱いとなり、配布開始日に発送されます。

○受験案内（願書）に同封されている支払方法に従って送料を払います。

○不明な点はテレメールカスタマーセンター（ＴＥＬ：０５０‐８６０１‐０１０２　受付時間：９：30～18：00）までお問い合わせください。

2. 出願書類の準備

受験案内（願書）を入手したら、出願に必要な次の書類を用意します（令和５年度の受験案内を基に作成しています。内容が変更になる場合もあるため、最新の受験案内を必ず確認してください）。

①受験願書・履歴書
②受験料（収入印紙）
③写真２枚（縦４㎝×横３㎝）※同じ写真を２枚用意
④住民票または戸籍抄本
⑤科目合格通知書　※一部科目合格者のみ
⑥試験科目の免除に必要な書類（単位修得証明書、技能審査の合格証明書）　※試験科目の免除を申請する者のみ
⑦氏名、本籍の変更の経緯がわかる公的書類（戸籍抄本等）　※必要な者のみ
⑧個人情報の提供にかかる同意書　※該当者のみ
⑨特別措置申請書および医師の診断・意見書　※必要な者のみ
⑩出願用の封筒

①受験願書・履歴書
受験願書・履歴書の用紙は受験案内に添付されています。

②受験料（収入印紙）
受験科目が7科目以上の場合は8500円、4科目以上6科目以下の場合は6500円、3科目以下の場合は4500円です。受験料分の金額の日本政府発行の収入印紙（都道府県発行の収入証紙等は不可）を郵便局等で購入し、受験願書の所定欄に貼り付けてください。

③写真2枚（縦4㎝×横3㎝）
出願前6か月以内に撮影した、無帽・背景無地・正面上半身の写真を2枚（同一のもの）用意し、裏面に受験地と氏名を記入して受験願書の所定欄に貼り付けてください。写真は白黒・カラーいずれも可です。

④住民票または戸籍抄本（原本）
出願前6か月以内に交付され、かつ「本籍地（外国籍の方は国籍等）」が記載されたものを用意してください。マイナンバーの記載は不要です。海外在住の外国籍の方で提出が困難な場合は、必ず事前に文部科学省総合教育政策局生涯学習推進課認定試験第二係まで問い合わせてください。
TEL：03-5253-4111（代表）（内線2590・2591）

⑤科目合格通知書（原本）
過去に高等学校卒業程度認定試験または大学入学資格検定において、一部科目に合格している方は提出してください。なお、紛失した場合は受験案内にある「科目合格通知書再交付願」で出願前に再交付を受けてください。結婚等により、科目合格通知書に記載された氏名または本籍に変更がある場合は、「⑦氏名、本籍の変更の経緯がわかる公的書類（戸籍抄本等）」をあわせて提出してください。

⑥試験科目の免除に必要な書類（単位修得証明書、技能審査の合格証明書）（原本）
試験科目の免除を申請する方は受験案内を確認し、必要書類を提出してください。なお、「単位修得証明書」が発行元で厳封されていない場合は受理されません。結婚等により、試験科目の免除に必要な書類の氏名に変更がある場合は、「⑦氏名、本籍の変更の経緯がわかる公的書類（戸籍抄本等）」をあわせて提出してください。

⑦氏名、本籍の変更の経緯がわかる公的書類（戸籍抄本等）（原本）
結婚等により、「⑤科目合格通知書」や「⑥試験科目の免除に必要な書類」に記載された氏名または本籍が変更となっている場合に提出してください。

⑧個人情報の提供にかかる同意書
外国籍の方で、過去に高等学校卒業程度認定試験または大学入学資格検定で合格した科目があり、「⑤科目合格通知書」の氏名（本名）または国籍に変更がある場合は、受験案内を確認して提出してください。

⑨特別措置申請書および医師の診断・意見書
身体上の障がい等により、受験の際に特別措置を希望する方は、受験案内を確認し、必要書類を提出してください。

⑩出願用の封筒
出願用の封筒は受験案内に添付されています。封筒の裏面に氏名、住所、電話番号、受験地を明記し、「出願書類確認欄」を用いて必要書類が揃っているかを再度チェックし、不備がなければ郵便局の窓口で「簡易書留扱い」にして文部科学省宛に送付してください。

3. 受験票

受験票等（受験科目決定通知書、試験会場案内図および注意事項を含む）は文部科学省から受験願書に記入された住所に届きます。受験案内に記載されている期日を過ぎても到着しない場合や記載内容に誤りがある場合は、文部科学省総合教育政策局生涯学習推進課認定試験第二係に連絡してください。　TEL：03-5253-4111（代表）　①試験実施に関すること（内線2024・2643）　②証明書に関すること（内線2590・2591）

4. 合格発表・結果通知

試験の結果に応じて、文部科学省から次のいずれかの書類が届きます。全科目合格者には「**合格証書**」、一部科目合格者には「**科目合格通知書**」、その他の者には「**受験結果通知**」が届きます。「**合格証書**」が届いた方は、大学入学資格（高等学校卒業程度認定資格）が与えられます。ただし、試験で合格要件を満たした方が満18歳に達していないときには、18歳の誕生日から合格者となります。そのため、大学入学共通テスト、大学の入学試験等については、原則として満18歳になる年度から受験が可能となります。大学入学共通テストについては、独立行政法人大学入試センター　事業第一課（TEL：03-3465-8600）にお問い合わせください。「**科目合格通知書**」が届いた方は、高等学校卒業程度認定試験において1科目以上の科目を合格した証明になりますので、次回の受験まで大切に保管するようにしてください。なお、一部科目合格者の方は「**科目履修制度**」を利用して、合格に必要な残りの科目について単位を修得することによって、高等学校卒業程度認定試験合格者となることができます（「**科目履修制度**」については次のページもあわせて参照してください）。

科目履修制度

1. 科目履修制度とは

科目履修制度とは、通信制などの高等学校の科目履修生として未合格科目（合格に必要な残りの科目）を履修し、レポートの提出とスクーリングの出席、単位認定試験の受験をすることで履修科目の単位を修得する制度となります。この制度を利用して単位を修得した科目は、免除科目として文部科学省に申請することができます。高等学校卒業程度認定試験（高卒認定試験）の合格科目と科目履修による単位修得を合わせることにより、高等学校卒業程度認定試験の合格者となることができるのです。

2. 科目履修の学習内容

レポートの提出と指定会場にて指定回数のスクーリングに出席し、単位認定試験で一定以上の点数をとる必要があります。

3. 科目履修制度の利用

❶すでに高卒認定試験で合格した一部科目と科目履修を合わせることにより高卒認定試験合格者となる。

高卒認定試験既合格科目 ＋ 科目履修（残り科目を履修） ＝ 合わせて8科目以上 → 高卒認定試験合格

※最低1科目の既合格科目または合格見込科目が必要

①苦手科目がどうしても合格できない方
②合格見込成績証明書を入手し、受験手続をしたい方
③残り科目を確実な方法で合格したい方
④大学・短大・専門学校への進路が決まっている方

❷苦手科目等を先に科目履修で免除科目にして、残りの得意科目は高卒認定試験で合格することで高卒認定試験合格者となる。

科目履修（苦手科目等を履修） ＋ 高卒認定試験科目受験 ＝ 合わせて8科目以上 → 高卒認定試験合格

※最低1科目の既合格科目または合格見込科目が必要

①得意科目だけで高卒認定試験の受験に臨みたい方
②できるだけ受験科目数を減らしたい方
③どうしても試験で合格する自信のない科目がある方
④確実な方法で高卒認定試験の合格を目指したい方

4. 免除を受けることができる試験科目と免除に必要な修得単位数

免除が受けられる試験科目	高等学校の科目	免除に必要な修得単位数
国語	「現代の国語」	2
	「言語文化」	2
地理	「地理総合」	2
歴史	「歴史総合」	2
公共	「公共」	2
数学	「数学Ⅰ」	3
科学と人間生活	「科学と人間生活」	2
物理基礎	「物理基礎」	2
化学基礎	「化学基礎」	2
生物基礎	「生物基礎」	2
地学基礎	「地学基礎」	2
英語	「英語コミュニケーションⅠ」	3

（注）上記に記載されている免除に必要な修得単位数はあくまで標準的修得単位数であり、学校によっては科目毎の設定単位数が異なる場合があります。

■科目履修制度についてより詳しく知りたい方は、J-出版編集部にお問い合わせください。
TEL：03-5800-0552
Mail：info@j-publish.net

傾向と対策

1. 出題傾向

過去3年間の8月試験および11月試験の出題傾向は左のとおりです。現代文70点、古典（古文・漢文）30点という配点構成で、現代文は「小説」と「評論」が交互に出題されています。また、平成29年度の試験以降に出題されるようになった「資料読み取り」「実用文」「敬語」「会話文・スピーチ」について、「実用文」と「敬語」は過去3年間の試験を見てみても数回ほどの出題ですが、「資料読み取り」と『会話文・スピーチ」は毎回出題されています。古典（古文・漢文）は「文脈把握」「解釈」「読み取り」の3つの内容の出題が続いていますが、「訓点・訓読」についてはここしばらく出題がありません。

出題内容	令和3年度第1回	令和3年度第2回	令和4年度第1回	令和4年度第2回	令和5年度第1回	令和5年度第2回
現代文						
読み	●	●	●	●	●	●
書き取り（選択問題）	●	●	●	●	●	●
熟語（四字熟語含む）	●	●	●	●		●
適語・適句の選択補充	●	●	●	●	●	●
小説		●	●			●
評論	●			●	●	
資料読み取り	●	●	●	●	●	●
実用文				●		
敬語	●		●		●	●
会話文・スピーチ	●	●	●	●	●	●
古典（古文・漢文）						
文脈把握	●	●	●	●	●	●
解釈	●	●	●	●	●	●
訓点・訓読						
読み取り	●	●	●	●	●	●

2. 出題内容と対策

1 現代文

〈現代文〉

現代文の問題を解くときには、まず問題文に目を通して「何を問われているのか」をざっと理解したうえで本文を読むと、効率よく必要な内容を抽出することができます。もうひとつの方法としては、本文を読みつつ傍線部が出てきたら、そのすこし先まで読んでからその傍線部の問題を解いていくというものです。そのほかにも、まず本文をすべて読んでから問題を解いていくという方法もあります。しかし、何が問われるのかがわからない状態で読み進めることになるので、結果的に時間がかかってしまうことがあります。そのため、本文をすべて読んでから設問に移るというやり方はあまりおすすめしません。

「小説」を読む際には、登場人物の心情と行動の結びつき（例：悲しい→泣く）を意識して読んでいくとよいでしょう。それに対して、「評論」を読む際には、形式段落ごとに線を引いて、段落どうしの関係性（例：第一段落は導入で、第二段落で自論の紹介）を意識しながら読むとよいでしょう。

問題はすべて択一の形式になっていますが、正解だと思われる選択肢を見つけたとしても、ほかの選択肢が本当に間違っているのかを確認するようにしましょう。そのようにしてから正解だと思う選択肢を選ぶようにすると、ミスが減るだけでなく正答率が上がるようになります。

〈資料読み取り〉

「資料読み取り」の問題では、まず問題文に目を通すことが重要で、問題文に目を通したうえで、その内容を確認するかのようにして本文を読んだり、また資料を見たりして特徴や間違いなどを見つけていく方法をおすすめします。資料の特徴や内容を頭の中でまとめる練習をすると、より正答率が高まります。

「資料読み取り」の問題でも、正解だと思われる選択肢を見つけたとしても、ほかの選択肢が本当に間違っているのかを確認するようにしましょう。

〈実用文〉

「実用文」については、定型のあいさつ表現やマナーを聞かれることが多いため、文章の読み取りというよりは暗記の要素が強くなります。日頃から手紙文を読むなどして、あいさつ表現やマナーを把握しておくとよいでしょう。

また、日常的に言葉遣いを意識して文章を読む習慣を身に付け、間違いやすい表現（例：「お父さん」の場合、「おとおさん」ではなく「おとうさん」という読みが正しい）にも気を配るとよいでしょう。

〈敬語〉

「敬語」は、尊敬語、謙譲語、丁寧語のそれぞれのしくみと表現を理解して覚えていることは前提として問われますので、隙間時間などに敬語表現を暗記するようにしましょう。問題を解くときには、本文をしっかりと読み込んで、傍線部の前後は誰の発言で誰に対して敬意を表そうとしているのかに注意しましょう。発言者や敬意の対象が把握できれば、用いるべき敬語が尊敬語なのか、あるいは謙譲語なのか、はたまた丁寧語なのかを判断できるようになります。

〈会話文・スピーチ〉

「会話文」の問題では、話し合いのテーマや目的を意識しながら読み進めて、全体の流れ（展開）をつかむことが重要です。また、この問題では、それぞれの発言者の役割、個々の発言のはたらきや意味合いがよく問われます。誰がどのような発言をしているのかを整理して解くようにしましょう。

「スピーチ」の問題では、スピーチ全体の内容と構成を把握したうえで、設問に答えるようにしましょう。スピーチのなかで繰り返し用いられることばについては、スピーチの内容のキーワードであるほか、繰り返し用いることによって何らかの印象付けを行おうとしている場合もあります。

2 古典

古典の問題を解くときは、現代文と同じようにまず問題文に目を通して「何を問われているのか」をざっと理解したうえで本文を読むとよいでしょう。古典の場合には注釈がありますので、問題文に目を通してから注釈も確認しておくと、本文の内容を理解しやすくなるでしょう。本文中に用いられている敬語も内容理解のヒントになります。敬語を手掛かりにすると、誰の発言なのか、また誰の行動なのかといったことが把握しやすくなります。

「文脈把握」の問題では、登場人物のうちの誰の発言や行動なのかに注意して選択肢を吟味するようにしましょう。「解釈」の問題では、とくに漢文の場合、返り点などの訓点のルールに従って、語順を正確に把握することを意識しましょう。

古典も現代文と同様に問題はすべて択一の形式になっていますが、正解だと思われる選択肢を見つけても、ほかの選択肢が本当に間違っているのかを確認するようにしましょう。そのような解き方をすることによって、確実に正答を出せるようになっていきます。

令和５年度 第２回
高卒認定試験

国　語

解答時間　50分

注　意　事　項（抜粋）

＊　試験開始の合図前に，監督者の指示に従って，解答用紙の該当欄に以下の内容をそれぞれ正しく記入し，マークすること。

①**氏名欄**

氏名を記入すること。

②**受験番号**，③**生年月日**，④**受験地欄**

受験番号，**生年月日を記入**し，さらにマーク欄に**受験番号**（数字），**生年月日**（年号・数字），**受験地をマーク**すること。

＊　**受験番号，生年月日，受験地が正しくマークされていない場合は，採点できないことがある。**

＊　解答は，解答用紙の解答欄にマークすること。例えば， 10 と表示のある解答番号に対して②と解答する場合は，次の(例)のように**解答番号** 10 の**解答欄**の②に**マーク**すること。

（例）

解答番号	解　答　欄
10	① ● ③ ④ ⑤ ⑥ ⑦ ⑧ ⑨ ⓪

国語（解答番号 1 〜 22 ）

1 次の問1〜問5に答えよ。

問1 傍線部の漢字の正しい読みを、次の①〜⑤のうちから一つ選べ。解答番号は 1 。

交通ルールを遵守する。

① てんしゅ
② そんしゅ
③ げんしゅ
④ こしゅ
⑤ じゅんしゅ

問2 (ア)、(イ)の傍線部に当たる漢字と同じ漢字を用いるものを、次の各群の①〜⑤のうちからそれぞれ一つ選べ。解答番号は 2 ・ 3 。

(ア) カクウの都市を舞台とした小説。 2

① ショカに本を戻す。
② ケイカを観察する。
③ 商品のカカクを調べる。
④ 外出をキョカする。
⑤ 原料をカコウする。

(イ)　ピアニストがセンサイな音楽を紡ぎ出している。 3

① シンセンな魚を食べる。
② 食物センイを摂取する。
③ ガスのモトセンをしめる。
④ 左方向にセンカイする。
⑤ 選手センセイをする。

問3　空欄に言葉を補うと、「一風変わったことをして見せびらかす」という意味になる。空欄に入る言葉として最も適当なものを、次の①～⑤のうちから一つ選べ。解答番号は 4 。

奇を［　　］

① なげる
② さそう
③ さわる
④ てらう
⑤ かりる

問4　敬語を、次のA～Cのような三つの種類に分けた場合、「うかがう」と「いらっしゃる」という語はそれぞれどの種類に入るか。最も適当なものを、後の①～⑤のうちから一つ選べ。解答番号は［5］。

A［御覧になる　お持ちになる　おっしゃる］
B［拝見する　お持ちする　申す］
C［見ます　持ちます　言います］

①「うかがう」、「いらっしゃる」ともにAに入る。
②「うかがう」はA、「いらっしゃる」はBに入る。
③「うかがう」はB、「いらっしゃる」はAに入る。
④「うかがう」、「いらっしゃる」ともにBに入る。
⑤「うかがう」、「いらっしゃる」ともにCに入る。

問5　「河川」と同じ構成で成り立っている熟語を、次の①～⑤のうちから一つ選べ。解答番号は［6］。

①　無人
②　完全
③　大河
④　左右
⑤　日没

2 東高校の合唱コンクール実行委員会では、先月実施した合唱コンクールの事後アンケートをもとにして、次年度の合唱コンクールの改善案を検討することになった。合唱コンクール実行委員会委員長の鈴木さんは委員会の打合せ用に【連絡メモ】を作成し、他の実行委員と話合いを行った。この時の【連絡メモ】と【話合いの一部】を読んで、問1、問2に答えよ。

【連絡メモ】

次年度の合唱コンクールに向けての検討事項 ♫

1 優劣を競うのではなく、みんなで楽しむものとするために、合唱コンクールから合唱祭にしてはどうか。
→今年度の「合唱コンクール事後アンケート」で多くの指摘があった内容。

2 開催を 11 月ではなく、9月にしてはどうか。
→11 月だと、定期試験が近いので練習の時間が確保しにくい。夏休みを挟めば、練習時間が確保できる。(先生方にも相談済み)

3 課題曲をやめて、自由に曲を選べるようにしてはどうか。
→指定された課題曲だとモチベーションが上がらない。自分たちで好きな曲を選びたい。(上記アンケートの自由記述から複数指摘されていた意見)

※先生への報告
→来週の水曜日放課後までに実行委員会の意見をまとめて、先生に報告することができるようにしたい。

【話合いの一部】

鈴木さん「今から次年度の合唱コンクールについての話合いを始めます。みなさん事前に【連絡メモ】は見てくれていますよね。そこにある通り、検討事項は三つです。」

後藤さん「学年ごとの課題曲ではなくて、自由に曲を歌えるようにするのですね。今年歌った曲は難しかったから、歌いたい曲が歌えてうれしいです。」

森さん「そうでしょうか。今年の課題曲は、難しかったからこそ歌えた時に達成感があったと思います。同じ曲だからこそ、クラスごとに表現の差があって面白かったのではないでしょうか。それに自由曲になったら、曲を決めることに時間を取られてしまうのではないかということが心配です。練習時間が減ってしまいませんか。」

山田さん「たしかに、好きな曲が歌えると言っても、それぞれ好みは違うから、結局は歌いたくない曲を歌う人が出てくるのは同じでしょう。課題曲でも自由曲でも、練習を重ねると愛着が湧くとは思いますが、どちらにせよ、練習時間を確保するのは大変ですよね。」

伊藤さん「私は【連絡メモ】の、優劣を競うのではなくという記述が気になります。合唱コンクールではなくて、合唱祭になった場合は、順位を決めないということでしょうか。もしそうなら、私は合唱コンクールを合唱祭にするのは反対です。」

鈴木さん「詳細はまだ決まっていません。この話合いで出た意見をまとめて先生に報告したいと思います。」

伊藤さん「A みんなで楽しむことも大切だけど、せっかく練習したのだから成果を評価してもらいたいという気持ちをみんな持っていると思います。」

永野さん「私は、合唱コンクールは、クラスごとに団結をして優勝を目指すからこそ、やりがいがあったように思います。合唱コンクールではなく、合唱祭にするメリットをもう少し知りたいです。」

山田さん「B では、これまでの話で出た合唱祭にするメリットをまとめてみませんか。後藤さんが言うように、好きな曲を歌えるということですよね。」

森さん「山田さんがまとめてくれたことを考えると、そこまで大きなメリットがある気がしません。次年度も例年通りでいいのではないでしょうか。」

永野さん「森さんの意見には賛成できません。大事な学校行事だし、少しでもよくなるなら、しっかり話し合ってよりよいものに変えていくべきです。」

後藤さん　C「【連絡メモ】にあったように、開催時期の変更はするべきだと思います。定期試験のすぐ後だった十一月から変更になり、夏休みの後になるのですよね。それなら、夏休み中にしっかり自主練習の時間を確保できると思います。」

伊藤さん　「そうですね。しっかり自分でも練習してから、クラスのみんなと声を合わせたいです。」

鈴木さん　「では、開催時期の変更について、委員会としての意見をまとめますね。開催日の変更に賛成の方は挙手をお願いします。」（挙手の人数を数える。）

「続いて反対の方は挙手をお願いします。」（挙手の人数を数える。）

「はい、ありがとうございました。変更に賛成の方が多数ということですね。それでは他に意見はありますか。」

森さん　D「すみません。他にも気になることがあります。【連絡メモ】にはありませんが、コンクールでないとしたら、審査員なども必要なくなるのでしょうか。私は吹奏楽部なので、運営のお手伝いをするからいろいろと気になるのですが。」

鈴木さん　「気になること全てについて話し合うと、来週の先生への報告に間に合わなくなってしまうので、今回は、【連絡メモ】にある検討事項について話を進めませんか。」

後藤さん　「そうですね。運営方針が決まってから森さんの気になることを確認しましょう。」

森さん　「分かりました。よろしくお願いします。」

鈴木さん　「では、改めて【連絡メモ】にある残り二つの検討事項について意見がある人はいませんか。」

永野さん　E「残りの二つですが、コンクールにするか合唱祭にするかと、課題曲か自由曲かは一緒に考えたらどうでしょうか。コンクールにするなら、課題曲のほうが評価もしやすいだろうし、曲選定の時間も練習に回せます。一方で、合唱祭にするなら、好きな曲を選び、楽しみながら練習できると思います。」

伊藤さん　「そんな風に考えたら、意見をまとめることができますね。」

山田さん　「その考え方なら、話がまとまりますね。他のみんなはどうですか。」

森さん　「賛成です。」

後藤さん　「私も賛成です。」

鈴木さん　「みんな賛成のようですね。では、永野さんの考えに沿って、この後考えていきましょう。」

問1 **【話合いの一部】**において、傍線部A～Eのそれぞれの発言について説明したものとして最も適当なものの組合せを、後の①～⑤のうちから一つ選べ。解答番号は 7 。

ア 傍線部Aで、伊藤さんは自らの意見の根拠を客観的に示し、説得力のある意見を述べたことで賛同を得ている。
イ 傍線部Bで、山田さんは他の人の意見と自分の意見の相違点をまとめて相対化した上で、反対意見を述べている。
ウ 傍線部Cで、後藤さんは自らの意見を示した上で、自分がそのように考える理由を述べている。
エ 傍線部Dで、森さんは他の人の意見を積極的に受け入れて、話合いが円滑に進むように新たな検討事項を提案している。
オ 傍線部Eで、永野さんは今後の話合いの方向を提案し、そう提案した理由を説明している。

① ア・ウ
② ア・エ
③ イ・エ
④ イ・オ
⑤ ウ・オ

問2 **【話合いの一部】**における実行委員会での話合いについて説明したものとして最も適当なものを、次の①～⑤のうちから一つ選べ。解答番号は 8 。

① 次回の打合せに向けて、次年度の合唱コンクールに向けての三つの検討事項に回答することの賛否を決める話合いであった。
② 次回の打合せに向けて、課題曲をやめて自由曲にするという新たな議題を見出すための話合いであった。
③ 次回の打合せに向けて、次年度の合唱コンクールに向けての三つの検討事項について委員の意見をまとめつつ、検討の方向性を確認した話合いであった。
④ 次回の打合せに向けて、次年度の合唱コンクールに向けての三つの検討事項よりも、審査員の有無や、吹奏楽部の運営の手伝いについて重点的に検討した話合いであった。
⑤ 次回の打合せに向けて、審査員を頼むか頼まないかという対立する意見をそれぞれに深めていく話合いであった。

3　南高校の橋本さんは、**【南高校生徒会からのお知らせ】**に対して国語の時間に学んだ**【意見文の書き方の例】**に従い、意見文を書くことになった。**【橋本さんの意見文（第一段落）】**は、**【意見文の書き方の例】**の「①」として橋本さんが書いたものである。これらを読んで、問1、問2に答えよ。

【南高校生徒会からのお知らせ】

来年度の８月から３月にかけて、校舎の改築工事が行われます。具体的には、新棟（特別教室棟）と旧棟（教室棟）の２棟からなる現在の校舎のうち、旧棟が工事対象となります。旧棟にあるすべての教室が使えなくなるため、校庭にプレハブで仮設校舎が建てられる予定です。そのため、工事期間中は校庭も使うことができなくなります。

現在南高校では、生徒会が主催する大きな行事として、９月の文化祭と11月の体育祭があります。みなさんも御存じの通り、どちらの行事も校舎や校庭を使って行われるものです。先生方に確認したところ、来年度にこれらの行事を行うとしたら、実施が可能である時期は、改修工事が始まる直前の７月だそうです。ただし、７月に両方の行事を行うことは日程の関係でできないため、どちらか一つに絞って実施するしかないそうです。

そこで、生徒会では、みなさんの意見を聞きながら、来年の７月に文化祭と体育祭のどちらを行うかについて、日程と予算の面から先生方と検討していきます。来年度、７月に行うことになる生徒会主催行事は一つになってしまいますが、その分、集中して取り組み、思いきり盛り上げていきましょう。

【意見文の書き方の例】

①…課題文を読み、課題文に対する意見を書く。

②…「①」で書いた意見の根拠を書く。

※二段落構成とするなら、初めの段落には「意見」を、次の段落には「根拠」を書くようにしよう。

【橋本さんの意見文（第一段落）】

　来年の七月に文化祭と体育祭のどちらを行うかについて、生徒会は「日程」と「予算」の点から先生方と話し合って検討する方向を示した。だから私は検討の視点が不足していると考える。「優先して運営方法を引き継ぐべき行事はどちらなのか」という視点からの検討も必要ではないだろうか。

問1 **【橋本さんの意見文（第一段落）】**の傍線部はどのように修正するとよいか。最も適当なものを、次の①～⑤のうちから一つ選べ。解答番号は 9 。

① 「だから」を「だが」にし、文末を「～と考える」にする。
② 「だから」を「その上」にし、文末を「～と考える」にする。
③ 「だから」を「だが」にする。
④ 「だから」を「その上」にする。
⑤ 「だから」を「つまり」にし、文末を「～のである」にする。

問2 【意見文の書き方の例】に照らして考えた場合、橋本さんの意見文の第二段落として最も適当なものを、次の①～⑤のうちから一つ選べ。解答番号は 10 。

①
なぜなら、生徒会が文化祭や体育祭を主催してこられたのは、行事を運営するやり方が継承されてきたことによると考えるからだ。しかし、来年はどちらか一つしか実施できない。つまり、来年中断された行事の運営のやり方は一年間引き継がれないことになる。それならば、今のうちに両方の行事の運営のやり方を文書にまとめておくべきである。このようなことから、私は、両方の行事の運営のやり方を文書にして引き継ぐべきという視点からも検討するべきだと考える。

②
なぜなら、今まで文化祭と体育祭が盛大に行われてきたのは、行事の運営の仕方が、上級生から下級生へと伝わってきたことによると考えるからだ。そのようにして代々受け継がれてきたものは、南高校の「財産」である。しかし、来年はその「財産」が一つしか伝わらない危機にある。この点を生徒全員で認識するべきだ。このようなことから、私は、南高校の生徒会行事が存亡の危機にあるという視点からも検討するべきだと考える。

③
なぜなら、私は今年実行委員として文化祭と体育祭の運営に携わったことで、運営全般に関するコツをたくさん学んだからだ。私が知り得た文化祭と体育祭の運営のコツは、来年度以降の運営においても必ず役に立つと思うので、ぜひとも下級生に伝えたい。このようなことから、私は、今年の文化祭と体育祭の運営のコツを引き継ぐという視点からも検討するべきだと考える。

④
なぜなら、文化祭と体育祭を生徒会主催でこれまで盛大に実施できたのは、生徒間でその運営のノウハウが脈々と受け継がれてきたことにあると考えるからだ。もし、ある行事の運営のノウハウの継承が途絶えれば、その行事を従来通りに実施することは困難になるかもしれない。このようなことから、私は、南高校の生徒会主催行事として、運営のノウハウを確実に引き継がなければならないものはどちらなのかという視点からも検討するべきだと考える。

⑤
なぜなら、文化祭や体育祭においては、運営する側はもちろん大変であるが、実は参加する側の負担も大きいという現状があるため、行事の運営方法と行事のあり方の両方を見直すことが必要だと考えるからだ。現在受け継がれている行事の運営方法をそのまま次の代に引き継ぐだけでは、私が感じていることの問題は解決しない。このようなことから、私は、行事の運営方法と行事のあり方をともに見直した結果を次代に引き継ぐという視点からも検討するべきだと考える。

4 次の文章は、以前地元の弓道会が主催した弓道の体験教室に参加したものの入会するかどうか迷っていた高校生の矢口楓《やぐちかえで》が、そこで知り合った同じ高校に通う真田善美《さなだよしみ》に半ば強引に誘われて弓道会の練習に参加した場面である。これを読んで、**問1～問6**に答えよ。

更衣室の鏡に、自分の姿が映っている。弓道着を身に着けた自分は、きりっとしてカッコいい。優柔不断で人見知りには、とても見えない。

「素敵。まるで弓道アニメのコスプレしてるみたい」

正直な感想を言うと、(注1)久住《くずみ》は再び笑った。

「そうね。ふだんはこんな服着ないものね」

更衣室を出ると、楓の姿をみつけて、ほかの人たちも集まって来た。

「楓ちゃん、お久しぶり」

真っ先に声を掛けてきたのは、(注2)小菅《こすげ》だ。小菅も弓道着を着けている。

「入会することにしたのね。よかった」

「いえ、まだ見学だけなんです。あの」

言い掛けた時、横から声がした。

「もしかして、あなたも高校生？」

声の主も若い。弓道着を着ているから落ち着いて見えるが、「あなたも」と言うからには自分も高校生なのだろう。髪は楓と同じくらいの長さだが、結んではいない。日に焼けて浅黒く、生き生きとした目が印象的な少女だ。

「はい。高校一年です」

「わ、嬉《うれ》しい！　タメだ。私、(注3)山田光《ひかり》、よろしくね」

「矢口楓です。よろしく。A でも」

まだ入会していない、と説明しようとしたら、後ろから別の声がする。

「あ、きみ、やっぱり来たんだね」

体験教室に楓を誘った(注4)イツヤという少年だ。イツヤも嬉しそうな顔をしている。

「妹がそのうち連れてくるって言ってたからさ。待ってたんだ」

「妹？」

「きみ、善美と同じ学校なんだろ？」

つまり、イツヤの妹というのは、真田善美のこと？　妹が連れてくると言ってたってことは、今日会ったのは偶然ではなく、彼女は機会をうかがっていたってこと？

「えっと、つまり、あなたは真田善美さんのお兄さん？」

「そう。あれ、自己紹介してなかったっけ？」

「ええ。そういえば、名前も聞いてなかった」

なんとなく顔見知りになったので、お互いちゃんと名乗ったことはない。名前を聞いていたら、すぐに兄妹《きょうだい》だとわかっただろうに。

「そうだっけ。ごめんね。いまさらだけど、僕は真田乙矢《いつや》。弓道で言うところの甲矢乙矢《はやおとや》(注5)の乙矢と書いてイツヤと読むんだ。あなたは矢口さんだっけ？」

「矢口楓です」

自分が彼女になりたいわけではないが、イツヤと善美がカップルでないと知って、なぜか浮き立つような気持ちになっている。

「そう、これからよろしくね」

乙矢のにこっと笑った顔がまぶしくて、『見学だけです』とは言えなくなった。

「カエデ、お久しぶり」

ちょっと癖のあるイントネーションで話し掛けてきたのはモロー(注6)だ。あいかわらず寝ぐせがついている。

「わ、モローさん、私を覚えていてくれたんですね。それに、弓道着、とても似合っています」

「カエデも似合ってますよ。また、いっしょに練習できて嬉しいです」

モローも新しい弓道着に身を包んでいた。茶褐色の髪に瞳の色は緑だが、違和感はない。サイズがあっていれば、弓道着は誰にでもしっくりくるものだな、と楓は思う。

その時、モローの後ろで弓を張ってる善美が目に入った。楓ははっとした。善美はジャージ姿だ。弓道着をまだもっていないらしい。

この弓道着、真田さんが着た方がいいんじゃないだろうか。

B
浮き立っていた楓のこころがちょっとしぼんだ。

真田さんは私より十センチは背が低い。きっとこの弓道着は彼女には大きすぎるんだろう。もし、彼女に合うなら、久住さんも彼女にこれを着せたはずだ。

だけど、会員でもない私がこれを着て、真田さんがジャージっておかしくないだろうか。なんで彼女はジャージなんだろう。まさかお金が無くて買えないんじゃないよね。

後ろめたい気持ちを抱えながら弓を張ったり、カケ(注7)を着けたりして準備していると、久住が号令を掛けた。

「新人の皆さんは、こっちに来てください」

そうして楓たちは道場の壁にある、丸いものの前に来た。藁《わら》を束ねて的状にしたもので、巻藁《まきわら》というのだそうだ。巻藁の傍《そば》には全身が映る鏡が置かれている。

「巻藁の練習は、弓を射る時の正しい姿勢を身につけるためのものです。上段者になっても、巻藁で自分の姿勢をチェックするのは欠かせません」

久住が楓に説明する。巻藁の練習では実際に矢を射るが、専用の矢を用いる。矢羽《やばね》はついておらず、先もとがっていない。

巻藁はふたつあり、それぞれに指導者がついて新人たちの練習をチェックしている。

「ちょっと間が空いたけど、射法八節《しゃほうはっせつ》は覚えているかしら？」

楓が最初に並んだ巻藁の傍には久住がいた。もう一方には隅田《すみだ》(注8)が付いていて、モローを指導している。

「えーっと、少しだけ」

「じゃあ、思い出しながら、順番にやってみましょう。まずは足踏み。覚えているかな」

巻藁まで二メートルくらいのところに、的と垂直になるよう、横向きに立つ。弓は左手に、矢は右手に持ったまま、それぞれ腰のところに手を当てる。

そして、その姿勢を保ったまま、足を左右に開く。これが「足踏み」。

矢をつがえて弓の下部を左膝頭に乗せ、姿勢を正し、呼吸を整える「胴造り《どうづく》」。

右手の親指を弦に掛けて矢を支《さ》え、左手で弓を握り、顔を的に向ける「弓構え《ゆがま》」。

顔は的に向け、両手を水平に保ったまま弓を上にあげる「打ち起こし」。

弓を左右に押し開く「引き分け」。

その姿勢で身体のバランスを整え、狙いを定める「会」。

矢を発射する「離れ」。

矢を放った後、しばらく姿勢を保つ「残身」。

これが射法八節だ。的前《まとまえ》に立って矢を放つ、そのシンプルな動作のひとつひとつにこんな風に名前がついている。時間にしてわずか一分とか二分のことだ。

「これが弓道の基本の型です。このひとつひとつがちゃんとできていれば、自然と矢は正しいところに向かいます」

「なんだか難しいですね。こんなに細かくやることが決まってるなんて」

楓が感想を言うと、久住はにっこり笑う。

「ほかのスポーツと違って、弓道は初心者でも上段者でも、この射法八節を正しくやる、それに尽きるんです。だから、一度手順を覚えてしまえば、いちいち考えなくても自然と身体が動くようになります。同じことを繰り返して、型を身体に染み込ませるんです」

「誰が、この射法八節を考えたんですか？」

楓が聞くと、[C]久住はびっくりした顔をしたが、すぐに笑顔になった。

「誰でしょうね。私も知らないから、今度調べておくわ。たぶん、戦後弓道を体系化しようとした時にまとめられたものだと思うけど」

「ふーん、意外と新しいんですね」

「そうね。でも、いま弓道をやっている人はみんなこの射法八節を練習してきたんですよ」

「みんな同じことを？」

「そう。型っていうのは、それがいちばん合理的で、無駄がなく、美しい動きなの。この中には先人の意志や智恵《ちえ》が息づいているの。射法八節という言葉でまとめられたのは新しいかもしれないけど、その動き自体はおそらくずっと昔からあったと思う」

そう言われて、ふいに楓の頭の中に、武士が矢を射るイメージが浮かんできた。鎧《よろい》兜《かぶと》を着けた武士が馬上から狙いを定めて、スパーンと矢を放つ。イメージの武士の顔はなんとなく乙矢に似ている。

「弓道をやるってことは、その伝統を受け継いでいくってことなのよ」

「それって……ロマンチックかも」

久住は再びにっこり笑った。

「そう思ってもらえたら、嬉しいわ。できれば矢口さんにも、その伝統を受け継いでほしい」

久住が暗に入会を勧めている、と思った。返事のしようがなくて、楓は黙ってしまった。

結局、その日は新人たちは的前での練習はしなかった。ただひとり、善美だけは後半は的前に移って練習するように指導者に言われたが、それ以外の無段の人間は、最後まで巻藁の前を動かなかった。

それでも、楽しいと楓は思った。体験教室の時は、与えられる課題をただこなすだけで精一杯だった。だが、いまは違う。身体がやることをわかっている。単純な動作の繰り返しだが、それが意外とおもしろい。同じことを繰り返しているようで、毎回少しずつ違う。ほんのちょっとの手首の動かし方や力の入れ方で矢の向きが変わる。より正しく、より大きく引こう、ということだけに集中していると、あっという間に時間が過ぎていった。

練習時間の最後の一五分、という頃に、前田が宣言した。(注9)

「これから、歩く練習をします」

全員が弓と矢を持って、射場の端の方に集まった。そして、上段者が先に立って、射場の中を歩き始めた。新人たちは後ろの方、楓は列の最後尾についた。前との間隔を空け、ふつうに歩き出すと、たちまち前田の声が飛んできた。

「あ、ちょっと待って。あなた、全然違う」

どうやら、楓のことを言ってるらしい。楓は困惑して立ち止まった。

「ああ、あなたは初めてだったわね。ちょっと久住さん、お手本見せてもらえる？」

久住が左手に弓、右手に矢を持った執弓《とりゆみ》の姿勢を取ると、そのまま歩き始める。足をほとんどあげず、スーッ、スーッと身体全体で前に進んでいく。楓が学校で習ってきたような、左右の手を勢いよく振り、足を膝まで上げる、というような行進の歩き方とはかなり違う。時代劇みたいな、ちょっと不自然な歩き方だ。

「歩く時、足の裏を見せてどしどし歩いてはいけません。足はすり足で。前に出る時には、重心を真ん中に置いて、腰から自分を前に移動させるつもりで動いてください」

久住の説明が終わると、前田は手を叩いて「一、二、一、二」と号令を掛ける。そのタイミングに合わせてみんなは歩き出す。射場の壁に沿って、長方形を形作るように歩いて行く。楓もなかなかうまく歩けないが、モローはもっと下手だった。妙に足の動きがぎくしゃくしている。

「足、揃《そろ》ってない。一、二、一、二」

楓は前に立ってる小菅の足下を見て、それに合わせようとした。すると、前田の声が飛んでくる。

「矢口さん、背中を伸ばして」

いけない、いつもの癖だ、と楓は思う。猫背になりがちなので、母によく注意されるのだ。楓は背中を緊張させた。

「そう、視線は床の三メートルほど先に向けるようにね」

一、二、一、二、と続け、リズムに乗ってきた。みんなの足も揃っている。だんだん楽しくなってきた、と思ったところで、

「はい、今日はここまで」

と、声が掛かった。歩く練習は時代劇の人になったみたいで、ちょっとおもしろかった。それで、その日の練習は終わった。

その後、更衣室に行って、セーラー服に着替えた。楓は着ていた弓道着を畳むと、和室にいる久住に尋ねた。

「あの、練習着、ありがとうございました。これ、洗濯してきましょうか？　家でも洗えますか？」

「ああ、これあなたに差し上げます」

「えっ、いいんですか？」

「これを寄付してくれた人も、サイズが合う人にあげてほしい、と言ってたし、あなたにぴったりだったし」

D「でも……」

「これを包んでいた風呂敷を貸してあげるわ。こちらは、次の時に持ってきてくださいね」

次があるのだろうか。まだ入会する、と決めたわけではない。練習は楽しかったけど、こんな風になし崩し的に決めていいのだろうか。

その迷いを、小菅と光の言葉が断ち切った。

「よかったね、ほんとそれ、似合ってたわ」

「いいな、最初から弓道着で練習できるなんてラッキーだよ」

ふたりが喜んでくれるのをみて、ふいに、これでいいんだ、という感情が湧いてきた。これだけ親切にしてもらったんだし、断るのも意地っ張りな気がする。練習は楽しかったし、またここに来てもいい。

「どうします？　やっぱり弓道を続けるのは難しい？」

久住が心配そうに尋ねる。

「いえ、大丈夫です。次から練習に参加します」

楓の言葉を聞いて、「やったー」と声を上げたのは、乙矢だった。「ジュニア（注10）がまたひとり増える」

「えっ、彼女、最初から入会するつもりじゃなかったの？」

何をいまさら、と言うように、光があきれた顔をしている。

「一緒に頑張りましょうね」

小菅が楓の手を握った。その手のぬくもりに、楓のこころはほんのり明るくなる。どうせ放課後の自分には居場所がなかったのだ。こんな風に歓迎してくれる場所があるならそれでいい。E ここが自分の居場所になる。

（碧野《あおの》圭《けい》『凜《りん》として弓を引く』による。）

（注1）久住 ―― 弓道会の指導者。
（注2）小菅 ―― 楓と共に体験教室参加後、弓道会に入会した。
（注3）山田光 ―― 弓道会のジュニア会員（中高生の会員）。
（注4）イツヤ ―― 真田乙矢。弓道会のジュニア会員（中高生の会員）。
（注5）甲矢乙矢 ―― 二本の矢のうち、初めに射る矢を甲矢、二番目に射る矢を乙矢という。
（注6）モロー ―― 楓と共に体験教室参加後、弓道会に入会した。
（注7）カケ ―― 鞢《ゆがけ》の通称。矢を射る時、右手にはめる手袋のようなもの。
（注8）隅田 ―― 弓道会の指導者。
（注9）前田 ―― 弓道会の責任者。
（注10）ジュニア ―― ジュニア会員のこと。

問1　傍線部A　でも　とあるが、このときの「楓」の説明として最も適当なものを、次の①～⑤のうちから一つ選べ。解答番号は 11 。

① 弓道着を着てもなお入会するという決断が出来ず、いつまでもふんぎりがつかないでいる自分に嫌気がさしている。
② 周囲から好意的に声をかけられるがうまく反応できず、初対面の相手となかなか打ち解けられずにいる。
③ 弓道会の仲間が自分の周囲に集まってくる状況に居心地の悪さを感じて、早くその場から逃れようとしている。
④ 周囲からはすでに入会したものとして次々と話しかけられ、入会を決めかねているのに言い出せないままでいる。
⑤ 弓道会の仲間の明るさや弓道への情熱と自分の気持ちとの落差を感じて、この会でやっていけるのかという不安を感じている。

問2　傍線部B　浮き立っていた楓のこころがちょっとしぼんだ。　とあるが、このときの「楓」の心情を説明したものとして最も適当なものを、次の①～⑤のうちから一つ選べ。解答番号は 12 。

① 乙矢と善美が兄妹であることを知って理由もなく心弾んでいたが、ジャージ姿の善美を見て、会員でもない自分が善美より先に弓道着を着ていることに気づき、やましさを感じ始めている。
② 弓道会のみんなが自分のことを覚えていてくれたことを知って心が明るくなったが、善美が弓道着を着ていないことを見て、自分ばかりが浮かれた気持ちになっていることを恥ずかしく思っている。
③ 漠然と異性として気になりだしている乙矢の笑顔に触れて嬉しさを感じていたが、弓道着を着て乙矢の隣に立つのは、先に入会していて妹でもある善美の方がふさわしいのではないかと疑問を抱いている。
④ 乙矢が善美と兄弟であることを知って訳もなく陽気な気持ちになったものの、善美が弓道着を着ていないことから、複雑な家庭環境を心配しつつも、それを聞き出すのもはばかられて悩んでいる。
⑤ 新しい弓道着は誰が着ても自然となじむものだと思って心躍ったが、自分より先に入会している善美がジャージ姿のままであるのを見て、自分だけが弓道着を着られていることに気がとがめている。

問3　傍線部C　久住はびっくりした顔をしたが、すぐに笑顔になった　とあるが、その理由として最も適当なものを、次の①～⑤のうちから一つ選べ。解答番号は 13 。

① 楓が弓道の基本的な姿勢を軽んじるような発言をしたことに強い衝撃を覚えつつも、彼女を入会させるために笑顔で取り繕って本心を隠したかったから。
② 楓が弓道経験者の自分でも考えたことがないようなことについて質問をしてきたので意表を突かれたが、弓道に興味を持ち始めてくれたことを嬉しく感じたから。
③ 楓が質問をしてきた基本的な事柄さえ答えられず、自らの知識の浅さを痛感しながらも、その動揺を気付かれないように笑顔でごまかそうとしたから。
④ 楓があまりにも単純で誰でも知っているような質問をしてきたことにあきれたが、いかにも初心者らしい質問をする楓にほほえましさを感じたから。
⑤ 楓が入会を迷っていながらも積極的に質問してきたことを意外に感じてはいるが、笑顔で優しく対応することで自分を印象良く見せたかったから。

問4　傍線部D「でも……」とあるが、このときの「楓」の心情を説明したものとして最も適当なものを、次の①～⑤のうちから一つ選べ。解答番号は 14 。

① 弓道会への入会を決めたわけではないのに、最初から弓道着を着用して練習できたため自分は特別な存在であると思われていることに重圧を感じている。

② 弓道会への入会を決めたわけではないのに、自分のサイズにぴったり合う弓道着が見つけられただけで入会を強制されていることに憤りを感じている。

③ 弓道会への入会を決めたわけではないのに、ただサイズが合うというだけで弓道着をもらうことになってしまうことに対して戸惑いを感じている。

④ 弓道会への入会を決めたわけではないのに、わざわざ自分に合う弓道着を用意してまで自分を迎え入れようとする必死な姿勢を負担に感じている。

⑤ 弓道会への入会を決めたわけではないのに、善美が着るはずの弓道着を受け取ることに申し訳なさを覚え、どう弁解すれば良いか困惑している。

問5　傍線部E　ここが自分の居場所になる。とあるが、ここに至るまでの「楓」の心情の変化を説明したものとして最も適当なものを、次の①～⑤のうちから一つ選べ。解答番号は 15 。

①　最初は見学のためだけに弓道会を訪れたが、久住など弓道会の人たちから親切にされ、自分を迎え入れてくれる人々や仲間たちがいるという目の前の現実を素直に受け入れていこうという気持ちになった。
②　最初から弓道に対して憧れはあったが、善美や乙矢などのメンバーと一緒に練習に励んでいくうちに楽しさを感じるとともに、弓道の洗練された作法に魅力を感じ、自分には弓道しかないという気持ちになった。
③　最初は弓道会の厳しい練習に反発していたが、久住から基本的なことを丁寧に教えてもらっていくうちにわだかまりがなくなるとともに、弓道の作法には伝統があることを知り、伝統を受け継ぐものは自分だという気持ちになった。
④　最初は弓道の練習に暇つぶしのつもりで参加したが、善美の真剣に練習に打ち込む姿を見るうちに自分でもやってみたいと思うとともに、単純動作を繰り返すだけなら自分にもできると感じ、本気でやりたいという気持ちになった。
⑤　最初は弓道会の練習への参加に消極的であったが、久住から弓道の歴史や技術を学んでいくうちに興味が湧いてくるとともに、同年代の会員からも頼りにされるようになり、責任感から積極的に参加しようという気持ちになった。

問6　この文章の表現の特徴について述べたものとして最も適当なものを、次の①～⑤のうちから一つ選べ。解答番号は 16 。

①　複数の人物の視点から場面を構成することで、各人物が自身にとっての弓道を見つめ直す過程を丁寧に描写している。
②　本文全体にわたって会話文の中に丁寧語を用いることで、礼儀正しさを重んじる弓道の雰囲気を描いている。
③　弓道に関する専門用語を連ねることで、伝統的な弓道の世界に対して楓が次第に抵抗感を強めていく様子を表現している。
④　現在の場面の間に過去の場面を挿入して楓の心情を描くことで、揺れ動く楓の本音を鮮やかに表現している。
⑤　登場人物同士の素直なやりとりの会話文を多用することで、弓道会のメンバーと楓の心の交流を生き生きと表現している。

5 次の【文章Ⅰ】～【文章Ⅲ】を読んで、問1～問5に答えよ。

【文章Ⅰ】

高野《かうや》御《お》室《むろ》(注1)御寵童共《ちようだうども》の師匠の料《れう》(注2)に、孝博《たかひろ》(注3)を鳴滝《なるたき》(注4)に家つくりて居《す》ゑ給《たま》ひて、種々御いとほしみありて、常在《じやうざい》(注5)・参川《みかは》(注6)に、箏《さう》・琵琶をならはせさせ給ひけり。常在には琵琶、参川には箏、各《おのおの》器量も相《あ》ひ叶《かな》ひて、秘曲(注7)ども授けけり。参川に千金調子(注8)授けてけりと、富家《ふけ》入道殿(注9)聞《きこ》しめして、孝博を召して、「実《まこと》にや、千金調子、御室なる児《ちご》にをしへたんなる」と問はしめ給ふに、孝博申して云はく、A「召して聞しめすべし」と云々(注10)。之《こ》れに依《よ》りて御室へ「箏よく弾く童の候《さうら》ふなる、給ひて聞き候はばや」と申さしめ給ひたりければ、御室輿に入り給ひて、参川を進ぜられけり。御前に召して、楽などあまた引かれて後に、千金調子をひかせらるるに、「正体無き僻事《ひがこと》共なり」と。童退出せる後、又《ま》た孝博を召して仰せられて云はく、「千金調子僻事為《た》る由《よし》、申さしむべきなり」と云々(注11)。孝博、「今暫《しばら》く助けしめ御《おは》すべし。B忽《たちま》ちにまどひ候ひなむず」と申しけれど、「僻事なり。汝《なんぢ》も我《わ》れも存生の時、謝し顕《あら》はしめずは、後代の狼藉《らうぜき》為るか」とて、ありのままに御室に申さるる間、孝博不日(注12)に追却に預かり畢《をは》んぬ、と云々。

（『古事談』による。）

（注1）高野御室 ―― 白河《しらかわ》天皇の第四皇子。
（注2）師匠の料 ―― 音楽の指導をしてもらうお礼。
（注3）孝博 ―― 人名。藤原孝博。琵琶・箏などの名手。
（注4）鳴滝 ―― 仁和寺《にんなじ》の北西にある土地。
（注5）常在 ―― 人名。
（注6）参川 ―― 人名。
（注7）秘曲 ―― 特別の家系または技量の者に限り伝授する秘伝の楽曲。
（注8）千金調子 ―― 秘曲の一つ。
（注9）富家入道殿 ―― 藤原忠実《ただざね》。音楽全般に深く通じていた。
（注10）云々 ―― ここでは、「という話である」「ということである」の意だと考えられる。
（注11）狼藉 ―― 混乱。
（注12）不日 ―― 何日もたたないうちに。

【文章Ⅱ】

荊《けいノ》(注13)文《ぶん》王《わう》(注14)曰《いハク》、「莧《かん》譆《し》(注15)数《しばしば》犯《スニ》(注16)我《ヲ》以《テシ》義《ヲ》、違《たがフニ》我《ニ》以《テス》礼《ヲ》。与《ともニ》処《をレバ》則《チ》不《ざルモ》安《カラ》、曠《ひさシクスレバ》之《ヲ》而《すなはチ》不《ふ》穀《こく》(注17)得《ヲ》焉。不《ずンバ》以《テ》吾《ガ》身《ヲ》爵《しやくセ》之《ヲ》、後世有《リテ》聖人、将《まさニ》以《テ》非《トセント》不穀《ヲ》。」於《おイテ》是《ニ》爵《ス》之《ヲ》五大夫《ニ》(注18)。「申《しん》侯《こう》(注19)伯《はく》善《ク》持《スル》(注20)養吾《ガ》意《ヲ》。吾《ガ》所《ハ》欲《スル》則《チ》先《ンジテ》我《ニ》為《ス》之《ヲ》。与《ニ》処《レバ》則《チ》D、曠《シクスレバ》之《ヲ》而《チ》不穀E焉。不《ンバ》以《テ》吾《ガ》身《ヲ》遠《ザケ》之《ヲ》、後世有《リテ》聖人、将《ニ》以《テ》非《トセント》不穀《ヲ》。」於《イテ》是《ニ》送《リテ》而行《さラシム》之《ヲ》。

（『呂氏春秋』による。）

（注13）荊 ―― 国名。楚《そ》の別名。
（注14）文王 ―― 荊の君主。
（注15）莧譆 ―― 人名。
（注16）犯 ―― 戒める。
（注17）不穀 ―― 王や諸侯の謙遜の意味を含む自称。
（注18）五大夫 ―― 爵位の名。
（注19）申侯伯 ―― 人名。
（注20）持養 ―― いつまでも守り続ける。

【文章Ⅲ】

晋《しん》(注21)平《へい》公《こう》(注22)鋳為《つくり》大鐘、使工(注23)聴之。皆以為調《ととのへり》矣。師曠《しくわう》(注24)曰《いはく》、「不調、請更《あらた》鋳之。」平公曰、「工皆以為調矣。」師曠曰、「後世有知音者、将《まさ》知鐘之《の》不調也。臣窃《ひそか》為君恥之。」至於師涓《しけん》(注25)而果知鐘之不調也。是師曠欲善調鐘、以為《おもへ》後世之知音者也《なり》。

(『呂氏春秋』による。)

(注21) 晋 —— 国名。
(注22) 平公 —— 晋の君主。
(注23) 工 —— 楽工。楽器を作る人。
(注24) 師曠 —— 楽師の曠。「曠」は人名。
(注25) 師涓 —— 楽師の涓。「涓」は人名。

問1　傍線部A　召して聞しめすべし　を説明したものとして、最も適当なものを、次の①～⑤のうちから一つ選べ。解答番号は 17 。

① 富家入道殿が孝博を呼び寄せて、秘曲である千金調子を参川に教えたときの様子をお尋ねになってくださいということ。
② 富家入道殿が孝博を呼び寄せて、本当に千金調子を教えられるのか孝博に演奏させてお聞きになってくださいということ。
③ 富家入道殿が参川を呼び寄せて、秘曲である千金調子を実際に参川に演奏させてお聞きになってくださいということ。
④ 御室が参川を呼び寄せて、秘曲である千金調子をどのように孝博に教えられたのかお尋ねになってくださいということ。
⑤ 御室が孝博を呼び寄せて、参川が本当に千金調子を演奏できる実力があるのかお尋ねになってくださいということ。

問2　傍線部B　忽ちにまどひ候ひなむず　を説明したものとして、最も適当なものを、次の①～⑤のうちから一つ選べ。解答番号は 18 。

① 自分の練習不足のためにでたらめな千金調子しか演奏することができず、参川が後ろめたく感じてしまうということ。
② 孝博の指導では千金調子を演奏できるほど箏の腕前が上がらなかったために、参川が思い悩んでしまうということ。
③ 参川の千金調子の指導を孝博に任せたことが誤りであったのではないかと、御室が後悔してしまうということ。
④ 箏の師匠として参川にでたらめな千金調子を教えたために、孝博が御室のもとにいられなくなるということ。
⑤ 参川にでたらめな千金調子を教えたことを箏の師匠として恥じ、孝博が御室のもとを去ることになるということ。

問3 傍線部C 不以吾身爵之、後世有聖人、将以非不穀。とあるが、その理由として最も適当なものを、次の①～⑤のうちから一つ選べ。解答番号は 19 。

① 莧譆が文王を戒め非難しているのは、爵位が欲しいためであることを文王が見抜けなかったと後世の聖人は考えるから。
② 莧譆は文王を戒め非難するが、自分自身にとって有益な人物であることを文王が見抜けなかったと後世の聖人は考えるから。
③ 莧譆は自分が有能であると考えるような傲慢な人物であり、文王が爵位を与えれば後世の聖人が文王を戒め非難すると考えるから。
④ 莧譆が自分の身分を考えずに文王に意見を述べることを、後世の聖人があってはならないことだと戒め非難すると考えるから。
⑤ 莧譆は自分の考えが正しいと思い込み、文王が有能な人物であることを見抜けずに戒め非難したと後世の聖人は考えるから。

問4 空欄 D ・ E に入る漢字の組合せとして最も適当なものを、次の①～⑤のうちから一つ選べ。解答番号は 20 。

① D 危　E 楽
② D 不安　E 喪
③ D 安　E 楽
④ D 不危　E 得
⑤ D 安　E 喪

問5　渡辺さんのクラスでは、【文章Ⅰ】～【文章Ⅲ】を読んだ後で、話合いを行った。次の【話合いの一部】を読み、空欄 X ・ Y に入るものとして最も適当なものを、後の各群の①～⑤のうちからそれぞれ一つ選べ。解答番号は 21 ・ 22 。

【話合いの一部】

渡辺さん「【文章Ⅰ】から【文章Ⅲ】を読み比べて、どのようなことに気づいたかな。」

鈴木さん「どの文章でも登場人物が遠く先々のことまで見通して現状を正そうとしているね。」

佐藤さん「そうだね、でも、登場人物が現状を正すべきだと考える理由は異なっているよ。【文章Ⅰ】では、 X 。それに対して、【文章Ⅱ】と【文章Ⅲ】では、後世に現れる人物がきっと真実を見抜くと考えているからで、文王や師曠が後世の人物を想定して、その人物の視点から現状を考えているよ。」

鈴木さん「なるほど。【文章Ⅱ】と【文章Ⅲ】には、より共通点があるということか。」

佐藤さん「確かにそうだね。でも、現状を正そうとする者と正される者ということで考えると、【文章Ⅰ】と【文章Ⅲ】に新しい共通点が見つけられるかもしれないね。」

鈴木さん「どういうこと。」

佐藤さん「【文章Ⅰ】と【文章Ⅲ】では、登場人物が他者の行いや判断を正そうとしているよ。例えば、【文章Ⅲ】では、 Y 。」

鈴木さん「そうか。それに対して【文章Ⅱ】では、文王が、他者ではなく自分自身の行いを正しているんだね。」

渡辺さん「同じような内容の文章だと思ったけれど、登場人物の考え方や言動に注目すると様々な違いや共通点がわかってくるね。」

X 21

① 秘曲である千金調子が正しく伝わらないと後世の混乱を招くと考えているからで、富家入道殿の視点から後世を考えているよ
② 千金調子を秘曲にすれば後世に正しく伝わらなくなり混乱すると考えているからで、孝博の視点から後世を考えているよ
③ 秘曲とされた千金調子が世間に知られれば混乱を招くと考えているからで、富家入道殿の視点から後世を考えているよ
④ 千金調子を秘曲であると考えている者がいれば後世の混乱を招くと考えているからで、孝博の視点から後世を考えているよ
⑤ 千金調子を秘曲とする理由が正しく伝わらないと混乱を招くと考えているからで、富家入道殿の視点から後世を考えているよ

Y 22

① 師曠が、後世に鐘の音が誤っていては楽工たちの恥となることに触れ、鐘の音は調っているとする平公の判断を正しているね
② 師曠が、後世に人々が鐘の音の誤りに気づくことに触れ、鐘の音の誤りを隠そうとする楽工たちの判断を正しているね
③ 師曠が、後世に鐘の音を聞き分けられる者が現れることに触れ、鐘の音は調っているとする平公の判断を正しているね
④ 師曠が、後世に鐘の音は調っていると判明することに触れ、鐘の音は誤っていると考える師涓の判断を正しているね
⑤ 師曠が、後世に平公の評判が悪くなってしまうことに触れ、鐘の音の誤りを明白にしようとする師涓の判断を正しているね

令和５年度　第２回

解答・解説

【重要度の表記】

Ａ：重要度が高く確実に正答したい設問。しっかり復習する必要のある問題です。

Ｂ：重要度はＡレベルよりすこし下で、やや難易度が高い設問または内容を読み取る設問。高得点を狙う人は復習しましょう！

Ｃ：重要度が低い、または難解な設問。軽く復習する程度でよいでしょう！

令和５年度 第２回 高卒認定試験

【解答】

解答番号			正答	配点	解答番号			正答	配点
1	問１	1	⑤	2	4	問１	11	④	5
	問２	2	①	2		問２	12	①	5
		3	②	2		問３	13	②	5
	問３	4	④	3		問４	14	③	5
	問４	5	③	3		問５	15	①	5
	問５	6	②	3		問６	16	⑤	5
2	問１	7	⑤	7	5	問１	17	③	5
	問２	8	③	6		問２	18	④	5
3	問１	9	①	4		問３	19	②	5
	問２	10	④	8		問４	20	⑤	5
						問５	21	①	5
							22	③	5

【解説】

1

問１　傍線部の漢字は「じゅんしゅ」と読みます。遵守とは、「法律などに従って、それをよく守ること」という意味です。したがって、正解は⑤となります。その他の選択肢を漢字で表すと、①は「天守」など、②は「尊主」など、③は「厳守」など、④は「固守」などとなります。

解答番号【1】・⑤　⇒ **重要度A**

問２
（ア）カクウとは「架空」と書き、「想像によってつくりあげること、想像によってつくられたもの」という意味です。選択肢の漢字はそれぞれ、①書「架」、②経「過」、③「価」格、④許「可」、⑤「加」工となります。したがって、正解は①となります。

解答番号【2】・①　⇒ **重要度A**

（イ）センサイとは「繊細」と書き、「感情や感覚がこまやかであること、そのさま」という意味です。選択肢の漢字はそれぞれ、①新「鮮」、②「繊」維、③元「栓」、④「旋」回、⑤「宣」誓となります。したがって、正解は②となります。

解答番号【3】・②　⇒ **重要度A**

問３　設問文に示されている「一風変わったことをして見せびらかす」という意味を表す慣用句は「奇をてらう」です。したがって、正解は④となります。

解答番号【4】・④　⇒ **重要度A**

問４　Ａのグループの敬語の種類は尊敬語、Ｂのグループの敬語の種類は謙譲語、Ｃのグループの敬語の種類は丁寧語です。「うかがう」という語は謙譲語ですから、Ｂのグループに属します。「いらっしゃる」という語は尊敬語ですから、Ａのグループに属します。したがって、正解は③となります。

解答番号【５】・③　⇒ **重要度Ａ**

問５　「河川」という熟語は、「河」も「川」も「かわ」という意味であり、「同じような意味の漢字を重ねる」という構成になっています。これと同じ構成になっている熟語を選択肢から選びます。

①「無人」は、「無」がいないという状態を、「人」がその状態の主語を表していて、「下の字が上の字の主語になっている」という構成になっているため誤りです。②「完全」は、「完」も「全」も「まったし、欠けているところがない」という意味であり、「同じような意味の漢字を重ねる」という構成になっているので正しいです。③「大河」は、文字どおり「大きな河」という意味であり、「上の字が下の字を修飾している」という構成になっているため誤りです。④「左右」は、「左」と「右」がそれぞれ反対の意味であり、「反対の意味を表す字を重ねる」という構成になっているため誤りです。⑤「日没」は、「没」が沈むという動きを、「日」がその動きの主語を表していて、「上の字が下の字の主語になっている」という構成になっているため誤りです。

したがって、正解は②となります。

解答番号【６】・②　⇒ **重要度Ａ**

2

問１　「ア」について、「意見の根拠を客観的に示し」とありますが、伊藤さんは「みんな持っていると思います」というようにあくまで主観的な意見を述べるにとどまっており、根拠を示していないため誤りです。「イ」について、「反対意見を述べている」とありますが、山田さんは合唱祭にするメリットについてのこれまでの意見をまとめているに過ぎないため誤りです。「エ」について、「他の人の意見を積極的に受け入れて」とありますが、そのような発言はなく、森さんは審査員の必要の有無という新たな検討事項を提示しているのみであるため誤りです。

したがって、正解は⑤となります。

解答番号【７】・⑤　⇒ **重要度Ａ**

問２　この話し合いの一部は、事前に三つの検討事項を【連絡メモ】にまとめて提示したうえで、まず実行委員の意見をきくところからはじまっています。中盤では検討事項のうちのひとつである開催時期について多数決を通して委員会としての意見をまとめています。終盤では、残り二つの検討事項であるコンクール形式にするか合唱祭形式にするかと、課題曲形式にするか自由曲形式にするかについては、永野さんがいっしょに考えたらどうかとその利点を挙げつつ提案をしています。話し合いの末尾では、鈴木さんが「では、永野さんの考えに沿って、この後考えていきましょう」と述べて、検討の方向性を確認することで終わっています。

したがって、正解は③となります。

解答番号【８】・③　⇒ **重要度Ａ**

3

問1　まず、傍線部の「だから」に着目すると、「だから」を含む文が結果を示し、その前の文が原因・理由を示すはずであることがわかります。しかし、「だから」を含む文とその前の文の関係を検討すると、二つの文に因果関係はないことがわかります。この二つの文には、因果関係ではなく、「二つの点から検討する方向を示した。『しかし』、それでは検討の視点が足りていない」という逆説の関係があります。次に、傍線部の「私は」に着目すると、この主語に対応する述語が欠けていることがわかります。「私は」に対応する述語は「不足している」ではありませんので、対応する述語を補う必要があります。

　したがって、正解は①となります。

解答番号【9】・①　⇒**重要度A**

問2　まず、【橋本さんの意見文(第一段落)】では、橋本さんは、検討の視点が不足していると考えており、具体的には「優先して運営方法を引き継ぐべき行事はどちらなのか」という視点からも検討が必要ではないかという意見を書いています。次に、【意見文の書き方の例】によれば、二段落構成とする場合は「初めの段落には『意見』を、次の段落には『根拠』を書くようにしよう」とありますので、橋本さんの意見文の第二段落には第一段落で述べた「意見」に対する「根拠」が述べられるはずです。これらのことをふまえて、選択肢を見ていきます。

　すべての選択肢において、段落の冒頭に「なぜなら」とありますので、まず「根拠」が述べられていることがわかります。しかし、①と②と③と⑤については、段落の最終文では、それぞれ「両方の行事の運営のやり方を文書にして引き継ぐべきという視点」「南高校の生徒会行事が存亡の危機にあるという視点」「今年の文化祭と体育祭の運営のコツを引き継ぐという視点」「行事の運営方法と行事のあり方をともに見直した結果を次代に引き継ぐという視点」とあり、第一段落で述べた「意見」とは内容の異なる視点が記述されています。

　したがって、正解は④となります。

解答番号【10】・④　⇒**重要度B**

4

問1　傍線部Aの次の行の「まだ入会して～別の声がする」という部分に着目すると、「でも」ということばの後で楓はまだ入会していないことを説明しようとしたものの、ほかの人物に話し掛けられてその場ではそれを伝えられずにいたことがわかります。これをふまえて選択肢を見ると、④の内容が先述の内容と合致します。

　したがって、正解は④となります。

解答番号【11】・④　⇒**重要度A**

問2　傍線部Bの前半部にある「浮き立っていた」という心情と後半部にある「こころがちょっとしぼんだ」という心情の原因をそれぞれ考えます。まず、楓の心が「浮き立っていた」理由は、傍線部Bの11行前にあるように、楓が「イツヤと善美がカップルでないと知っ」たことによります。次に、「こころがちょっとしぼんだ」理由は、傍線部Ｂの2行前から1行前にかけて述べられているように、先に入会している善美がまだジャージ姿であるのに、どういうわけか未入会の自分のほうが先に弓道着を着てしまっている状況に楓が気付き、この弓道着は善美が着るべきではないかと考えたことによります。これらのことをふまえて選択肢を見ると、①の内容が先述の内容と合致します。

したがって、正解は①となります。

解答番号【12】・①　⇒**重要度Ａ**

問３　傍線部Ｃの1行前に着目すると、まだ弓道会に入会していない楓が「射法八節」という弓道の基本の型の考案者をたずねるという素人らしくない質問をし、これを受けて久住は傍線部Ｃのような反応をしたことがわかります。また、傍線部Ｃの1行後に着目すると、久住は楓の質問に驚きつつも自分も知らないことを素直に認めていることがわかります。これらのことをふまえて選択肢を見ていきます。

①について、楓は弓道の型の考案者を問うていることから、どちらかといえば基本的な姿勢を重んじていることが読み取れるため、「弓道の基本的な姿勢を軽んじるような発言をした」という部分が誤りです。「笑顔で取り繕って本心を隠したかった」という部分についても、傍線部Ｃの1行後の久住の発言からはそのような意図が読み取れないため誤りです。②について、楓の素人らしくない質問に驚きつつも、その質問自体が弓道に対する楓の関心を示しているために指導者である久住が「嬉しく感じた」と考えられますので正しいです。③について、「自らの知識の～ごまかそうとした」という部分が、久住は「射法八節」の考案者を自分も知らないことを正直に認めており、ごまかそうとするような意図は読み取れないため誤りです。④について、楓は弓道会の指導者である久住でも知らない質問をしたことから、「楓があまりにも～質問をしてきた」という部分が誤りです。⑤について、久住は楓の質問に対して、ごまかさずに素直に知らないことを認めているため、「自分を印象良く見せたかった」という部分が誤りです。

したがって、正解は②となります。

解答番号【13】・②　⇒**重要度Ａ**

問４　傍線部Ｄの1行前に着目すると、この「でも……」ということばの背景には、弓道着を寄付した人間はサイズの合う人がこの弓道着の持ち主になることを望み、またその弓道着が楓にぴったりであったという事実が存在することがわかります。また、傍線部Ｄの2行後から3行後にかけての「次があるの～その迷いを」という部分に着目すると、「でも……」とことばを発しながら楓が考えていた内容が具体的にわかります。これらのことをふまえて選択肢を見ると、③の内容が先述の内容と合致します。

したがって、正解は③となります。

解答番号【14】・③　⇒**重要度Ａ**

問５　①について、冒頭から傍線部Ｅに至るまでの楓の心情の変化を簡潔に説明しています。「目の前の現実を素直に受け入れていこう」という気持ちの変化については、傍線部Ｄの6行後にある「これでいいんだ」ということばと、傍線部Ｅの直前にある「それでいい」ということばから読み取ることができます。②と⑤について、傍線部Ｄの6行後の「ふたりが喜んで〜が湧いてきた」という部分と傍線部Eの1行前から傍線部Eの直前にかけての「どうせ放課後〜それでいい」という部分からは、弓道会の入会にあたって「自分には弓道しかない」というような強い決心や「責任感から積極的に参加しよう」という気持ちは読み取れないため誤りです。③について、本文には弓道会の練習が厳しい様子も楓がそれに対して反発していた様子も描写がないため、「最初は弓道会の厳しい練習に反発していた」という部分が誤りです。④について、「最初は弓道の練習に暇つぶしのつもりで参加した」という部分が、冒頭の設問文には「真田善美に半ば強引に誘われて」練習に参加したとあるため誤りです。また、「本気でやりたいという気持ちになった」という部分についても、先述したように楓が弓道会に入会するにあたって何か強い気持ちがあったわけではないため誤りです。

したがって、正解は①となります。

解答番号【15】・① ⇒ **重要度B**

問6　①について、本文は一貫して楓の視点で述べられているため、「複数の人物の視点から場面を構成する」という部分が誤りです。②について、本文の会話文中には丁寧語ではないものも散見されるため、「本文全体にわたって会話文の中に丁寧語を用いる」という部分が誤りです。たとえば、傍線部Aの1行前の「わ、嬉しい！　タメだ」や傍線部Aの2行後の「あ、きみ、やっぱり来たんだね」などが丁寧語ではない例として挙げられます。③について、「弓道の世界に対して楓が次第に抵抗感を強めていく」というようなマイナスの感覚を楓が強めていく描写は本文からは読み取れないため誤りです。④について、本文では過去の場面が挿入されていないため、「現在の場面の間に過去の場面を挿入して楓の心情を描く」という部分が誤りです。⑤について、本文全体にわたって見られる表現の特徴を捉えた説明となっています。会話文の多用はとくに本文の最初の2ページに顕著で、会話文以外の説明である地の文よりも会話文が多くを占めていることが見て取れます。

したがって、正解は⑤となります。

解答番号【16】・⑤ ⇒ **重要度A**

5

文章Ⅰ（現代語訳）

高野御室［(注) 覚法法親王、仁和寺第四世門跡（住職）］がご寵愛なさっていた童たちに音楽の指導をしてもらっていたお礼として、（御室は）孝博（藤原孝博）を仁和寺の北西に位置する鳴滝に家を造ってそこに住まわせて、いろいろと可愛がり、常在と参川に箏や琵琶を習わせなさった。常在には琵琶、参川には箏と、それぞれに適した才能と力があったことから、（孝博は）秘伝の楽曲を伝授した。（孝博が）参川に秘曲の一つである千金調子を伝授したと、富家入道殿（藤原忠実）がお聞きになって、孝博をお呼び寄せになり、「本当のことなのか、千金調子を仁和寺の童に教えたというのは」とおたずねになると、「（参川を）お呼び寄せになってお聞きになってください」と孝博は申し上げたという話である。それで、（富家入道殿は）御室に「箏を見事に弾く童がいるということだが、お借りして（その箏の音を）聴いてみたい」と申し上げなさったところ、御室は（これを）おもしろがって、参川を遣わせなさった。（富家入道殿は参川を）お呼び寄せになって、（参川に）たくさんの楽曲を弾かせた後で、千金調子を弾かせてみると、「（これは）名ばかりのでたらめである」と（富家入道殿は）おっしゃった。参川が帰った後、（富家入道殿は）孝博をまたお呼び寄せになっておっしゃることには、「（参川に教えたという）千金調子についてはでたらめである旨、（御室に）申し上げるべきだ」と。孝博は「今しばらく（私を）助けて、心の内にしまっておいてください。（そうしていただかないと私は）たちまちにここにはいられなくなってしまうでしょう」と（富家入道殿に）申し上げたが、「（あれが千金調子というのは）でたらめである。お前も私も存命のうちに、詫びて（このことを）明らかにしなかったら、後世に混乱をもたらしてしまう」とおっしゃって、ありのままを御室に申し上げたところ、孝博は何日も経たないうちに追放されたということである。

文章Ⅱ（書き下し文）

荊の文王曰はく、「莧譆数我を犯すに義を以てし、我に違ふに礼を以てす。与に処れば則ち安からざるも、之を曠しくすれば而ち不穀得。吾が身を以て之を爵せずんば、後世聖人有りて、将に以て不穀を非とせんとす」と。是に於いて之を五大夫に爵す。「申侯伯善く吾が意を持養す。吾が欲する所は則ち我に先んじて之を為す。与に処れば則ち安きも、之を曠しくすれば而ち不穀喪ふ。吾が身を以て之を遠ざけずんば、後世聖人有りて、将に以て不穀を非とせんとす」と。是に於いて送りて之を行らしむ。

文章Ⅱ（現代語訳）

楚の文王は言った、「莧譆は、しばしば私を戒めるのに義をもって行い、私を非難するのに礼をもって行う。ともにいると心が落ち着かないのだが、莧譆と長らく離れていると、（莧譆のおかげで）私は正しき道を歩んでいたことに気付くのだ。自分自身で莧譆に爵位を授けなければ、（授けなかったことにより）後世の聖人は私を誤っていると考えるであろう」と。それで、莧譆に五大夫の位を授けた。「申侯伯はよく私の意図を体現してくれる。私がこうしたいと考えることは、私よりも先にそれを（そのように）行ってくれる。ともにいると心が落ち着くが、申侯伯と長らく離れていると、私は道を外れていたことに気付くのだ。自分自身で申侯伯を遠ざけなければ、（遠ざけなかったことにより）後世の聖人は私を誤っていると考えるであろう」と。それで、申侯伯を楚から去らせた。

文章Ⅲ（書き下し文）

晋の平公鋳て大鐘を為り、工をして之を聴かしむ。皆以て調へりと為す。師曠曰はく、「調はず、請ふ更めて之を鋳ん」と。平公曰はく、「工皆以て調へりと為す」と。師曠曰はく、「後世音を知る者有らば、将に鐘の調はざるを知らんとす。臣窃かに君の為に之を恥づ」と。師涓に至りて果たして鐘の調はざるを知れり。是れ師曠の善く鐘を調へんと欲せしは、後世の音を知る者を以為へばなり。

文章Ⅲ（現代語訳）

晋の平公は大きな鐘を鋳造して、楽工たちに鐘の音を聴かせた。楽工たちはみな（鐘の音が）調っているとしたが、師曠は「(鐘の音は)調っていません。どうか鐘を鋳造し直してください」と言った。平公は言った、「(いや、)楽工たちはみな調っていると答えた」と。師曠は言った、「後世に音をよく聞き分ける者が出てきましたら、おそらくこの鐘の音が調っていないこともわかることでしょう。これではわが君の恥となってしまうと私はひそかに考えているのです」と。(後世において)師涓が現われて、果たしてこの鐘の音が調っていないことがわかった。師曠が鐘の音を調えようとしたのは、後世の音をよく聞き分ける者(が現われること)を考えてのことであったのである。

問1　傍線部A「召して聞しめすべし」の直前に「問はしめ給ふに、孝博申して云はく」とありますから、「召して聞しめすべし」という部分が、「実にや、千金調子、御室なる児にをしへたんなる」(本当のことなのか、千金調子を仁和寺の童に教えたというのは)という質問に対する答えに相当することがわかります。また、この質問よりも前の部分にさかのぼると、「参川に千金調子～孝博を召して」(参川に秘曲の一つである千金調子を伝授したと、富家入道殿がお聞きになって、孝博をお呼び寄せになり)とありますから、質問の主は富家入道殿であることと「御室なる児」は参川を指すことがわかります。これらの文脈をふまえて、富家入道殿の質問に対する答えとして正しい選択肢を選ぶことになります。

したがって、正解は③となります。

解答番号【17】・③　⇒ **重要度A**

問2　傍線部B「忽ちにまどひ候ひなむず」の直前の「今暫く助けしめ御すべし」(今しばらく[私を]助けて、心の内にしまっておいてください)という部分に着目すると、孝博が富家入道殿に助けを求めていることがわかります。なぜ助けを求めているかといえば、さらにこの前にある富家入道殿による「千金調子僻事為る由、申さしむべきなり」(千金調子についてはでたらめである旨、[御室に]申し上げるべきだ)ということばからわかるように、孝博が参川に教えたという千金調子がでたらめであることを、孝博が目をかけてもらっている御室に申し上げるべきだと述べているからです。富家入道殿が御室にその旨を伝えたならば、孝博はこれまでのような贔屓を受けることはなくなることになります。

したがって、正解は④となります。

解答番号【18】・④　⇒ **重要度B**

問3　傍線部C「不以吾身爵之、後世有聖人、将以非不穀」は、「自分自身で莧譆に爵位を授けなければ、後世の聖人は私を誤っていると考えるであろう」という意味です。文王が莧譆に爵位を授けようとした動機は、傍線部Cの直前の「与処則不安、曠之而不穀得焉」から読み取れます。それはすなわち、莧譆の助けがあってこそ正しい道を歩んでこられたのだと文王自身が気付いたことにあります。これらの内容をふまえて、選択肢を見ていきます。

①について、「莧譆が文王を～欲しいためである」という部分が、本文に言及がないことから誤りです。②について、先述の内容と合致するので正しいです。③について、「莧譆は自分が有能であると考えるような傲慢な人物である」という部分が、本文に言及がないことから誤りです。④と

⑤について、後世の聖人が「非」とするのは、覚譆の行いや判断ではなく文王の行いや判断であるため誤りです。

したがって、正解は②となります。

解答番号【19】・② ⇒ **重要度B**

問４　空欄Ｄの直前の「与処則」から次の行の「将以非不穀」までの申候伯についての部分と、本文の１行目の「与処則不安」から次の行の「将以非不穀」までの覚譆についての部分は、いわば対句のような構造になっています。さらに、空欄Ｅの後の「不以吾身遠之」（自分自身で申候伯を遠ざけなければ）と、傍線部Ｃの一部である「不以吾身爵之」（自分自身で覚譆に爵位を授けなければ）に着目すると、内容的に一方はプラスで、また一方はマイナスで対比になっていることがわかります。

空欄Ｄについて、覚譆について述べられた部分を見ると「与処則不安」とありますから、空欄Ｄには「不安」の逆の意味の「安」が入ります。空欄Ｅについて、同様に覚譆について述べられた部分を見ると「曠之而不穀得焉」とありますから、空欄Ｅには「得」の逆の意味の「喪」が入ります。

したがって、正解は⑤となります。

解答番号【20】・⑤ ⇒ **重要度B**

問５　空欄Ｘについて、佐藤さんは空欄Ｘの前で「登場人物が現状を正すべきだと考える理由は異なっている」と述べています。まず、Ｉの文章において、「現状を正すべき」だと考えているのは富家入道殿です。次に、そのように考える理由は、「僻事なり～狼藉為るか」（［あれが千金調子というのは］でたらめである。お前も私も存命のうちに、詫びて［このことを］明らかにしなかったら、後世に混乱をもたらしてしまう）という部分に説明されています。

したがって、正解は①となります。

解答番号【21】・① ⇒ **重要度A**

空欄Ｙについて、佐藤さんは空欄Ｙの前で「登場人物が他者の行いや判断を正そうとしている」と述べています。Ⅲの文章においては、楽工たちがみな鐘の音が調っていると言うから鐘を鋳造し直す必要はないと判断している平公に対して、師曠は「後世有知音者～臣窃為君恥之」という部分で、「後世に音をよく聞き分ける者が出てきましたら、おそらくこの鐘の音が調っていないこともわかることでしょう。これではわが君の恥となってしまうと私はひそかに考えているのです」と忠言を述べて、平公の判断を正そうとしています。

したがって、正解は③となります。

解答番号【22】・③ ⇒ **重要度A**

解答・解説

令和５年度 第１回
高卒認定試験

国　語

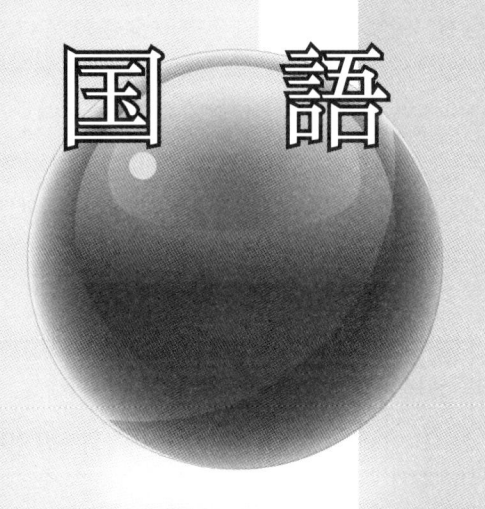

解答時間　50分

注　意　事　項（抜粋）

＊　試験開始の合図前に，監督者の指示に従って，解答用紙の該当欄に以下の内容をそれぞれ正しく記入し，マークすること。

①**氏名欄**

氏名を記入すること。

②**受験番号**，③**生年月日**，④**受験地欄**

受験番号，生年月日を記入し，さらにマーク欄に**受験番号**（数字），**生年月日**（年号・数字），**受験地をマーク**すること。

＊　**受験番号，生年月日，受験地が正しくマークされていない場合は，採点できないことがある。**

＊　解答は，解答用紙の解答欄にマークすること。例えば，［10］と表示のある解答番号に対して②と解答する場合は，次の(例)のように**解答番号 10 の解答欄**の②に**マーク**すること。

（例）

解答番号	解答欄
10	① ● ③ ④ ⑤ ⑥ ⑦ ⑧ ⑨ ⓪

国語（解答番号 1 ～ 22 ）

1 次の問1～問5に答えよ。

問1 (ア)、(イ)の傍線部の漢字の正しい読みを、次の各群の①～⑤のうちからそれぞれ一つ選べ。解答番号は 1 ・ 2 。

(ア) 哀愁を帯びたピアノの調べ。 1

① あいしゅう
② あいう
③ ちゅうしゅう
④ ちゅうう
⑤ あいしん

(イ) 雲が幾重も山にかかっている。 2

① いくおも
② きちょう
③ きじゅう
④ きえ
⑤ いくえ

問2　傍線部に当たる漢字と同じ漢字を用いるものを、次の①～⑤のうちから一つ選べ。解答番号は 3 。

衝動にカられる。

① モーターをクドウさせる。
② 立入り禁止クイキを設ける。
③ ハイクの季語を学ぶ。
④ 祖先をクヨウする。
⑤ クドクを積んだ僧侶の話を聞く。

問3　次の月の異名の組合せとして適当なものを、後の①～⑤のうちから一つ選べ。解答番号は 4 。

二月・九月・十一月

① 睦月・長月・霜月
② 如月・長月・霜月
③ 如月・葉月・神無月
④ 弥生・葉月・師走
⑤ 睦月・長月・神無月

問4　空欄［　　］に入る語として最も適当なものを、後の①～⑤のうちから一つ選べ。解答番号は［5］。

彼にしてみたら［　　］緊張していたことだろう。

① たとえ
② あたかも
③ 決して
④ さぞかし
⑤ まるで

問5　傍線部A～Eの敬語の使い方が**適当でないもの**を、後の①～⑤のうちから一つ選べ。解答番号は［6］。

本日は当館に御来場いただき、誠にありがとうございます。御来場の皆様に、お願いいたします(A)。客席内への飲み物の持ち込みは御遠慮ください(B)。倒れてもこぼれないフタ付きの飲み物は御利用いただけます(C)。花束などをお持ちのお客様は、ロビーでお預かりしております(D)。その他の御質問は当館スタッフまで伺ってください(E)。

① A
② B
③ C
④ D
⑤ E

2　北高校の購買協力委員会では、委員会担当の増田先生から依頼され、来年度の購買部（学校で学用品などを販売する所）で販売する品目について、生徒からの要望をとりまとめることになった。次に挙げる**【話合いの一部】**は、一月、二月に開かれた購買協力委員会で、委員の生徒が、購買部で取り扱う来年度の販売品目について話し合った時のものである。**【Ⅰ】**～**【Ⅵ】**はその時の委員会の資料である。**【Ⅰ】**～**【Ⅲ】**は購買協力委員会の生徒がまとめたものであり、**【Ⅳ】**～**【Ⅵ】**は増田先生から提供されたものである。これらを読んで、**問1**、**問2**に答えよ。

一月の購買協力委員会での**【話合いの一部】**（発言者の下の数字は発言回数を示す。）

山中さん①　「資料（A）によると、生徒が購買部で扱ってほしいと思っている品目は、文具、おにぎり、パン、デザート、飲み物ということですよね？」
吉田さん①　「ちょっと確認します……そうですよね。それでいいと思います。」
青木さん①　「私もそれでいいと思います。結局は、現在の購買部で扱っている品目ということですね。」
山中さん②　「そうですね。では、今日の委員会の報告として、生徒が来年度の購買部で扱ってほしいと思っている品目は、現在の購買部で扱っている品目と同じだということを、担当の増田先生に伝えます。」

二月の購買協力委員会での**【話合いの一部】**（発言者の下の数字は発言回数を示す。）

山中さん③　「今日の委員会では、来年度の購買部で扱う販売品目のうち、パンとおにぎりについて、具体的に何を売ってほしいか、生徒のアンケートをもとに検討します。例年通り、販売するパンは八種類、おにぎりは六種類だそうです。今日の委員会で結論が出ない場合は、来月の委員会で引き続き話し合うことになります。みなさんよろしくお願いします。では、パンとおにぎりについて何を売るかですが、意見がある人はいますか？　……はい。池田さん、どうぞ。」
池田さん①　「パンとおにぎりについて何を売るかは、この資料（B）を見て、希望の多い順に決めてしまっていいのではないかと思います。希望が多いということは、その商品を買う生徒が多いということだと思うからです。」
山中さん④　「池田さんから発言がありましたが、他に意見がある人はいますか？　……いないようなので、では、池田さんの発言にあったように、今、池田さんが示してくれた資料（B）を見て、希望の多い順に決めるとどうなるかを、確認してみましょう。……読み上げます。おにぎりでは、鮭《さけ》、ツナ、昆布、たらこ、おかか、明太子《めんたいこ》です。パンでは、一番多かったのが卵サンドとカレーパン、次が、焼きそばパンとチーズピザ。あとは順に、ツナサンド、アンパン、シーフードピザ、コロッケパンです。何か意見がある人はいますか？」

川俣《かわまた》さん①「パンの八種類について、意見があります。今、池田さんや山中さんが元にした資料を見ると、卵サンド、カレーパン、焼きそばパン、チーズピザ、ツナサンド、シーフードピザ、コロッケパンの七種類が総菜系のパンで、アンパンだけが甘いパンとなっています。だから、扱うパンが総菜系に偏っていると思います。私は、甘いパンに対するニーズはあると思うので、資料の通りに機械的に選ぶのではなく、甘いパンをもう少し入れる方向で考える方がいいと思います。」

山中さん⑤「パンについて意見が出ましたが、他に何か意見がある人は……はい。青木さん、どうぞ。」

青木さん②「質問をしていいですか？　川俣さんは、どうして甘いパンに対するニーズがあると思うのですか？」

川俣さん②「今年度の購買部で扱っているパンは、たしか、総菜系のパンが四種類、甘いパンが四種類ですが、甘いパンの方がいつも先に売り切れているのを見ているからです。」

青木さん③「あ、それはたしかに、そうかもしれないなあ。」

吉田さん②「私も川俣さんの意見に賛成です。今年度の購買部ではアンパンが真っ先に売り切れてしまうというイメージが私にもあります。それに、Ｃ資料を見ると、今年度はアンパンが卵サンドやカレーパンと同じくらい売れているし、チョコレートパンやクリームパンはチーズピザより売れています。だから、パンについて何を売るかは、資料の通りに機械的に決めるのではなく、川俣さんが言うように、もう少し検討してもいいように思います。」

山中さん⑥「パンについて意見が出てきていますが、他にどうですか？」

青木さん④「提案なのですが、おにぎりについては意見が出ないようなので、今日の委員会ではおにぎりの種類を決めるところまでとして、パンの種類については、次回の委員会でもう一度検討してはどうでしょうか？」

山中さん⑦「今の青木さんからの提案について、どうですか？　……みなさん、同意してくれているようなので、それでは、今日の委員会の報告として、来年度購買部で扱ってほしいおにぎりの六種類を増田先生に伝えます。パンについては、次回の委員会で改めて検討することにしましょう。」

【Ⅰ】

購買部で売ってほしいもの

※「引き続き売ってほしいもの」でも「新たに売ってほしいもの」でもどちらも可

・ノート
・ボールペン
・ボールペンの替え芯
・シャーペン
・シャーペンの芯
・マーカー
・消しゴム
・修正テープ
・おにぎり
・パン
・サンドイッチ
・飲み物
・プリン

調査対象は北高生

【Ⅱ】

購買部で売ってほしいパン（上位 11 種類）

※「引き続き売ってほしいもの」でも「新たに売ってほしいもの」でもどちらも可

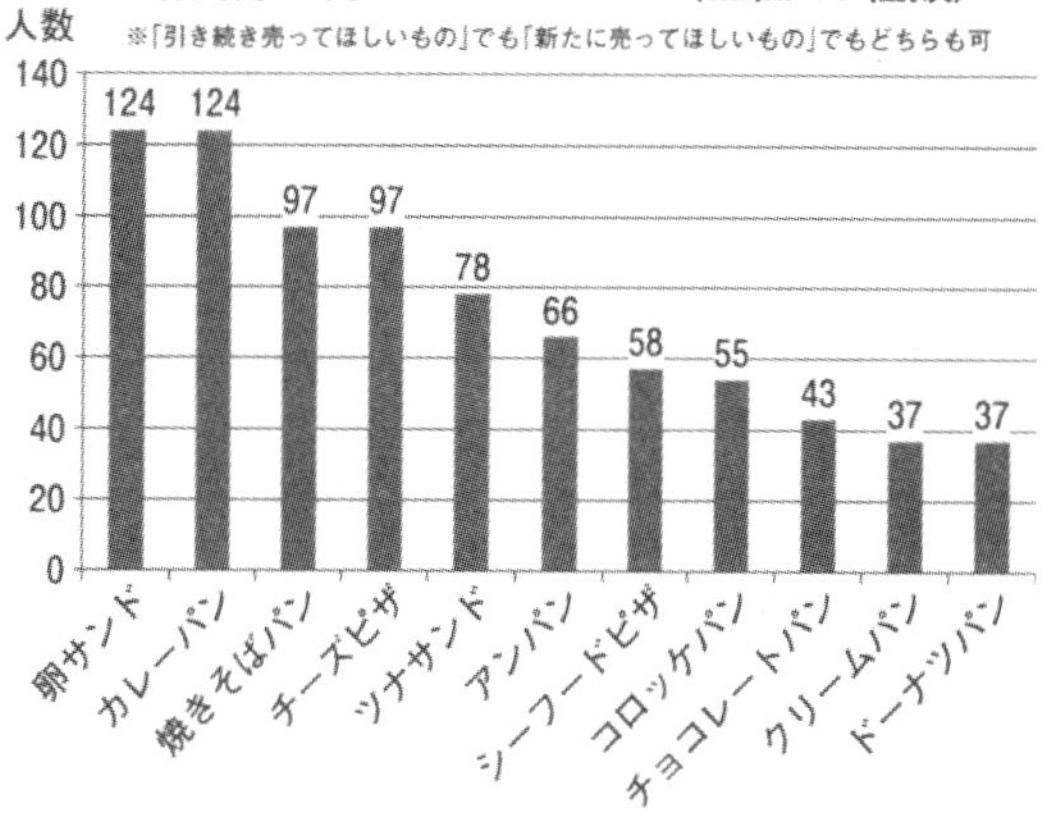

調査対象は北高生

【Ⅲ】

購買部で売ってほしいおにぎり（上位 8 種類）

※「引き続き売ってほしいもの」でも「新たに売ってほしいもの」でもどちらも可

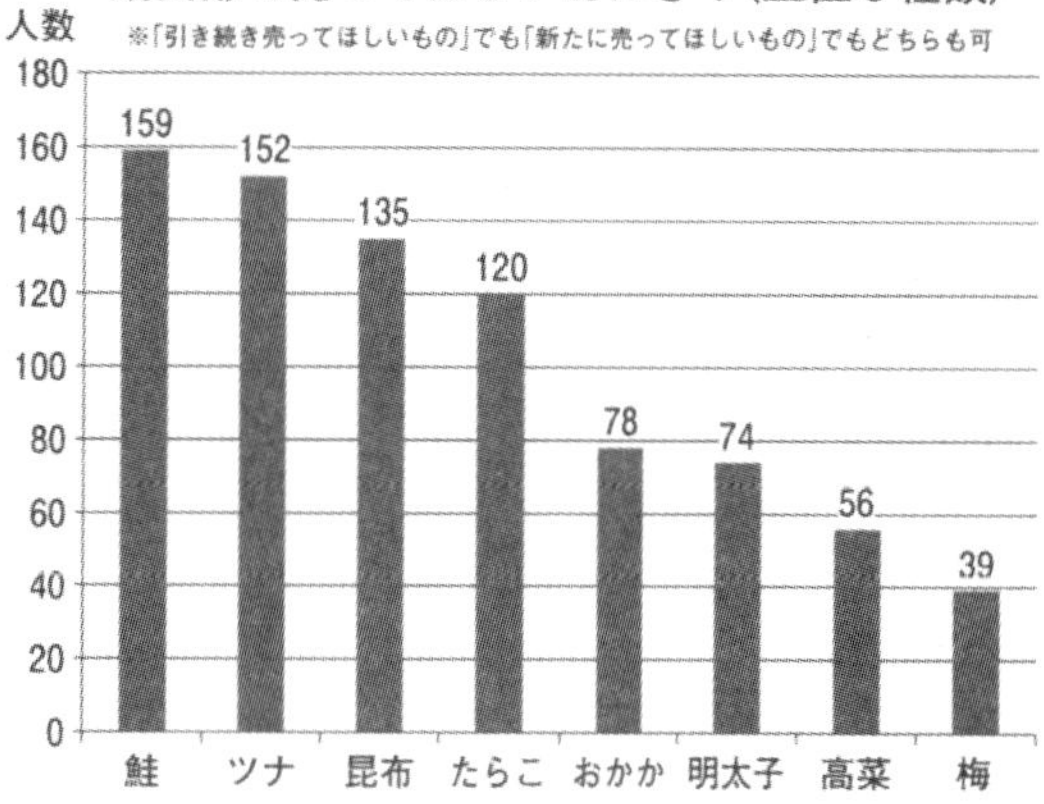

調査対象は北高生

【Ⅳ】

今年度の北高購買部でのパンの売り上げ個数
（4 月～ 12 月まで）

	カレーパン	卵サンド	チーズピザ	焼きそばパン	アンパン	クリームパン	チョコレートパン	ドーナツパン
4 月～7 月	1525	1525	1454	1500	1525	1440	1518	1300
9 月～12 月	1850	1850	1669	1842	1845	1794	1815	1746
合計	3375	3375	3123	3342	3370	3234	3333	3046

【Ⅴ】

今年度の北高購買部でのおにぎりの売り上げ個数
（4 月～ 12 月まで）

	鮭	ツナ	たらこ	昆布	明太子	高菜
4 月～7 月	1830	1824	1789	1795	1744	1691
9 月～12 月	2205	2207	2179	2165	2147	2070
合計	4035	4031	3968	3960	3891	3761

【Ⅵ】

今年度、北高購買部で扱っている品目

・文具

［ノート・ルーズリーフ・手帳・ボールペン・ボールペンの替え芯・鉛筆・シャーペン・シャーペンの芯・マーカー・消しゴム・修正テープ

・飲食物

［パン（カレーパン・卵サンド・チーズピザ・焼きそばパン・アンパン・クリームパン・チョコレートパン・ドーナツパン）

おにぎり（鮭・ツナ・たらこ・明太子・高菜・昆布）

飲み物

デザート（プリン・ゼリー）

問1 傍線部A 資料、傍線部B 資料、傍線部C 資料は、それぞれ【Ⅰ】～【Ⅵ】のどれを指していると考えられるか。その組合せとして最も適当なものを、次の①～⑤のうちから一つ選べ。解答番号は 7 。

① 傍線部Aの資料は【Ⅰ】、傍線部Bの資料は【Ⅱ】、傍線部Cの資料は【Ⅳ】。
② 傍線部Aの資料は【Ⅰ】、傍線部Bの資料は【Ⅲ】、傍線部Cの資料は【Ⅵ】。
③ 傍線部Aの資料は【Ⅰ】、傍線部Bの資料は【Ⅱ】と【Ⅲ】、傍線部Cの資料は【Ⅳ】。
④ 傍線部Aの資料は【Ⅰ】と【Ⅵ】、傍線部Bの資料は【Ⅳ】と【Ⅴ】、傍線部Cの資料は【Ⅵ】。
⑤ 傍線部Aの資料は【Ⅵ】、傍線部Bの資料は【Ⅱ】と【Ⅲ】、傍線部Cの資料は【Ⅳ】。

問2 それぞれの発言について説明したものとして最も適当なものを、次の①～⑤のうちから一つ選べ。解答番号は 8 。

① 吉田さん①と青木さん①の発言は、山中さん①の発言についてあくまでも部分的に同意したものとなっている。
② 山中さん②と山中さん⑦の発言は、話し合ったことをまとめ、次回の委員会の日時を予告するものとなっている。
③ 池田さん①と川俣さん①の発言は、取り上げた資料には同じものもあるが、理由付けが異なり、別の意見となっている。
④ 山中さん⑤と青木さん④の発言は、論点を絞り、検討の仕方を具体的に提案するものとなっている。
⑤ 川俣さん②と吉田さん②の発言は、理由については、言及していないものの、自分の主張を述べたものとなっている。

3 西高校では、国語の時間に「西高校で取り組んでみたいＳＤＧｓ」というタイトルで意見文を書き、それを相互評価することになった。次にあげる**【意見文】**は、この学習で池沢さんが書いたものである。また、**【和久井さんのコメント】**、**【滝さんのコメント】**は、池沢さんの**【意見文】**を読んで、和久井さんと滝さんが書いたものである。これらを読んで、**問1**、**問2**に答えよ。

【意見文】（意見文中の※は、設問の都合で付したものである。）

西高校で取り組んでみたいＳＤＧｓ

1年5組　池沢知秋

「西高校で取り組んでみたいＳＤＧｓ」として私が考えるのは、身の回りの不要な物品を回収することだ。具体的には、「私たちが実際に取り組めそうなこと」という観点から、古着等の回収と、ペットボトルの蓋や家にある不要な食品の回収を考えている。

まず、古着等の回収についてだが、回収するものは、古着、靴、かばん、未使用のバスタオルやタオル等とする。そして、回収は来月の学校祭の時とする。というのも、[A]たとえば、中学校時代のジャージや制服等のような古着、ランドセルやリュック等のようなかばん、中学校時代の体育館シューズ等のような靴を全部まとめて持ってこようとすると、かなりの量になってしまうことが想定されるからだ。もし、それらをまとめた結果が一人で持ちきれない分量になってしまった場合、学校に持ってくること自体をやめてしまうかもしれない。せっかく回収に協力したい気持ちがあるのに、運ぶ手段がないことで結果的に回収への協力を断念してしまうような事態は避けたい。だから、回収時期は学校祭の時にして、[B]学校祭で来校する保護者に回収品の運搬を協力してもらえば、登校の際に自分一人で持ちきれない分量であっても運ぶことができるため、回収量も多くなると考える。ちなみに去年、妹の中学校の学校祭では、各家庭からの不用品を持ち寄って販売する「バザー」が行われた。[C]「バザー」があったせいか、妹の中学校では、去年の学校祭の来校者数は、例年よりも多かったようだ。だから、西高校の学校祭で各家庭に協力を依頼して古着等の回収を行えば、学校祭での来校者数はきっと増えると考える。

次にペットボトルの蓋の回収についてだ。これについては毎月１度回収日を設けたい。学校に水筒を持参する人が増えてきているとはいえ、やはりペットボトル飲料は私たちにとって身近なものである。[D]昨年度、生徒会が途上国の人達にワクチンを贈るため、西高校内でペットボトルの蓋の回収を呼びかけた時には、大量の蓋が集まった。だから、校内で毎月１度ペットボトルの蓋の回収が始まれば、回収に協力してくれる人は、少なからずいるだろう。

食品の回収についても同様に、毎月１度回収日を設けたい。[E]回収日をきっかけにして、家に不要な食品がないかを毎月点検することは、各家庭における食品ロスの削減にもつながると考える。ペットボトルの蓋と不要な食品の回収は同じ日に行うこととし、ボランティア部に協力を依頼してはどうかと考えている。

※　西高校ボランティア部は、市内の保育園児との交流活動にも取り組んでいるそうだ。また、市の児童館で絵本の読み聞かせ活動のボランティアを行っているそうだ。

古着等やペットボトルの蓋の回収を通して、途上国の子どもにワクチンを贈ることができる。また、家にある不要な食品の回収を通して、食品ロスを削減していくこともできる。古着、ペットボトルの蓋、不要な食品といった「身の回りの物品」の回収を通して、私たちは「遠くの世界の誰か」のことを考えるようになるだろう。「遠くの世界の誰か」のことを考えることは、私たちの視野を広げ、物事を他人事では終わらせない価値観を育むことにつながる。ささやかではあるが、これが、私たちが西高校でできるＳＤＧｓなのだと考える。

【和久井さんのコメント】

西高校で取り組んでみたいＳＤＧｓに関する池沢さんのアイデアが、それぞれの段落で丁寧に説明されていたので、とても分かりやすかったです。
改善点をあげるなら、５個目の形式段落(※)だと思います。この段落は［ア］という理由で、カットしてもよいのではないかと思いました。

【滝さんのコメント】

西高校で取り組んでみたいＳＤＧｓのアイデアを初めに大きく示し、その後で具体的な説明をするという論理の展開が良かったです。
ですが、［イ］の部分は、池沢さんの考えが飛躍していて、根拠がない推論になってしまっているので、修正した方がいいと思います。

問1　【和久井さんのコメント】の［ア］に入る内容として最も適当なものを、次の①〜⑤のうちから一つ選べ。解答番号は［9］。

① ペットボトルの蓋を集めるという池沢さんの提案にボランティア部が賛同しないという内容になっている
② 西高校で取り組んでみたいＳＤＧｓとして池沢さんが述べている主張に関係していない
③ 西高校で取り組んでみたいＳＤＧｓとして池沢さんが述べている内容を強調しすぎる
④ 池沢さんが、ボランティア部として行っている活動の説明となっている
⑤ ペットボトルの蓋を集めるという池沢さんの提案を打ち消してしまう内容である

問2 【滝さんのコメント】の イ に入る内容として最も適当なものを、次の①～⑤のうちから一つ選べ。解答番号は 10 。

① 下線部A
② 下線部B
③ 下線部C
④ 下線部D
⑤ 下線部E

4 次の文章を読んで、問1～問6に答えよ。

近世文人の条件は、漢文を自在に操る能力と漢学・儒学の教養である。医学（そのほとんどが漢方医学）はもちろん、当時の学問はおおむね漢籍に依存していたから、漢学は文人の基礎教養であった。蘭学《らんがく》でさえまずは漢学を学び、洋書も漢訳で読んだ。加えて、知的思考の枠組みは東アジア全域をおおっていた朱子学（注1）であった。日本では、古代・中世には仏教が思想基盤を提供していたが、近世権力は仏教を政治統制下におき、自由な活動を制限した。そのため儒学が、仏教にとって代わって、思考の枠組みを提供したのである。

朱子学は壮大にして精緻な理論を持つ思想であった。小は日々の行動規範から、大は宇宙の運動法則にいたるまで、一貫した原理でこの世界を説明する知的装置である。いつの時代でも人は、自らが生きることの意味や拠《よ》り所を求めるものだが、江戸時代では儒学、とりわけ朱子学がそれに応える学であった。

戦乱を克服して実現した泰平の時代、人びとは、宗教ではなく、東アジア全域をおおった「普遍的」な学問にもとづいて、知的な活動をおこなうようになっていた。文字社会となり、文字を学ぶことが日常化するなか、知的な学びと教養が求められる時代となった。それは政治的特権層だけの話ではなく、村落の指導層にいたるまで、ある種の文化資本として求められた教養であった。その教養を身につけることは、社会的地位を維持するために必要な条件であった。

江戸時代に、たんに「学問」といえば儒学のことをさす。儒学はそれほど学問の正統の位置にあった。ゆえに、学問に進むためには漢文リテラシーを身につけることを必要とした。知識人は学問に関することはすべて漢文で書いた。それはペダンチック（注2）な趣味によるものではなく、漢文でなければ表現できない知の世界があったことを意味している。とすれば、江戸の知識人は「漢文で考えた」にちがいない。その意味で、A漢文はまた「思考の言語」でもあった。

漢文はほんらい外国語である。しかし日本では、上述した（注3）和刻本のように、返り点・送り仮名を付して読む訓読法が常用された。訓読は、日本語の文法に即した独自の言語で、しかも書記言語である。この方法を用いて「漢文で考える」ことが、いかにして可能だったのか。

それを可能にした学習法が、序章（注4）でもふれた素読（句読）である。再言すれば、素読は儒学学習の第一段階。六—七歳のころから、『孝経』（注5）や四書などの経書を声に出して繰り返し読み、テキストの全文を完全に暗誦《あんしょう》してしまう学習である。この段階では本文の意味理解はとくに求めない。大判の印刷本を挟んで、差し向かいに坐《すわ》った師匠から、個別に読み（訓読）を教わる。師匠が声で読む一字一句を子どもがおうむ返しに復誦する。退出後、師のリードなしで読めるようになるまで、めいめい声に出して復誦する。その完全な暗誦が確認されて、はじめて次に進むことができる。

ちなみに(注6)貝原益軒《かいばらえきけん》は、一日一〇〇字ずつ一〇〇回復誦すれば、四書の素読は、総計五万二八〇〇文字だから五二八日、一年半ほどでだれでも終えられるという。四書の素読が済めばいかなる漢文も自在に読める、そう益軒はいう。(注7)徂徠《そらい》もほぼ同じことをいっているから、益軒の言は誇張ではなかったのであろう。近世に共有された考え方であったと思われる。

素読は、意味理解さえ要しない機械的暗誦を強いる学習である。子どもの発達を無視した乱暴きわまりない学習法の強要に見え、いまの学校では考えにくい。しかし、江戸時代に素読無用論があったとは、寡聞にして知らない。学問に素読は避けて通れないものと意識され、むしろ素読により、漢文読解だけでなく、漢詩や漢文の述作も自在に可能となるのだ、といった共通理解があったと思われる。

素読はテキストを音読する。しかしB近代読書の音読・黙読とは異なった次元にある。素読する経書は、聖人の言葉が埋まった特別なテキストであり、意思疎通のための道具としての言葉とは位相がちがう。テキストのある一節が示されると、続くフレーズが流れるように口を衝《つ》いて出てくる。それはつまり、テキストが丸ごと身体に埋め込まれているということにひとしい。私のいう「テキストの身体化」である。深い思想を内包した経書の言葉は、真理に満ちた聖人の言葉。それを、自らに一体化し、自分の思考と活動に活用することができる。それが素読の効用であり、近世に素読無用論がなかった理由はそこにある。

先に、(注8)手習塾での文字学習は、「読み」より「書く」ことから入った、と指摘した。ところが、学問の場合は素読から入る。素読は読書とは異なった次元のいとなみであると、先に述べたが、声に出すのは、「読み」というより、暗記のための（その意味では、身体化するための）方法だと考えてよい。ここに、文字の学びと学問の学びの、位相のちがいが認められる。

C素読された経書の言葉は、日本語化された訓読体漢文であった。しかしそれは、日本語にはちがいないものの、日常使われる口語体の日本語ではない。また文語的書記言語とも同じではない。あえていえば王朝雅語に近い独特の文体で、素読訓読の文体としかいいようがない。

こうした文体がなぜ選ばれたのか。前田愛(注9)は、素読は、文のリズムと抑揚、音の響きが、幼い身体に刻印され、独特の漢語の形式が、日常の言葉とは異なった次元の「精神のことば」や、ある種の「思考の形式」をつくっている、という（『近代読者の成立』）。また中村真一郎(注10)も頼山陽《らいさんよう》(注11)『日本外史《にほんがいし》』の漢文について、諳誦《あんしょう》に適した、「人間の呼吸に自然に合致した、見事な雄弁調として成功している」と書いている（『頼山陽とその時代』）。山陽の漢詩は、幕末以後に流行をみた詩吟に好んで選ばれた。力強いリズムと響きをともなう訓読体漢文であったからこそ、朗々と謳《うた》いあげるのにふさわしかったのであろう。この詩吟の行為が、幕末に志を同じくする尊王攘夷《じょうい》派の志士たちの感情を揺さぶり、共鳴と高揚を惹《ひ》き起こし、政治活動へのパッションにつながった。

こう考えれば、訓読体漢文は暗誦しやすいように工夫が凝らされ、身体化に適した言語としてつくられたのではないだろうか。素読に適した文体が訓読体漢文であった、ここではそう想定しておきたい。

素読は子ども期になされる。D その後の儒学の学びは、「講義」「会業《かいぎょう》」「独看《どくかん》」へと進んでいく。それに詩文実作を加えてもよい。

「講義」とは、講師が一方的に口頭で教える、今のいわゆるレクチャーのことではない。素読で身体化した経書の「義」(意味)を、師匠が一定の注釈にもとづいて解釈を授ける教授のこと。これにも、師匠がひとりひとりの学生と差し向かいでおこなう「講授」と、大勢の学生を前に経書を解釈する「講釈」との別がある。講授は師が短時間で個別指導をし、学生は自宅で復習を繰り返す。その方法形態は、素読のときとあまり変わらない。一方、講釈はおおむね一斉教授の形をとる。まずは個別指導／個別学習の講授が日々になされていたのに対し、一斉教授の講釈の方は塾主(藩校なら学長的存在の儒者)によって時折なされるものだった。すなわち講釈は特定の節目(たとえば新年の講書始や藩主の臨校、孔子を祀《まつ》る釈祭など)に際して、経書の一節を、全員を前にして解釈してみせる。この意味での講釈は、多分に儀礼や儀式に類する性格のもので、そのぶん、権威的であった。

「会業」は、同レベルの学生たちがグループでおこなう共同学習である。会業にも会読と輪講の別があった。いずれも輪番の当番が発表し、その後、質疑し討論する。通常はチューター(注12)役の先輩が同席して学習の流れを差配する。両者のちがいは用いるテキストにある。会読のテキストは経書ではなく、史書(中国の正史)、子(注13)(諸子百家)、集(詩文集)の類。それらは読めさえすれば、意味もほぼ理解できる。先行の注釈や解釈を必要としないから、読むこと自体を目的としていて、いまの読書会と大きくはちがわない(以上、武田勘治『近世日本学習方法の研究』)。

いっぽう、輪講のテキストは経書である。輪番で経書を「講義」する。経書は根拠となる原典、いわば聖なる古典であるから、先人たちの注釈書の山に分け入って、異端と正統とを弁別しながら「正しく」解釈していかねばならない。朱子学の場合であれば、「四書集註《しっちゅう》」(注14)も経書と同列に位置付けられていたから、これも輪講のテキストとなる。哲学の原典を解釈する共同作業というに近い。いまでいうゼミナールに相当するだろう。

以上、儒学の一般的な学習法を説明してきたが、どの儒者も学習法が同じというわけではない。〈知のつくられかた〉が、思想の在り方(学派)によって異なっているからである。逆に言えば、思想の在り方が学び方を規定する。学びと思想の間の深い関係は、本書の主要なテーマである。

漢文は知的言語、思考言語であると述べた。そもそも思考は言語によってなされるから、思考活動は言語活動の一種にほかならない。とすれば、どの言語で考えるか、それは思考する知の内容や形式と不可分に関わってくる。たとえばSNSで使う言葉と学校教科書の文字言語は、同じ日本語であったとしても、その思考の質と内容は大きく異なってくるだろう。笑いを強要するテレビの娯楽番組の口語によって、学校の授業の内容を正確に伝えることはむずかしい。「伝える知」と「伝えるメディア」とは不可分に関わる。いかなる言葉で考えるのか、それはその思考の質や内容と切り離して考えることはできない。

江戸時代、人の生き方やその意味を考える主要な知は儒学であり、儒学が、江戸の〈知のつくられかた〉を規定した。出版メディアの確立と手習塾・

学問塾の普及によって、条件さえ許せばだれもが儒学を学ぶことができるようになった。そこに、学びへの意志や主体がうまれる契機があった。E 知を求める人びととの裾野の広がりが、科挙のない近世日本の儒学と儒者の存在を支えていたのである。

（辻本雅史『江戸の学びと思想家たち』による。）

（注1）朱子学 —— 中国、宋の時代に朱熹《しゅき》が大成した儒学の学説。
（注2）ペダンチック —— 学問や教養をひけらかすさま。
（注3）上述した和刻本 —— 和刻本は日本で出版された漢籍。筆者は和刻本に関し、舶来の本とちがって訓点を付すことができたと述べている。
（注4）序章でもふれた —— 序章で筆者は、素読について「六歳前後から始める儒学の基礎学習のことである」と述べている。
（注5）『孝経』や四書などの経書 —— 儒教の最も基本的な教えをしるした書物。
（注6）貝原益軒 —— 江戸前期の儒学者。
（注7）徂徠 —— 荻生徂徠《おぎゅう》。江戸中期の儒学者。
（注8）先に、手習塾での文字学習は、 —— 本文に先立つ部分で筆者は、儒学の学問塾は素読から入るが、庶民が通う手習塾は読み書き、とりわけ書くことから学び始めることに言及している。
（注9）前田愛 —— 文芸評論家、国文学者。一九三一～一九八七。
（注10）中村真一郎 —— 小説家、文芸評論家、詩人。一九一八～一九九七。
（注11）頼山陽 —— 江戸後期の儒学者、史家。
（注12）チューター —— 研修会、講習会などの講師。
（注13）諸子百家 —— 中国春秋時代末期から戦国時代にかけて現れた諸学者及びその学派の総称。ここではそうした人びとによって書かれた書物。
（注14）四書集註 —— 四書に関する注釈の書。

問1　傍線部A 漢文はまた「思考の言語」でもあった とあるが、その説明として最も適当なものを、次の①～⑤のうちから一つ選べ。解答番号は 11 。

① 近世文人にとって漢文は、自らが学問を身につけるための手段であるだけでなく、教養人としての自分の思考の深さを周囲に示す道具ともなっていたということ。

② 江戸時代において漢文は、たんに学問的な読み書きに必要な道具とされていたというだけでなく、思考そのものを支える不可欠な言語でもあったということ。

③ 漢文は、返り点や送り仮名を付すことで日本語の文法に即した文を作れるだけでなく、中国語を理解し思考を深めることができるものでもあったということ。

④ 論理的な文法体系をもつ漢文の特長により、当時の社会状況を記録するだけでなく、儒学のような哲学的な問題について思考することもできたということ。

⑤ 江戸の特権階級にとっての社会的地位の象徴である学問で漢文を用いるだけでなく、日常生活においても漢文を通して思考することが多かったということ。

問2　傍線部B　近代読書の音読・黙読とは異なった次元にある　とあるが、このように言えるのはなぜか。その理由として最も適当なものを、次の①～⑤のうちから一つ選べ。解答番号は 12 。

① 素読は現代の学習でおこなわれる読書とちがい、意味理解さえ必要としない代わりに、特権階級に必須の王朝雅語を学ぶことができる唯一の方法であったから。

② 素読は近代読書とはちがい、意味理解さえ必要とせず、文字や文法をおぼえる技術を高めることだけに特化した学習方法として用いられていたから。

③ 素読で使うテキストは聖人の言葉が埋まった特別なものであり、一般的な人は、自らに一体化させ自分の思考と活動に活用することができなかったから。

④ 素読は近代読書とはちがい、暗誦によって自分の身体をテキストそのものと一体化させ、思考と活動に活用するためにおこなわれるものであったから。

⑤ 素読がおこなわれた江戸時代には、現代ほど子どもの成長に応じた教育方法が発達していなかったため、機械的暗誦を進める学習方法しかなかったから。

問3　傍線部C　素読された経書の言葉は、日本語化された訓読体漢文であった　とあるが、訓読体漢文が素読に用いられたのはなぜか。その理由として最も適当なものを、次の①～⑤のうちから一つ選べ。解答番号は 13 。

① 平易な言葉が幼い子どもの身体にも刻印されやすかったから。

② 人間の呼吸に自然に合うことで、日常的にも使用しやすかったから。

③ 力強いリズムと響きにより暗誦しやすく、身体化に適していたから。

④ 「思考の形式」をつくるために工夫してつくられた言語であったから。

⑤ 聖人の言葉が、「精神のことば」を身につけるのに適した内容だったから。

問4　傍線部D　その後の儒学の学び　について、本文の内容と合致するものを、次の①～⑤のうちから一つ選べ。解答番号は 14 。

① 「講義」を終えると学生は哲学の原典を解釈する共同学習に専念する。
② 「講授」は、藩主らが経書の一節を、大勢の学生に一斉に解釈するものである。
③ 儒学の学習方法は確立しており、どの手習い所であってもちがいはない。
④ 師匠が学生に一対一の差し向かいで教授するのは「素読」までである。
⑤ 「会読」と「輪講」とでは、それぞれ用いるテキストにちがいがある。

問5　傍線部E　知を求める人びとの裾野の広がり　とあるが、このような状況になった背景として最も適当なものを、次の①～⑤のうちから一つ選べ。解答番号は 15 。

① 出版メディアの確立、手習塾・学問塾の普及によって、人びとは文字の便利さや知的な学びの必要性を知ることとなり、政治的特権層だけでなく村落の指導層にいたるまで、主体的にこれらの塾へ通うようになったこと。
② 出版メディアの確立、手習塾・学問塾の普及によって、学びへの意志や主体性にもとづいて誰もが好きなやり方で儒学を学べるようになったことで、これまでの儒学の学び方が否定され、学問の新たな方法が開けてきたこと。
③ 江戸時代、人の生き方やその意味を考える主要な知は儒学が中心となり、仏教はすっかり影を潜めることになったが、仏典の解釈などで文字を学ぶことには一定のニーズがあり、手習塾などがその需要を満たしたこと。
④ 文字社会であった江戸時代には、政治的特権層だけでなく一般の人びとまでが文字を学ぶことが日常となったが、これらの人びとに教育を施す必要から近世権力が手習塾や学問塾を普及させていったこと。
⑤ 文字を学ぶことが日常化し、知的な学びと教養が人びとに求められるようになった江戸時代に、出版メディアの確立、手習塾・学問塾の普及によって、条件さえ許せば誰もが儒学を学ぶことができるようになったこと。

問6　この文章における論の展開と内容について述べたものとして最も適当なものを、次の①～⑤のうちから一つ選べ。解答番号は 16 。

① 近世の文人にとって必須であった漢文学習の方法としての素読を紹介し、素読がテキストの身体化を目指した学習方法であったと論じた後、その後の儒学の学習方法の説明を通して日本近世の〈知のつくられかた〉について述べている。

② 近世の学習方法としての素読を現代の学習方法と比較しつつ論じ、その有用性を説くとともに、訓読体漢文がどのように誕生したのかを述べた後、近世の知が漢文によって支えられていたと論じている。

③ 近世の人びとにとって儒学がいかに重要な位置を占めていたのかを述べた後、儒学の学習に欠かせない経書の暗誦方法としての素読を紹介し、素読が現在の学習方法とちがって内容理解を前提としていないことを非難している。

④ 江戸期の庶民にとって漢文を学ぶ場であった手習塾における学習方法を総括的に説明し、次に、そこで使われたテキストが聖人の言葉が詰まった聖典であることや、これらが人びとに与えた影響を論じている。

⑤ 近世の人びとにとっての漢文リテラシーの重要性を述べ、次に、その学習方法としての素読を紹介することで、当時の学習方法がいかに人びとの儒学学習に寄与していたかをSNSで使う言葉との比較のなかで論じている。

5 次の【文章Ⅰ】は書物を読むことについて、【文章Ⅱ】は学問について述べた文である。これらを読んで、問1～問4に答えよ。

【文章Ⅰ】

凡《すべ》て件《くだり》(注1)の書《ふみ》ども、かならずしも次第(注2)を定めてよむにも及ばず。ただ便《たより》(注3)にまかせて、次第にかかはらず、これをもかれをも見るべし。

又、いづれの書をよむとても、A初心のほどは、かたはしより文義を解せんとはすべからず。まづ大抵にさらさらと見て、他の書にうつり、これやかれやと読みては、又さきによみたる書へ立ちかへりつつ、幾遍《いくへん》もよむうちには、始《はじめ》に聞《きこ》えざりし事もそろそろと聞ゆるやうになりゆくもの也《なり》。

さて、件の書どもを数遍よむ間には、其外《そのほか》のよむべき書どものことも学びやうの法《のり》なども、段々に自分の料簡《れうけん》の出来るものなれば、其末の事は一々さとし教ふるに及ばず。心にまかせて力の及ばむかぎり、古きをも後の書をも広くも見るべく、又簡約《つづまやか》にしてさのみ広くはわたらずしても有りぬべし。

（『うひ山ぶみ』による。）

（注1）件 —— それら。
（注2）次第 —— 順序。
（注3）便 —— 便宜。

【文章Ⅱ】

種《うウル》樹者必培(注4)其根、種(注5)徳者必養其心。欲樹之長、必於《おイテ》始(注6)生時、刪(注7)《けづレ》其繁枝。欲徳之盛、必於始学時、去夫《かノ》外好(注8)。如《もシ》外好詩文、則《すなはチ》精神日漸《やうやク》(注9)漏《ろう》(注10)泄《せつシテ》、在(注11)詩文上去《ゆカン》。B凡百外好皆然《しかり》。(注12)又曰《いハク》、我此《ここニ》論学、是《これ》無中生有的《の》工夫。諸(注13)公須要《かならズ》(注14)信及、只《ただ》是立志。学者(注15)一念為善之志、如《ごとクセヨ》樹之種。但《ただ》勿《なク》助勿忘、只管《ひたすら》培《ばい》植《しよくシ》将《もテ》去、自然日夜滋(注16)長、生気日完《まつたク》(注17)、【C】日茂。樹初生時、便《すなはチ》抽《めぶカバ》(注18)【D】、亦《また》須《かならズ》刊落(注19)、然後【E】能《よク》大。初学時亦然。故立志貴専一(注20)。

（『伝習録』による。）

（注4）培 —— 養い育てる。
（注5）種徳 —— 人格を育成する。
（注6）始生時 —— 成長するはじめのとき。
（注7）删其繁枝 —— 多くなった枝を取り除く。
（注8）外好 —— 外部への興味。
（注9）漸 —— 次第に。
（注10）漏泄 —— もれる。
（注11）在詩文上去 —— 詩の方に移ってしまうだろう。
（注12）凡百 —— あらゆる。
（注13）諸公 —— 君たち。
（注14）須要 —— 必ず。
（注15）学者 —— 学問をする人。
（注16）滋長 —— 成長。
（注17）完 —— 充実する。
（注18）抽 —— 伸びてきたら。
（注19）刊落 —— 切り落として。
（注20）専一 —— 他のことを考えずにただ一つのことに心を注ぐこと。

問1　傍線部A　初心のほどは、かたはしより文義を解せんとはすべからず　とあるが、その理由として最も適当なものを、次の①～⑤のうちから一つ選べ。解答番号は 17 。

① 書物を読むときは、個々の語句の解釈にはこだわらずに大まかに見て、他の書物にうつりあれやこれやと読み、さらに前に読んだものにかえっていくということを繰り返し続けていくうちに、最初に理解できなかったことも徐々にわかるようになるから。

② 書物を読むときは、最初から一つ一つの語句をおろそかにせずじっくりと読み、他の書物にも同様のことが書いてあるか調べ、さらに前に読んだ書物数編と読み比べをするということを繰り返し続けていくうちに、まもなく理解できるようになるから。

③ 書物を読むときは、まず細かな点にはとらわれないように全体の内容を見て、他の書物の何冊かをあれやこれやと読み、また以前読んだ書物から派生して新たな書物を読んでいくうちに、内容を理解するための方法がわかるようになるから。

④ 書物を読むときは、個々の語句を丁寧に調べてあらすじをつかんでから、他の書物にうつりあれやこれやと詳しく読み、また前に読んだものにもどっていくということを繰り返し続けていくうちに、大体の内容が理解できるようになるから。

⑤ 書物を読むときは、年配の助言者の指導を仰いで大まかな内容を読解し、その上で他の書物にうつりあれやこれやと読んだり、過去に読んだ書物も読み返したりすることを繰り返していくと、最初の助言の内容がより良く理解できるようになるから。

問2　傍線部B 凡百外好皆然。とあるが、これを説明したものとして最も適当なものを、次の①～⑤のうちから一つ選べ。解答番号は 18 。

① 自分の徳を育てようとする人は、自分の精神性を高めるべきなのに、外部の誘惑にとらわれてのめり込んでしまい、最終的には身体も衰えてしまうということ。
② 自分の徳を育てようとする人は、自分の精神性を高めることを第一と考えるので、外部に興味が生じたものもすべて精神を養うことに役だてようとしてしまうということ。
③ 自分の徳を育てようとする人は、自分の心を育てるために、外部への知的好奇心を心の栄養源として取り込み、豊かな徳を身に付けられるようになるということ。
④ 自分の徳を育てようとする人は、自分の心を育てることに力を入れるべきなのに、外部に興味があるものが生じると、そちらの方に関心がそれてしまうということ。
⑤ 自分の徳を育てようとする人は、自分の心を育てることに専念するあまり、外部の人間の気持ちを考えることができず、徐々に自己中心的になってしまうということ。

問3　空欄 C ～ E に入る語の組合せとして最も適当なものを、次の①～⑤のうちから一つ選べ。解答番号は 19 。

	C	D	E
①	枝葉	根幹	根幹
②	枝葉	繁枝	根幹
③	枝葉	繁枝	枝葉
④	根幹	繁枝	枝葉
⑤	繁枝	根幹	枝葉

問4 古文の授業で、**【文章Ⅰ】**の出典『うひ山ぶみ』を読んだ山川さんは、「凡て件の書ども、かならずしも次第を定めてよむにも及ばず」の一節に興味を持ち、改めて『うひ山ぶみ』が所収されている書籍を調べたところ、注記があることに気付いた。次に挙げる**【資料】**は、**【文章Ⅰ】**の中に付けられた注記で、個々の解説や詳論が記載されているものである。これに関して、**【山川さんと友人たちの会話】**を読んで、空欄 X ～ Z に入るものとして最も適当なものを、後の各群の①～⑤のうちからそれぞれ一つ選べ。解答番号は 20 ～ 22 。

【資料】

(ヨ)初心のほどは、かたはしより文義を云々《うんぬん》。

文義の心得がたきところを、はじめより一々に解せんとしては、とどこほりてすすまぬことあれば、聞《きこ》えぬところは、まづそのままにて過《すご》すぞよき。

殊に世に難き事にしたるふしぶしをまづしらんとするは、いといとわろし。ただよく聞えたる所に心をつけて、深く味《あぢは》ふべき也《なり》。こはよく聞えたる事也と思ひて、なほざりに見過せば、すべてこまかなる意味もしられず、又おほく心得たがひの有りて、いつまでも其《その》誤りをえさとらざる事有る也。

(タ)其末の事は一々さとし教ふるに及ばず。

此《この》こころをふと思ひよりてよめる歌、筆のついでに、「とる手火《たひ》も今はなにせむ夜は明けてほがらほがらと道見えゆくを」。

(レ)広くも見るべく、又云々。

博識とかいひて、随分ひろく見るもよろしきことなれども、さては緊要の書《ふみ》を見ることのおのづからおろそかになる物なれば、あながちに広きをよきこととのみもすべからず。その同じ力を、緊要の書に用ふるもよろしかるべし。又、これかれにひろく心を分くるは、たがひに相たすくることもあり、又たがひに害となることもあり。これらの子細をよくはからふべき也。

【山川さんと友人たちの会話】

山川さん「私、『うひ山ぶみ』の『かならずしも次第を定めてよむにも及ばず』を読んで、驚いてしまったの。図書館で『うひ山ぶみ』を探したら、注が付いていたのを発見したよ。【資料】を一緒に見てもらえるかな。」

谷岡さん「書物を読むのに、『かならずしも次第を定めてよむにも及ばず』って、作者は言っているんだよね。(ヨ)の『文義の心得がたきところを、はじめより一々に解せんとしては』にも『はじめより一々に』って言っているところがあるね。そこに関係があるのかな。」

森田さん「そもそも『文義の心得がたきところを、はじめより一々に解せん』としたら、どういう問題が生じるのかな。」

山川さん「熟読すると、滞って先にすすまないことがあるという問題ではないのかな。」

森田さん「それだけじゃないと思うよ。『文義の心得がたきところ』って、『難き事』でもあるよね。『殊に世に難き事にしたるふしぶしをまづしらんとするは、いといとわろし。ただよく聞えたる所に心をつけて、深く味ふべき也。』ってあるから、 X という問題もあるのではないかな。」

山川さん「学ぶ者の心構え、っていうのが『うひ山ぶみ』には書かれているね。」

森田さん「(タ)には、学ぶ者に対する師の思いが詠み込まれているよ。下の句の『ほがらほがらと道見えゆくを』の『道』って何かな。」

谷岡さん「一首全体から考えてみようよ。『とる手火も今はなにせむ』は、『手にもつ火もいまでは用はない』って訳せるよね。この『火』って、『道』を照らす『火』だよね。ここは、『一々さとし教ふるに及ばず』ってあるから、『火』は、『さとし教ふる』のたとえかな。」

山川さん「【文章Ⅰ】では、『段々に自分の料簡の出来るものなれば、其末の事は一々さとし教ふるに及ばず』って言っているのだから、『道』は『自分の料簡』にあたる部分かな。 Y だと考えられないかな。」

谷岡さん「そうだね、僕もそう思うよ。特に、『初心のほどは』ってあるから、初学者に向けた学問をする上での大切な心構えが説かれていて、最終的に(タ)の『ほがらほがらと道見えゆくを』になっていくのかな。」

森田さん「そういえば、漢文の授業で『伝習録』(【文章Ⅱ】)も読んだよね。『伝習録』にも、『必於始学時、去夫外好』という一文があったな。最後には、『初学時亦然。故立志貴専一。』ってあったから、『伝習録』も初学者に対する学ぶ者の心構えが説かれているね。ここに『うひ山ぶみ』の(レ)と共通点がありそう。」

谷岡さん「そうだね。その共通点は、 Z とまとめることができそうだね。」

X 20

① 平易なところを難しく言いかえることができると、間違った解釈が生まれてしまうことになりかねない
② 平易なところは理解した気になるけれど、それでは文章を深く読み味わったということにならない
③ 平易なところをいい加減にすると微妙な意味が感じ取れず、間違った解釈をしても気付けない
④ 平易なところに注意を向けてしまうと、文意を正しく解釈できないし、こまやかな情趣も味わえない
⑤ 平易なところと同じように難解なことも理解しないと、全体を正しく読解することにつながらない

Y 21

① 学問に書物を用いる時の火の取り扱い
② 師の学問と自分の学問の方向性の違い
③ 文献を用いた自己流の研究方法の課題
④ 学問の方法に対する自分なりの考え方
⑤ 学問に必要な書物の一般的な見定め方

Z 22

① 学問で一番重要なものを手放したり忘れたりしてはいけない
② 視野を広くするためには、労力を一点に集中させる必要がある
③ 学問を始めるときは、何事にも全力であることが必要だ
④ 初学者の学問の進め方は、何か一方に偏らないことが重要だ
⑤ 本当に大切なことに注力するために、余計なことを除外する

令和５年度　第１回

解答・解説

【重要度の表記】

Ａ：重要度が高く確実に正答したい設問。しっかり復習する必要のある問題です。

Ｂ：重要度はＡレベルよりすこし下で、やや難易度が高い設問または内容を読み取る設問。高得点を狙う人は復習しましょう！

Ｃ：重要度が低い、または難解な設問。軽く復習する程度でよいでしょう！

令和5年度 第1回 高卒認定試験

【解答】

解答番号			正答	配点	解答番号		正答	配点
1	問1	1	①	2	4 問1	11	②	5
		2	⑤	2	問2	12	④	5
	問2	3	①	2	問3	13	③	5
	問3	4	②	3	問4	14	⑤	5
	問4	5	④	4	問5	15	⑤	5
	問5	6	⑤	4	問6	16	①	5
2	問1	7	③	5	5 問1	17	①	5
	問2	8	③	6	問2	18	④	5
3	問1	9	②	6	問3	19	②	5
	問2	10	③	6	問4	20	③	5
						21	④	5
						22	⑤	5

【解説】

1

問1
（ア） 傍線部の漢字は「あいしゅう」と読みます。哀愁とは、「もの悲しい感じ」という意味です。したがって、正解は①となります。

解答番号【1】・① ⇒ **重要度A**

（イ） 傍線部の漢字は「いくえ」と読みます。幾重とは、「いくつかの重なり」という意味です。したがって、正解は⑤となります。

解答番号【2】・⑤ ⇒ **重要度A**

問2 力られるとは「駆られる」と書き、「ある強い感情によって動かされる」という意味です。選択肢の漢字はそれぞれ、①「駆」動、②「区」域、③俳「句」、④「供」養、⑤「功」徳となります。したがって、正解は①となります。

解答番号【3】・① ⇒ **重要度A**

問3 月の異名は、一月から順に睦月・如月・弥生・卯月・皐月・水無月・文月・葉月・長月・神無月・霜月・師走といいます。したがって、正解は②となります。

解答番号【4】・② ⇒ **重要度A**

問4 ①「たとえ」は、「たとえ時間がなかったとしても」というように、仮定の事柄を述べる場合に使用します。②「あたかも」は、「あたかも億万長者のように振る舞う」というように、ほかのものにたとえる場合に使用します。③「決して」は、「決して感情的に怒らない」というように、後に否定表現をともなって使用します。④「さぞかし」は、「さぞかし寂しかったことだろう」というように、後に推量表現をともなって使用します。⑤「まるで」は、「まるで水を得た魚のように生き生きとしている」というように、ほかのものにたとえる場合に使用します。

したがって、正解は④となります。

解答番号【5】・④　⇒**重要度A**

問5　傍線部Eについて、「伺う」は「たずねる」「聞く」の謙譲語です。この文脈において「たずねる」あるいは「聞く」のは来場客ですので、尊敬語を用いるべきところで謙譲語である「伺う」を用いていることから不適切です。正しくは『おたずねください』となります。したがって、正解は⑤となります。

解答番号【6】・⑤　⇒**重要度A**

2

問1　傍線部Aについて、山中さん①は「資料によると、生徒が購買部で扱ってほしい品目は」と述べています。この発言をふまえて、資料を見ると、山中さんの言う「生徒が購買部で扱ってほしい品目」は【Ⅰ】「購買部で売ってほしいもの」に相当します。よって、傍線部Aの資料は【Ⅰ】となります。傍線部Bについて、山中さん④は「資料を見て、希望の多い順に決めるとどうなるかを、確認してみましょう」と述べ、続いて資料に基づいておにぎりとパンについて希望の多い順にその種類を読み上げています。このことから、傍線部Bの資料は、おにぎりとパンそれぞれについて希望の多い順にその種類がわかる資料であると推測できます。よって、傍線部Bの資料は【Ⅱ】と【Ⅲ】となります。傍線部Cについて、吉田さん②は「資料を見ると、今年度はアンパンが卵サンドやカレーパンと同じくらい売れている」と述べています。このことから、傍線部Cの資料は、アンパンの売り上げと卵サンドやカレーパンの売り上げを比較することできる資料であると推測できます。よって、傍線部Cの資料は【Ⅳ】となります。

したがって、正解は③となります。

解答番号【7】・③　⇒**重要度A**

問2　①について、「山中さん①の発言についてあくまでも部分的に同意した」とありますが、吉田さん①と青木さん①の発言からはとくに「部分的に」同意したことが読み取れないため誤りです。②について、「次回の委員会の日時を予告する」とありますが、山中さん②と山中さん⑦の発言においては、次の委員会の日時についての言及がないことから誤りです。③について、「取り上げた資料には同じものもある」という点は、川俣さん①の「池田さんや山中さんが元にした資料を見ると」という発言からわかります。また、「理由付けが異なり」という点は、池田さん①の「希望が多いということは、その商品を買う生徒が多いということだと思うからです」という発言と川俣さん①の「卵サンド、カレーパン～なっています。だから」という発言からわかります。最後に「別の意見となっている」という点は、池田さん①の「希望の多い順に決めてしまっていいのではないかと思います」という発言と川俣さん①の「扱うパンが総菜系に偏っていると思います」という発言からわかります。よって、③は正しいです。④について、「論点を絞り、検討の仕方を具体的に提案する」とありますが、山中さん⑤の発言はパンについてのほかに意見がないか確認する、あるいはほかの意見の提出を促す発言であるため誤りです。⑤について、「理由については、言及していない」とありますが、川俣さん②は自身の①の発言を受けて「甘いパンの方がいつも先に売り切れているのを見ているからです」と、また吉田さん②は川俣さんの意見に同意を示した後、「資料を見ると〜売れています。だから」と述べています。このことから両者ともに理由について言及していることがわかります。よって、⑤は誤りです。

したがって、正解は③となります。

解答番号【8】・③　⇒ 重要度A

3

問1　まず、空欄アの前後を見ると、和久井さんは、池沢さんの【意見文】に対して改善点を挙げて、ある理由から5個目の形式段落はカットしてもよいと述べていることがわかります。次に、これをふまえて「※」の付された5個目の形式段落を見ると、西高校のボランティア部について述べられています。具体的には、保育園児との交流活動や絵本の読み聞かせ活動といった事柄が述べられていますが、これらの内容はとくに主題である「西高校で取り組んでみたいSDGs」とは関係がありません。

したがって、正解は②となります。

解答番号【9】・②　⇒ 重要度A

問2　空欄イの後を見ると、「池沢さんの考えが飛躍していて、根拠がない推論になってしまっている」とありますから、5つの下線部のうちから、そのような内容になっている下線部を探します。傍線部Cを見ると、「西高校の学校祭で各家庭に協力を依頼して古着等の回収を行えば、学校祭での来校者数はきっと増えると考える」という部分の前には「だから」とありますから、「だから」ということばの前ではそのように考える根拠が述べられているはずです。しかし、その前の部分を見ると、『バザー』があったせいか」、来校者数は「例年よりも多かったようだ」と単なる推測が述べられているに過ぎません。このような推測は根拠とはなり得ませんので、先述の考えは、根拠に基づいたものではなく、滝さんのコメントにあるように「根拠がない推論」になっていると考えられます。

したがって、正解は③となります。

解答番号【10】・③　⇒ 重要度B

4

問1　まず、傍線部Aにある「また」ということばに着目すると、江戸時代に漢文は「思考の言語」とはまた別の側面をもっていたことがわかります。それは、傍線部Aの2行前から1行前にかけての「学問に進む〜必要とした」という部分に述べられています。漢文は、この時代の「学問」を学ぶうえで必須とされ、漢文のリテラシーつまり読み書きの能力が求められたということです。次に、傍線部Aの直前にある「その意味で」ということばに着目すると、傍線部Aはこの前文の「江戸の知識人は『漢文で考えた』」という内容を受けていることがわかります。これらのことから、学問を学ぶうえで必要とされたツールとしての漢文の側面と、物事を思考する基盤としての漢文の側面の両方について述べている選択肢を選ぶことになります。

したがって、正解は②となります。

解答番号【11】・②　⇒ **重要度A**

問２　江戸時代の素読と「近代読書の音読・黙読」との違いについては、この段落の傍線部Ｂ以降において素読の効用という点から述べられています。この部分の内容をふまえて選択肢を見ていきます。

①と②と⑤について、いずれも素読の効用ではなく素読の学習方法としての位置付けに焦点があり、またそれぞれで述べられている内容は本文に言及がないことから誤りです。③について、「自らに一体～きなかった」とありますが、本文では素読による「テキストの身体化」を通じて、聖人の言葉を自分の思考と活動に活用することが「できる」と述べられているため誤りです。④について、著者の述べる素読の効用についての内容と合致するので正しいです。

したがって、正解は④となります。

解答番号【12】・④　⇒ **重要度A**

問３　傍線部Ｃの２行後の「こうした文体がなぜ選ばれたのか」ということばに着目すると、これ以降にその理由が述べられていることがわかります。また、傍線部Ｃの８行後の段落冒頭の「こう考えれば」ということばに着目すると、ここでは前段落の内容を受けてまとめを述べていることがわかります。これらのことをふまえて選択肢を見ていきます。

①について、「平易な言葉が」という部分が、平易かどうかについては本文に言及がない、あるいは傍線部Ｃの後の文に「日常使われる口語体の日本語ではない」とあるため誤りです。②について、「日常的にも使用しやすかった」とありますが、傍線部Ｃの後の文に「日常使われる口語体の日本語ではない」とあり、また「王朝雅語に近い独特の文体で、素読訓読の文体としかいいようがない」ものが、日常的に使いやすいとは考えられないため誤りです。③について、傍線部Ｃの８行後の「こう考えれば」ではじまる一文の内容と合致するので正しいです。④について、『思考の形式』をつくるために」とありますが、傍線部Ｃの８行後に訓読体漢文は「暗誦しやすいように」工夫が凝らされたとあるため誤りです。⑤について、「聖人の言葉が～内容だった」という部分が、本文に言及がないことから誤りです。

したがって、正解は③となります。

解答番号【13】・③　⇒ **重要度B**

問４　傍線部Ｄが含まれる一文に着目すると、傍線部Ｄはこの文の主部ですから、これに続く述部が傍線部Ｄの説明になっていることがわかります。また、傍線部Ｄ以降の段落の冒頭に着目すると、『講義』とは」や『会業』は」ということばではじまることから、傍線部Ｄの内容が以降の段落で具体的に説明されていることがわかります。これらのことをふまえて選択肢を見ていきます。

①について、『会業』は」ではじまる段落を見ると、「会読」のテキストには史書（中国の正史）や集（詩文集）が含まれていることがわかるため誤りです。②について、『講授』は」とありますが、これは「講授」ではなく「講釈」の説明になっているため誤りです。③について、傍線部Ｄの14

行後の「以上、儒学の」ではじまる段落に「どの儒者も学習法が同じというわけではない」とあるため誤りです。④について、『講義』とは」ではじまる段落を見ると、素読の後の学びである「講義」のうちの「講授」も一対一の差し向かいで教授が行われることがわかるため誤りです。⑤について、『会業』は」ではじまる段落を見ると、「会業」には「会読」と「輪講」の別があり、「両者のちがいは用いるテキストにある」と述べられているので正しいです。

したがって、正解は⑤となります。

解答番号【14】・⑤ ⇒ **重要度B**

問5　傍線部Eの前の文に着目すると、傍線部Eの「知を求める人々の裾野の広がり」という表現は、「学びへの意志や主体がうまれる」という部分を別のことばで言い換えた表現となっていることがわかります。また、傍線部Eの前の文の「そこに」ということばに着目すると、さらにその前の文に「学びへの意志や主体がうまれる」前提となった背景が述べられていることがわかります。その前提となった背景とは、「出版メディアの確立と手習塾・学問塾の普及によって、条件さえ許せばだれもが儒学を学ぶことができるようになった」ということです。

したがって、正解は⑤となります。

解答番号【15】・⑤ ⇒ **重要度A**

問6　①について、この文章全体の展開と内容をふまえた論旨となっているので正しいです。②について、「素読を現代の学習方法と比較しつつ」とありますが、本文では現代の学習方法と比較していないため誤りです。③について、「素読が現在～非難している」とありますが、著者は傍線部Bの3行前で素読が「意味理解さえ要しない機械的暗誦を強いる学習」であることを認めてはいますが、その点を非難はしていないため誤りです。④について、「江戸期の庶民～的に説明し」とありますが、注8にあるように庶民が通う手習塾では漢文ではなく読み書きを学ぶ場であったため、また本文では手習塾ではなく学問塾における素読を扱っているため誤りです。⑤について、「SNSで使う言葉との比較のなかで」とありますが、本文ではSNSで用いられる言葉との比較を行っていないため誤りです。

したがって、正解は①となります。

解答番号【16】・① ⇒ **重要度B**

5

文章Ⅰ（現代語訳）

すべてそれらの書物〔(注)この文章の前段で挙げられている書物を指す〕は、必ずしも順序を決めて読まなければならないわけではない。ただ便宜にまかせて、順序にこだわることなく、あれもこれもと読めばよい。

また、どの書物を読むにしても、初学者のうちは、最初からすべての文意を理解しようとしてはならない。まずはおおまかにさらさらっと読んで、ほかの書物に移って、あれやこれやと読んでは、ふたたび前に読んだ書物に戻ったりしながら、何度も読むうちに、はじめの頃は理解できなかったこともだんだんと理解できるようになっていくものだ。

さて、それらの書物を何度か読むうちに、そのほかに読むべき書物についても学問の方法などについても、次第に自分なりの考え方ができるものであるので、これより先のことはいちいち諭し教える必要はない。心のままに力の及ぶ限り、古い書物も後世の書物も広く読んでもよいし、あるいは控えめにしてそれほど広い範囲に及ばずともよい。

文章Ⅱ（書き下し文）

樹を種うる者は必ず其の根に培ひ、徳を種うる者は必ず其の心を養ふ。樹の長ずるを欲せば、必ず始生の時に於いて其の繁枝を删れ。徳の盛なるを欲せば、必ず始学の時に於いて、夫の外好を去れ。如し外に詩文を好まば、則ち精神日に漸く漏泄して、詩文上に在りて去かん。凡百の外好皆然り。又曰く、我の此に学を論ずるは、是れ無中に有を生ずるの工夫なり。諸公須要ず信じ及んで、只だ是れ志を立てよ。学者一念善を為さんことを之れ志さば、樹を之れ種うるが如くせよ。但だ助くること勿く忘るること勿く、只管培植し将て去かば、自然に日夜滋長し、生気日に完く、枝葉日に茂らん。樹の初生の時、便ち繁枝を抽かば、亦須ず刊落して、然る後に根幹能く大なり。初学の時も亦然り。故に志を立つるは専一を貴ぶ。

文章Ⅱ（現代語訳）

（曰く）「樹を育てようとする人は、必ずその根を養い育てなければならないが、徳を育成しようとする人は必ずその心を養い育てなければならない。樹の成長を願うのであれば、必ず成長するはじめのときに、多くなった枝を取り除かなければならない。徳が豊かになることを願うのであれば、必ず学びはじめのときに、外部に対する興味を除去しなければならない。もしほかに詩文（詩や文章）に心を惹かれたならば、その人の心は日ごとにだんだんと（外に）もれて詩文のほうに移ってしまうであろう。外部に対する興味というのは、みな同じことがいえるのである」と。また曰く、「私がここに学問を論じるのは、無の中に有を生ずるような修行のことである。君たちは必ずこれを信じて、そのようなところまでたどり着かなければならない。（それには）志を立てることだ。学問をする人は一心に善を為そうと志を立てたならば、樹を育てるのと同じようにしなさい。何か手助けすることもなく、忘れることもなく、ただひたすら育てていけば、自然と昼夜の間に成長し、生気も日ごとに充実し、枝葉も日ごとに茂ることであろう。樹の成長しはじめた頃、茂った枝が伸びてきたら、必ず切り落とさなければならない。そうすることによって、根も幹も大きくなることができるのである。学問を学びはじめたときにもまた同じことがいえる。それゆえ、志を立てるには、ほかのことを考えずにただ一つのことに専心することが重要なのだ」と。

資料（現代語訳）

（ヨ）初心のほどは、かたはしより文義を云々。

文意の理解しがたいところを、はじめから一つ残らず理解しようとすると、滞って先に進まないことがあるので、理解できないところはまずそのままにしておいて、先に進めばよい。

とくに世間では難しいとされるところをまず知ろうとするのは、大変によくない。ただよく理解できているところをこそ注意して、深く味読しなければならない。これはよくわかっていることだと思って、いい加減に見過ごすと、微妙な意味がまったく感じ取れず、さらにはいろいろ間違って理解していても、いつまでもその誤りに気付かないことがあるのである。

(タ) 其末の事は一々さとし教ふるに及ばず。
この内容を思って詠んだ歌を、筆についでに（記す）、「手に持つ火も今では用はない。夜は明けてほのぼのと明るくなって道が見えるようになってきたのだから」。

(レ) 広くも見るべく、又云々。
博識とかいって、随分と広い範囲の書物を読むのもよいことではあるけれども、それでは非常に重要な書物を読むことが自然とおろそかになるものであるから、必ずしも広く読むことのみを良しとすることはできない。その同じ力を、非常に重要な書物に用いるのもよいであろう。また、あれやこれやに広く注意を払うというのは、助けになることもあれば、あるいは害となることもある。これらの子細をよく考慮しなければならない。

問1 傍線部Aの理由は、その直後から次の行にかけての「まづ大抵に～ゆくもの也」（まずはおおまかにさらさらっと読んで、ほかの書物に移って、あれやこれやと読んでは、ふたたび前に読んだ書物に戻ったりしながら、何度も読むうちに、はじめの頃は理解できなかったこともだんだんと理解できるようになっていくものだ）という部分から読み取れます。これをふまえて選択肢を見ていきます。
①について、先述の内容と合致するので正しいです。②について、「最初から一つひとつの語句をおろそかにせずじっくりと読み」という部分が、「まづ大抵にさらさらと見て」という部分とは反対の内容に相当するため誤りです。③について、「また以前読んだ～わかるようになる」という部分が、「又さきによみ～ゆくもの也」という部分の内容とは異なるため誤りです。また、「内容を理解するための方法がわかるようになる」という部分も誤りです。④について、「個々の語句を丁寧に調べて」という部分が、「まづ大抵にさらさらと見て」という部分の内容とは異なるため誤りです。⑤について、「年配の助言者の指導を仰いで大まかな内容を読解し」という部分が、「まづ大抵にさらさらと見て」という部分の内容とは異なるため誤りです。また、「最初の助言の内容がより良く理解できるようになる」という部分も誤りです。
したがって、正解は①となります。

解答番号【17】・① ⇒ **重要度A**

問2 傍線部B「凡百外好皆然」は、「外部に対する興味というのは、みな同じことがいえるのである」という意味です。外部に対する興味について「みな同じことがいえる」という点に着目すると、「同じこと」の具体的説明は傍線部Bよりも前にあることがわかります。これを受けて、傍線部Bの前の文を見ると、「如外好詩文、則精神日漸漏泄、在詩文上去」（もしほかに詩文に心を惹かれたならば、その人の心は日ごとにだんだんと「外に」もれて詩文のほうに移ってしまうであろう）とあり、外部に対する興味があると、そちらのほうに気がもっていかれてしまうという内容が具体的に述べられていることがわかります。
したがって、正解は④となります。

解答番号【18】・④ ⇒ **重要度A**

問３　空欄Ｃの１行前に「学者一念為善之志、如樹之種」（学問をする人は一心に善を為そうと志を立てたならば、樹を育てるのと同じようにしなさい）とあり、その後も「培植」や「滋長」ということばが続いていることに着目すると、空欄Ｃ～Ｅを含む一文は樹の育て方や樹の成長に関連する内容の文であることがわかります。これをふまえてそれぞれの空欄を見ていきます。
　空欄Ｃについて、その直後に「日に茂らん」とあります。何が茂るのかと考えると、葉や枝が茂るのだとわかります。空欄Ｄについて、その直前に「抽かば」とあります。これは注にもあるように「伸びてきたら」という意味ですから、何が伸びるのかというと、枝が伸びるのだとわかります。また、本文の１行目の「始生時、刪其繁枝」という部分が、空欄Ｄの前後の「樹初生時、便抽」と「亦須刊落」という部分とほぼ同様の内容を述べていることもヒントになります。空欄Ｅについて、その直後に「能く大なり」とあります。何が大きくなるのかと考えると、葉や枝よりも根や幹のほうが大きくなるものとしてふさわしいことがわかります。
　したがって、正解は②となります。

解答番号【19】・②　⇒ **重要度B**

問４　空欄Ｘについて、森田さんがここで引用している、資料（ヨ）の「殊に世に難き事～深く味ふべき也」（とくに世間では難しいとされるところをまず知ろうとするのは、大変によくない。ただよく理解できているところをこそ注意して、深く味読しなければならない）という部分の続きに着目します。続きには、「これはよくわかっていることだと思って、いい加減に見過ごすと、微妙な意味がまったく感じ取れず、さらにはいろいろ間違って理解していても、いつまでもその誤りに気付かないことがあるのである」とあり、「深く味ふべき也」と述べられている理由あるいはその背景がわかります。
　したがって、正解は③となります。

解答番号【20】・③　⇒ **重要度B**

　空欄Ｙについて、山川さんがここで問題にしているのは資料（タ）の和歌にある「道」が何を指すかということで、山川さんは「道」とはⅠの文章の「自分の料簡」に相当するものではないかと考えています。「自分の料簡」とは「自分なりの考え方」という意味ですが、山川さんが引用しているⅠの文章の部分に戻って、その直前を見ると、「其外のよむ～の法なども」（そのほかに読むべき書物についても学問の方法などについても）とあり、この「自分なりの考え方」がそのほかの必読書や学問の方法などについてのものであることがわかります。
　したがって、正解は④となります。

解答番号【21】・④　⇒ **重要度A**

　空欄Ｚについて、この空欄Ｚを含む谷岡さんの発言は、前の森田さんの発言を受けていますので、森田さんの発言内容を見ていきます。森田さんがここで引用している、Ⅱの文章の「必於始学時、去夫外好」と「初学時亦然。故立志貴専一」は、それぞれ「必ず学びはじめのときに、外部に対する興味を除去しなければならない」、「それゆえ、志を立てるには、ほかのことを考えずにただ一つのことに専心することが重要なのだ」という意味です。また、資料（レ）において、このような内容とおよそ共通するのは、「随分ひろく見るも～よろしかるべし」（随分と広い範囲の書物を読むのもよいことではあるけれども、それでは非常に重要な書物を読むことが自然とおろそかになるであるから、必ずしも広く読むことのみを良しとすることはできない。その同じ力を、非常に重要な書物に用いるのもよいであろう）という部分で、ほかの雑多な書物を読むよりも重要な書物にのみ注力することを勧めています。これらの内容をふまえて正しい選択肢を選ぶことになります。

したがって、正解は⑤となります。

解答番号【22】・⑤ ⇒ 重要度B

令和４年度 第２回
高卒認定試験

国　語

解答時間　50 分

注　意　事　項（抜粋）

＊　試験開始の合図前に，監督者の指示に従って，解答用紙の該当欄に以下の内容をそれぞれ正しく記入し，マークすること。

①**氏名欄**

氏名を記入すること。

②**受験番号**，③**生年月日**，④**受験地欄**

受験番号，**生年月日を記入**し，さらにマーク欄に**受験番号**（数字），**生年月日**（年号・数字），**受験地をマーク**すること。

＊　**受験番号，生年月日，受験地が正しくマークされていない場合は，採点できないことがある。**

＊　解答は，解答用紙の解答欄にマークすること。例えば，10 と表示のある解答番号に対して②と解答する場合は，次の(例)のように**解答番号 10 の解答欄**の②に**マーク**すること。

（例）

解答番号	解　答　欄
10	① ● ③ ④ ⑤ ⑥ ⑦ ⑧ ⑨ ⓪

国語（解答番号 1 ～ 22 ）

1 次の問1～問5に答えよ。

問1 (ア)、(イ)の傍線部の漢字の正しい読みを、次の各群の①～⑤のうちからそれぞれ一つ選べ。解答番号は 1 ・ 2 。

(ア) アナウンサーの明瞭な発音を聞く。 1

① けいかい
② けいみょう
③ めいかい
④ めいりょう
⑤ めいろう

(イ) 期待と不安が交錯する。 2

① かいそう
② こうしゃく
③ かいしゃく
④ ふさく
⑤ こうさく

問2　傍線部に当たる漢字と同じ漢字を用いるものを、次の①～⑤のうちから一つ選べ。解答番号は 3 。

メイギを娘に書き換える。

① テキギ休みをとる。
② 自分のギムを果たす。
③ ギジュツの向上を図る。
④ ヨウギを否認する。
⑤ ギカイの承認を得る。

問3　空欄 [　] に入る言葉として最も適当なものを、後の①～⑤のうちから一つ選べ。解答番号は 4 。

決勝戦に進出できて [　] 夢のようだ。

① たとえ
② どうか
③ もしも
④ ぜひ
⑤ まるで

問4 熟語の構成として他と種類が異なるものを、次の①～⑤のうちから一つ選べ。解答番号は 5 。

① 就職
② 入学
③ 潜水
④ 巨大
⑤ 即位

問5 手紙を書く時期(新暦)と時候の挨拶の組合せとして**適当でないもの**を、次の①～⑤のうちから一つ選べ。解答番号は 6 。

① 二月中旬……立春とは言いながら寒い日が続きます
② 四月上旬……小春日和の好天が続く今日この頃
③ 七月下旬……暑中お見舞い申し上げます
④ 八月中旬……残暑お見舞い申し上げます
⑤ 十月上旬……秋晴れの日が続く今日この頃

2 東高校では、「新入生オリエンテーション」の一環として、入学式の翌日の放課後に、生徒会が主催する「部活動紹介」が体育館で行われる。次に挙げる【部活動紹介冊子(演劇部)】は、新入生に配られた部活動紹介冊子中の演劇部のページである。また、【演劇部勧誘スピーチ】は、体育館での部活動紹介の際に、演劇部の飯山さんが新入生に向けて話したものである。これらを読んで、問1、問2に答えよ。

【部活動紹介冊子(演劇部)】

部活動名　(　演劇部　)
活動日　(　月・火・金(週3日)　)
活動場所　(　第1体育館ステージ　)

新入生の皆さんへ

4月20日16:00～
第1体育館ステージ
A 新歓公演やります！

2年生6名、3年生4名の10名で活動しています。
B とても仲のよい部活です。
C 誰もが「主役」になれる部活です。
D 初心者、経験者は問いません。
E 意欲があれば誰でもOK！

まずは第1体育館ステージに遊びに来てください。

— 10 —

【演劇部勧誘スピーチ】

皆さん、こんにちは。演劇部の紹介を始めます。私は部長の飯山です。冊子の10ページをあけてください。活動日や活動場所などは、冊子の通りです。今日は、各部ごとの紹介時間が5分ということなので、皆さんに特に伝えたいことを、二つに絞ってお話しします。

私が伝えたいことの一つ目は、演劇部は、誰もが自分のやってみたいことを実現できる部活だということです。皆さんの中に、文章を書くことが好きな人、絵を描くことが好きな人、大声を出してすっきりしたい人、小物を作ることが好きな人、舞台照明や音響の装置に興味がある人、舞台の演出をやってみたい人などはいませんか？　皆さんそれぞれが「やってみたいと思っていること」を実現できるのが、演劇部です。その意味で、演劇部では誰もが主役です。ぜひ一度、演劇部の活動を見に来てください。

伝えたいことの二つ目には、10ページのシマウマのイラストが関係しています。「演劇部がなぜシマウマ？」と思っている人がいるかもしれませんね。冊子にも書きましたが、4月20日の16時から第1体育館ステージで、新入生歓迎公演を行います。「シマウマのユウウツ」という創作劇を上演します。「シマウマのユウウツ」というタイトルは忘れてしまったとしても、このシマウマのイラストを見て、シマウマにちなんだ新歓公演があることを思い出してください。ついでに言うと、演劇部の顧問は理科の島田先生です。シマウマの「シマ」という音で、顧問は「シマ」という音から始まる島田先生だということも、思い出してください。

以上で演劇部の紹介を終わります。

問1　飯山さんは**【演劇部勧誘スピーチ】**をする際、**【部活動紹介冊子（演劇部）】**の記載事項のどの部分に焦点をあてて話しているか。その組合せとして最も適当なものを、次の①～⑤のうちから一つ選べ。解答番号は 7 。

① 下線部Aと下線部C
② 下線部Aと下線部D
③ 下線部Bと下線部D
④ 下線部Bと下線部E
⑤ 下線部Cと下線部E

問2　飯山さんの**【演劇部勧誘スピーチ】**について正しく説明したものはどれか。その組合せとして最も適当なものを、後の①～⑤のうちから一つ選べ。解答番号は 8 。

ア　スピーチの中で同じ呼びかけの表現を繰り返すことで、聞き手との一体感をつくりだそうとしている。
イ　聞き手が疑問に思うような事柄を挙げてから具体的な説明をすることで、聞き手の興味を引きつけるようにしている。
ウ　**【部活動紹介冊子（演劇部）】**に書いていない内容をスピーチの中心に据えることで、聞き手に演劇部の詳細な情報が伝わるようにしている。
エ　「一つ目」「二つ目」のような文脈を整理する語句を使うことで、聞き手が正確に聞き取ることができるようにしている。
オ　難しい外来語にはその都度丁寧な説明を加えることで、聞き手が内容を理解しやすくなるようにしている。
カ　キーワードを繰り返すことで、伝えたいことを聞き手に印象づけようとしている。

① アとオ
② アとウとエ
③ イとエとカ
④ イとオ
⑤ ウとカ

3 南高校では、国語の時間に「現代の若者」について各自がテーマを設定し、それについて調べた結果を報告書にまとめる学習をしている。今回の授業の目標は、自分の研究の全体像を分かりやすく伝える中間報告書を作成することである。そのために、各自が作成した中間報告書案をグループ内で読んで、内容や表現についてのアドバイスをし合った。上田さんが書いた**【中間報告書案】**と、**【グループの人が付箋紙に書いた上田さんへのアドバイス】**を読んで、**問1**、**問2**に答えよ。

【中間報告書案】

中間報告書案

上田　光

【テーマ】

インターネットを利用する10代の若者はどのような問題を抱えているのか。

【テーマ設定の理由】

現代の高校生はスマートフォンを手放すことができない生活を送っており、このことが、10代の若者の日常生活全般に悪影響を与えているのではないかと考えたため。今回の研究を通して、インターネットを利用する10代の若者が抱える問題について明らかにしたい。

【進捗状況】

10代の若者のインターネットの利用状況を調べるために、総務省情報通信政策研究所「令和2年度情報通信メディアの利用時間と情報行動に関する調査報告書」(以降「報告書」と表記)の特徴的なデータに注目して分析した。得た結論は次の2点である。

1．10代の多くの人がスマートフォンを手放せない生活をしており、利用するメディアがインターネットに大きく偏っている。 2．インターネットの利用項目の中では、ソーシャルメディア、動画、オンラインゲーム・ソーシャルゲームなど、利用時間が長くなる傾向のあるものが、10代には人気がある。このことが10代のインターネットの利用時間を増やす要因となっている。

「1」については、「報告書」によると、テレビ、インターネット、新聞、ラジオというメディアのうち、10代の若者が利用するメディアとして群を抜いて多いのがインターネットである。実に9割以上の若者が平日・休日にインターネットを利用している。また、若者のインターネットの平均利用時間は、若者の他のメディアの平均利用時間より長く、平日では約4時間、休日では実に5時間以上に上る。このことから、10代のかなりの人がスマートフォンを手放せない生活をしていることが分かる。

「2」については、「報告書」で10代の若者がインターネットを何に利用しているのかを調べてみると、平日・休日ともに上位の3つにあったのが、「ソーシャルメディアを見る・書く」「動画投稿・共有サービスを見る」「オンラインゲーム・ソーシャルゲームをする」であった。さらに「報告書」のデータによると、若者がそれらを行う時間の平均は、「ソーシャルメディアを見る・書く」「動画投稿・共有サービスを見る」ことについては、平日・休日ともに約1〜2時間、「オンラインゲーム・ソーシャルゲームをする」ことについては、平日・休日ともに1時間程度になっている。これらのことから、比較的利用時間の長いソーシャルメディア、動画、オンラインゲーム・ソーシャルゲームなどが10代には人気があり、そのことが10代のインターネットの利用時間を増やす要因となっていることが分かる。

【今後の予定】

今回**【進捗状況】**に書いた内容を、図表を交えて分かりやすくまとめるつもりである。

【参考資料】

総務省情報通信政策研究所「令和2年度情報通信メディアの利用時間と情報行動に関する調査報告書」

https://www.soumu.go.jp/main_content/000765258.pdf
総務省情報通信政策研究所「令和2年度情報通信メディアの利用時間と情報行動に関する調査」により作成

【グループの人が付箋紙に書いた上田さんへのアドバイス】

中間報告書案の**【テーマ】**と**【テーマ設定の理由】**を見ると、上田さんは、「スマートフォンを手放すことができずにインターネットを利用し続ける現代の高校生たちは、そのことに悪影響をうけている」と捉えています。しかし、スマートフォンにはよい点もたくさんあると思うので、**【今後の予定】**には、この点を調べていくことを書くといいと思います。

（奥川）

上田さんは**【進捗状況】**のところですぐに結論を述べてしまっていますが、これではせっかくの面白味が半減してしまうと思います。だから、中間報告書をまとめなおすときには、読み手が読み進めながらいろいろと想像を広げることができるように、最後まで全体像が分からないような書き方をした方がいいと思います。

（立石）

中間報告書案では、総務省情報通信政策研究所「令和２年度情報通信メディアの利用時間と情報行動に関する調査報告書」が使われています。上田さんは**【進捗状況】**のところで、この資料の表記について「以降『報告書』と表記」としていますが、用いた資料は正確に表記すべきだと思うので、このような省略はしない方がいいと思います。

（横峰）

上田さんは「10代の若者はどのような問題を抱えているのか」を**【テーマ】**にしていますが、10代の中でも一部にはインターネットを利用しない人もいると思います。だから、インターネットを利用しない10代の人たちがどのような問題を抱えているのかについても詳しく調査すると、内容が充実すると思います。中間報告書には、そのような内容も加えてはどうでしょうか。

（下山）

上田さんの**【テーマ】**は「インターネットを利用する10代の若者はどのような問題を抱えているのか」ですが、この中間報告書案の**【進捗状況】**を見ると、「10代の若者のインターネットの利用状況の分析」にとどまっています。10代の若者が抱える問題が何であるかという結論にいたるために、どのようなことを調べていくのかを**【今後の予定】**の内容に付け加えるといいと思います。

（中畑）

問１　**【中間報告書案】**の下線部　10代のかなりの人がスマートフォンを手放せない生活をしていることが分かる　とあるが、この部分で上田さんが前提としていることとして最も適当なものを、次の①～⑤のうちから一つ選べ。解答番号は 9 。

① 10代の人たちがインターネットを利用するときに用いる機器の多くは、スマートフォンである。
② 10代の人たちがスマートフォンを手放せない生活をしているかどうかは、調べなければ分からない。
③ 10代の人たちがスマートフォンを利用することを禁止、または制限することに賛成である。
④ スマートフォンの利用は10代の人たちの友人関係を希薄にする原因となっている。
⑤ スマートフォンの利用は10代の人たちの学力低下の原因となっている。

問２　**【中間報告書案】**を研究の全体像を伝える中間報告書としてまとめる際に、内容や表現をよりよくするために上田さんが取り入れるべきアドバイスを述べているのは誰か。最も適当なものを、次の①～⑤のうちから一つ選べ。解答番号は 10 。

① 立石さん
② 下山さん
③ 中畑さん
④ 奥川さん
⑤ 横峰さん

4　次の文章を読んで、問1～問6に答えよ。

日常生活世界を解読した社会学者A・シュッツ（注1）によれば、私たちは普段「類型」（A）に準拠して他者を理解し、「類型」は私たちがそれまで蓄積してきた「知識在庫」に依存しています。たとえば先の男子学生（注2）が卒業して社会に出ると「サラリーマン」となります。「サラリーマン」という「類型」は、アイロンが効いたしわのないワイシャツに趣味のいいネクタイを締め、落ち着いた色のスーツを着て、にこやかにお客様に対応するといった実際の場面に即応した常識的知から構成され、そのほとんどが外見、見た目に関連したものと言えます。より外見に徹底した「類型」といえば、「就活する大学生」を思い出します。個々の学生がどのような人間性を持ち、どのような思想をもっているのかなど、「内実」に一切関わりなく、〝就活スーツ〟に身を固め、清潔な髪形に整えた瞬間、彼らは「就活する大学生」に変身してしまいます。

人間は外見や見かけではなく、その中身が大事だ、という考えを否定する人はまずいないでしょう。そうでありながら同時に私たちは普段、いちいち目の前にいる他者の〝なかみ〟や〝こころ〟を気にして、生きているわけではありません。他者の内実ではなく他者の「外見」をもとにして、その場その時に応じて、目の前の相手が何者であり、どのように対応すれば適切であるかを瞬時のうちに判断し、実践しているのです。だからこそ、外見を考えることは、日常における他者との出会いや他者理解を考えるうえで、とても重要な営みだと言えるでしょう。「たかが外見、されど外見」なのです。「されど外見」を考えるとき、私たちは普段、他者とどのように向きあっているのかをじっくりと見つめる必要があります。そしてこれは、ゴフマン（注3）という一風変わった社会学者が生涯テーマとした「共在＝他者とともに在ること」を考え、そのありようを解読する営みと密接に関連しています。ゴフマンは、人間が他者と共にいる営みや複数の人間からできる集まりには、それ自体固有の秩序がつくられ維持されているという事実を明らかにしています。「相互行為秩序（the interaction order）」（B）というものです。

たとえば、私たちは電車に乗っている時に、どのような秩序を維持しながら過ごしているのでしょうか。私がまず思いつくのは「他者はじっとみつめない」というルールです。どんなに目の前の座席に座っている人が魅力的であろうと私はその人をじっと見つめたりはしません。でもやはり気になる時は、その人だけを注視するのではなく、他の光景も眺めているふりをしながら、それとなく見るでしょう。ゴフマンの言葉を借りれば、それは「焦点をあわせない（unfocused）」見方であり、こうした秩序が維持されているのは「焦点をあわせない人々の集まり」であり、電車のような公共的な空間で典型的にみられる現象です。つまり私に限らず乗り合わせた多くの人は、電車の中では、特定の誰かに焦点をあわせないで、焦点をぼかしながら周囲の乗客の姿や様子を見るともなく見ているのです。

さらに言えば私たちは、他の乗客との〝距離〟を絶妙に保ちながら、自分の場所を維持しつつスマホに熱中したり音楽を聴いたり本を読んだりしています。ゴフマンに言わせれば、新聞や週刊誌や本は、他者との〝距離〟をとり、〝距離〟を保っていること、言い換えれば自分は他者に対して関心はないし、他者という存在へ関与するつもりもないことを周囲の他者に表示するための「道具」なのです。もちろん今はスマホこそ最適な「道具」です。

ただそうした視線の取り方や「道具」が通常に機能して電車内の秩序が維持されるとしても、Cそれが危うくなる状況はいくらでも起こり得ます。

満員電車に乗って、私はいつも気になり、どうしようか困ってしまうことがあります。それは隣に立っている人や座っている人が熱中するスマホの画面が「見えてしまう」ことです。見たくなければ目を閉じればいいだけですが、満員で身動きもままならないとき、目を閉じ続けると不安定な状態になるし、さりとて他に視線を移そうとすれば、そこでも別のスマホの画面が見えてしまいます。見たくもないものが、まさに「見えてしまう」のです。

でもなぜ私は困ってしまうのでしょうか。先に述べたようにスマホは使用している人にとって、満員電車という人間が充満した異様な空間で、自分の世界に閉じこもることができる有効な道具です。それは同時に他者に対して関心もないし関与もしないことを示す道具でもあります。イヤホンで音楽を聴き、スマホの画面に目を落としてゲームやＬＩＮＥのやりとりに集中している姿。それは周囲の世界や外界に対して耳も目も遮断し、自分だけの世界に集中している姿を周囲に表示していることになります。「表示する」と書いたのは、もちろんスマホに熱中するとしても、その人は完全に他の乗客や外界の音や様子を遮断しているのではなく、聞こうと思えば聞けるし、見ようと思えば見えるからであり、そうした外界との繋《つな》がり方を意味しています。

さきほど電車内で人々が適切に〝距離〟を保つことが電車の秩序にとって重要だと述べましたが、満員電車のように〝距離〟すら保つことが困難な場合、私たちはどのようにして自分を守り、自分と他者との繋がりを維持しようとするのでしょうか。ゴフマンの発想を借りて、私はこう考えます。私たちは、自分を守る〝膜〟とでもいえるものを持っています。それは状況によって堅牢《けんろう》な〝殻〟となるかもしれませんが、薄く、破れやすく、誰の目にも見えない透明な〝膜〟です。そして満員電車のように人間が過剰に密集してしまうとき、当然〝距離〟の維持は難しく、さらに〝膜〟さえもお互いに触れ合い、擦りあわせることで、破れてしまう危険に私たちはさらされます。そのような状態のなか、私たちは、スマホなど使える「道具」を駆使して、互いの〝膜〟を破る危険を回避できるよう細心の注意を払っているのです。

私が困ってしまうのは、隣の他者の〝膜〟をなんとか破らないように注意を払い、その場でいろいろとふるまっても、〝膜〟の向こうにある他者の世界が「見えてしまう」からです。ＬＩＮＥのやりとりや個人で検索している情報やゲームの様子など、別に私は見たくありません。結果として隣の人が懸命に維持しようとしている〝自分だけの世界〟を「侵犯」してしまう危うさを感じるからなのです。

自分の〝膜〟を守りつつ、他者の〝膜〟つまり、他者の私的世界を侵犯しないこと。これこそ、私たちが日常しっかりと守っている最大の儀礼《エチケット》と言えるでしょう。そしてこの儀礼を行使することに外見が密接に関連しています。

自分の〝膜〟を守りつつ、他者の〝膜〟つまり、他者の私的世界を侵犯しないという儀礼は、さらに私たちがその場そのときに応じて適切に自分の〝外見〟を整えることで達成されます。

たとえば私は、電車で空いている席を見つけると、座る前に必ず「すみません」と両側に座っている人に声をかけるか片手を少し前に出して「これから私がそこに座りますよ」という意思表示をします。両側の人のコートや上着の裾を尻で踏まないように気をつけながら座り、リュックは両腕で覆うようにして抱え、膝の上でしっかりと安定させます。ここまですれば、自分の〝膜〟はしっかりと守れるし、両側の人の〝膜〟にも触れないし、私的世界にも「侵犯」する危険性はなく、ほぼ完璧な〝乗客としての外見〟を私はつくりあげることができます。そしてこうした外見をつくりあげた後で、今日の講義で使えそうな面白いネタはないかと、どこに焦点をあわせることもなく、乗客の様子を細かく観察しています。

状況に応じて必要だとされる外見を整えること。この営みは、ほとんど誰もが逃れえないものと言えるでしょう。でもなぜそのような営みを私たちはしてしまうのでしょうか。これもゴフマンから得た私の知識ですが、私たちは常に自分の姿をめぐりその場その時の状況に適合するように印象操作しています。それはただ姿かたちという外形的なことだけではありません。自分自身がどのような存在であるかを相手にわからせようとする自分の中身にまで関わっていく印象操作という営みです。

たとえば私は大学で常にジーンズとシャツやセーターといった姿で授業やゼミをし、会議に出ます。(注4) なぜそのような姿でいるのかを深く考えたことはありませんが、やはりこれまで出会ってきた社会学の先輩である多くの先生の姿が影響していると思います。大学とは学問研究の自由が確保される空間であり、世間的な慣習や秩序からも一定自由な空間です。大学の先生だから先生らしい格好をしなさいと指導教員から〝指導〟されたこともありません。おそらくは自分の社会学を〝自分らしく〟教え伝えるうえでもっとも気持ちがいい印象操作をしようとする結果、そのような姿となっているのでしょう。D外見を考えるうえで、重要な手がかりは〝自分らしさ〟です。

いずれにしても、私たちは表現したい自分の姿があり、それをうまく伝えることができるよう、化粧やファッション、身体の加工などいろいろと工夫し、自らの外見を整えながら生きています。またすでにおわかりのように、私は「外見」という言葉を単に衣装や化粧などで自分の顔や身体を表層的に整える営みだけを含めているのではありません。そうした営みだけでなく、さまざまな状況で、その場を構成するメンバーとして〝適切に〟ふるまうためのE「処方箋的な知」やふるまい方も含めています。なぜなら私たちの多くは、自分の人間性や内実などと関係なく、その場の秩序にあわせ、〝適切に〟ふるまうことができるからです。

(好井裕明『他者を感じる社会学　差別から考える』による。)

（注1）　A・シュッツ ―― 二〇世紀の社会学者、哲学者。オーストリアで生まれ、のちにアメリカに移住した。生涯の大半を実業人として生きながら、研究を続けた。
（注2）　先の男子学生 ―― 出典ではこの前の部分に就職試験の際に面接官から入社したら髭《ひげ》を剃《そ》るよう念を押された大学生の話がある。
（注3）　ゴフマン ―― 二〇世紀の社会学者。カナダで生まれ、のちにアメリカに移住した。主著に『行為と演技』などがある。
（注4）　ゼミ ―― ゼミナールの略。大学の教育法の一つ。教授などの指導のもとに、少人数の学生が特定のテーマについて研究し、報告・討論するもの。

問1　傍線部A「類型」とあるが、本文における「類型」の説明として最も適当なものを、次の①～⑤のうちから一つ選べ。解答番号は 11 。

① 経験で蓄積された常識的知によって各個人の性格をグループ分けしたもの。
② 日常生活世界の行動のパターンに応じて社会学者がグループ分けしたもの。
③ 主に身なりに関する社会一般の了解事項に基づいてグループ分けしたもの。
④ 各自の社会的立場に応じた役割を果たすために必要な能力に基づいてグループ分けしたもの。
⑤ 人間性や思想は外見的特徴にそのまま反映されるという通念で人々をグループ分けしたもの。

問2　傍線部B　相互行為秩序　とあるが、電車内において乗客が「相互行為秩序」を維持しようとしている例として**適当でないもの**を、次の①～⑤のうちから一つ選べ。解答番号は　12　。

① 電車に乗り込んだとき、車内が比較的空いていたので、他の乗客とある程度の距離をとって座る。
② 電車内で隣に立っていた乗客と目が合ってしまったため、特に興味はないが車内広告に目を移す。
③ 高校生が電車通学の際に雑誌に目を落としたり、車窓の風景を見ながら考えごとをしたりする。
④ 満員電車ではあったが、音が漏れないように気を付けながらイヤホンで好きな音楽を聴く。
⑤ 電車内で騒いでいる小学生たちが、引率の先生に指導されることで席に座る。

問3　傍線部C　それが危うくなる状況　とあるが、その説明として最も適当なものを、次の①～⑤のうちから一つ選べ。解答番号は　13　。

① 他者との〝距離〟をつくりだすはずの道具も、状況の変化によって個人的な領域に踏み込むきっかけとなってしまい、公共空間の秩序が保たれなくなることがあるということ。
② 他者との〝距離〟をつくりだすはずの道具も、使用者の意図次第で他者の私的世界を侵す道具となり、人々の努力で成立している秩序が成り立たなくなることがあるということ。
③ 他者との〝距離〟をつくりだすはずの道具も、SNSなどの発達によって他者との繋がりを生む側面もあるため、人々が適度な距離感のある関係を維持できなくなるということ。
④ 私的世界を守る〝膜〟を破らないようにするための道具も、使い手の個性が反映されるため他者の感情を強く刺激して、他者との摩擦を生む道具になりうるということ。
⑤ 私的世界を守る〝膜〟を破らないようにするための道具も、使用者を自分だけの世界に閉じこもらせてしまい、周囲の他者への配慮を不足させるものにもなりうるということ。

問4　傍線部D　外見を考えるうえで、重要な手がかりは〝自分らしさ〟です。とあるが、その理由として最も適当なものを、次の①～⑤のうちから一つ選べ。解答番号は 14 。

① 人間は自分自身の顔や身体を表層的に整えるのではなく、表現したい内面がそのままその人の外見となるから。
② 人間がその人に対して持つ印象はそれぞれであり、それらの印象を総合したものがその人の外見となるから。
③ 人間はそれぞれ相手に見せたい理想の外見というものがあり、そのための努力がその人の外見に反映するから。
④ 人間がそれぞれ固有の内面を表現するために、相手に与える印象を形成した結果がその人の外見となるから。
⑤ 人間は他者から悪印象を抱かれたとしても、自分らしい外見を整えていればいずれ好印象に変わるから。

問5　傍線部E　「処方箋的な知」とあるが、その説明として最も適当なものを、次の①～⑤のうちから一つ選べ。解答番号は 15 。

① 自分一人だけのものではなく、その共同体の多くの人々が代々伝え育んできた伝統的な知への理解のこと。
② 円滑なコミュニケーションを図るために、相手の心理の機微に通じたふるまいを可能とする教養のこと。
③ 何かが為されようとする場合、さまざまな状況において、その場を構成するメンバーに求められる能力のこと。
④ 自分一人の考えや感情などは抑制して、冷徹にものごとをやり遂げる強い意志に裏付けられた知性のこと。
⑤ それぞれの状況でどのようなふるまいが正しいかということに関する、社会的通念に基づく知識のこと。

問6　この文章の内容について述べたものとして最も適当なものを、次の①～⑤のうちから一つ選べ。解答番号は 16 。

① 筆者自身の実体験に即しながら心理学的な知見に照らし合わせて、人間の自意識が「外見」というものにどのような意味を持たせ、それが一人ひとりの意識する自分のあるべき姿とどのような相関関係にあるかを論じている。

② 筆者自身の実体験を含む具体例や社会学の見解を引用しつつ、社会という枠組みの中で「外見」というものがどのような意味を持ち、それが一人ひとりの意識する自分のイメージとどう関わっているかについて論じている。

③ 筆者自身の実体験には依存せず、常に一定のデータに基づきながら統計的に人間が「外見」というものをどう捉えているかを提示し、社会との関わりにおいて「外見」というものの持つ意味を明らかにしようと論じている。

④ 筆者自身の実体験には限定せず、さまざまな人々の実例をあげ、読者が直接には経験しえない特殊な視点から「外見」というものを人間がどのように捉えてきたのかを実証的に検証し、社会と個人の意識との関わりを論じている。

⑤ 筆者自身の実体験を社会学の見解に基づいて考察し、その結果から社会という枠組みの中における個人の在り方について仮説を立て、その仮説を実証的に検証して「外見」というものが果たす社会的役割について論じている。

5 次のⅠ・Ⅱの文章を読んで、問1～問5に答えよ。

Ⅰ

頼光朝臣《よりみつあそん》の郎等《らうどう》季武《すゑたけ》（注1）が従者、究竟《くつきやう》（注2）の者ありけり。季武は第一（注3）の手利きにて、さげ針（注4）をもはづさず射けるものなりけり。件《くだん》の従者、季武にいひけるは、「さげ針をば射給《たま》ふとも、この男（注5）が三段（注6）ばかり退《の》きて立ちたらんをば、え射給はじ。」といひけるを、季武、A「やすからぬ事いふやつかな。」と思ひて、あらがひてけり。「もし射はづしぬるものならば、汝《なんぢ》がほしく思はんものを所望《しよまう》にしたがひてあたふべし。」とさだめて、「おのれはいかに。」といへば、「これは命をまゐらするうへは。」といへば、B「さいはれたり。」とて、「さらば。」とて、「たて。」といへば、この男、いひつるがごとく三段退きて立ちたり。季武、「はづすまじきものを。従者一人失ひてんずる事は損なれども、意趣《いしゆ》（注7）なれば。」と思ひて、よく引きてはなちたりければ、左の脇のしも五寸ばかり退きてはづれにければ、季武負けて、約束のままに、やうやう（注8）の物どもとらす。いふにしたがひてとりつ。その後、「今一度射給ふべし。」といふ。やすからぬままにまたあらがふ。季武、「はじめこそ不思議にてはづしたれ、この度はさりとも。」と思ひて、しばし引きたもちて、ま中にあてて放ちけるに、右の脇のしたをまた五寸（注9）ばかり退きてはづれぬ。その時この男、「さればこそ申し候《さうら》へ、え射給ふまじきとは。手利きにてはおはすれども、心ばせのおくれ給ひたるなり。人の身ふときといふ定《ぢやう》（注10）、一尺（注11）には過ぎぬなり。それをま中をさして射給へり。弦音《つるおと》（注12）聞きて、そとそばへをどるに、五寸は退くなり。しかればかく侍るなり。かやうのものをば、その用意をしてこそ射給はめ。」といひければ、季武、理に折れて、いふ事なかりけり。

（『古今著聞集』による。）

（注1）季武 ―― 卜部《うらべ》季武。平安時代の武将。
（注2）究竟 ―― 武芸にすぐれた者。
（注3）第一の手利き ―― ここでは、弓の名手の意。
（注4）さげ針 ―― 糸でつり下げた縫い針。
（注5）この男 ―― 自分のこと。
（注6）三段 ―― 約三三メートル。
（注7）意趣なれば ―― 武士の意地で、もはや後には引けないので。
（注8）やうやうの物 ―― さまざまの望みの品物。
（注9）五寸 ―― 約一五センチメートル。
（注10）ふときといふ定 ―― 太いとはいっても。
（注11）一尺 ―― 約三〇センチメートル。
（注12）弦音 ―― 矢が弦を離れた音。

Ⅱ

石《せき》崇《すう》(注13)為《ためニ》レ客ノ作ルニ二豆《とう》粥《じゆくヲ》一、咄《とつ》嗟《さニシテ》便《すなはチ》辨《べんジ》(注14)、恒《つねニ》冬天ニモ得タリ二韭《きう》蓱《へい》(注15)齏《せいヲ》一。又牛ノ形状気力ハ不ルニ下レ勝ラ二王《おう》(注16)

愷《がい》ノ牛ニ一上、而与《と》レ愷出遊シ、極メテ晩《おそク》発シ、争フレ入ルヲ二洛《らく》城《じやうニ》一(注17)。崇ノ牛ハ数十歩後《おくレテ》、迅《はやキコト》若《ごとク》二飛《ひ》禽《きんノ》一(注18)、愷ノ牛絶《ぜつ》

走《そうスレドモ》不《ず》レ能《あたハ》レ及《ブ》。毎《つねニ》以《もつテ》二此《こノ》三事ヲ一為《なス》二搤《やく》腕《わんヲ》一。乃《すなはチ》密《ひそカニ》貨《シ》二崇ガ帳《ちやう》(注19)下《か》都《と》督《とく》及《ビ》御《スル》レ車《ヲ》人ニ一、問《フ》二所《ゆ》以《ゑんヲ》一。

都督曰《いハク》、「豆ハ至《ツテ》難《がたシ》レ煮。唯《ただ》予《あらかじメ》作《なシ》二熟末《ト》一(注20)、客至《レバ》、作《リテ》二白粥《ヲ》一以《テ》投《ズ》レ之《これニ》。韭蓱齏ハ是《これ》搗《つキ》二韭《きう》根《こんヲ》一、

雑《まじフルニ》以《テスル》二麦《ばく》苗《べうヲ》一(注21)爾《のみト》。」復《まタ》問《フ》三馭《ぎよ》(注22)人《じんニ》牛ノ所二以《ヲ》駛《はスル》(注23)一。馭人云《いフ》、「牛ハ本《もと》不《カラ》レ遅。由《よル》下将《もちフル》レ車《ヲ》人ノ不《シテ》レ及《バ》制《スルニ》上レ

之《ヲ》爾。急時《ナル》ハ聴《ゆるセバ》(注24)偏《へん》轅《ゑんヲ》一、則《すなはチ》駛《スト》矣。」愷悉《ことごとク》従《ヒ》レ之《ニ》、遂《つひニ》争《フ》レ長《ヲ》。

(『世説新語』による。)

（注13）石崇 ―― 西晋の富豪。西晋は中国の王朝名。
（注14）辦 ―― できあがり。
（注15）韭蓱虀 ――「にら」と「うきくさ」を使って作ったなます料理。冬には、うきくさが手に入りにくかった。
（注16）王愷 ―― 中国、西晋の王室の外戚。
（注17）洛城 ―― 中国、西晋の首都。
（注18）飛禽 ―― 飛ぶ鳥。
（注19）帳下都督 ―― 大将軍の属官の一つであるが、ここでは私設の執事のようなもの。
（注20）熟末 ―― 煮てすりつぶしたもの。
（注21）麥苗 ―― 麦の若芽。
（注22）馭人 ―― 御者。牛車をあやつる人。
（注23）駛 ―― 速く走る。
（注24）聴偏轅 ―― 牛車の前に長く出した二本の棒の一方をはずす。

問1　傍線部A「やすからぬ事いふやつかな。」とあるが、季武はなぜこう言ったのか。最も適当なものを、次の①～⑤のうちから一つ選べ。
解答番号は 17 。

① 従者が、季武が矢を外したら、自分の命とひきかえに望むものの要求をつり上げてきたことに対して、怒りを覚えたから。
② 従者が季武に向かって、自分の方が弓の技術に優れ、的を射当てる点では季武より上だと言ったことを、不快に思ったから。
③ 従者が季武に向かって、自分自身に射当てることができないだろうと言ったことについて発奮して、おもしろく感じたから。
④ 従者が季武に向かって、さげ針を射ることができるのを証明できないだろうと挑発したことに対して、不満を感じたから。
⑤ 従者が季武に向かって、離れて立っている自分に射当てることはできないだろうと言ったことを、快く思わなかったから。

問2　傍線部B「さいはれたり。」とあるが、どういうことか。その説明として最も適当なものを、次の①～⑤のうちから一つ選べ。解答番号は 18 。

① 従者が望むものを自分は差し出すのに、その見返りがないことについておかしいと季武が不満を持ったということ。
② 自らの命を差し出すのだから、それ以上差し出すものはないという従者の言葉に、季武が納得したということ。
③ 自らの命を差し出すのだから、季武が矢を外したときに望むものをもらえることは当然だと従者が思ったということ。
④ 命を差し出す約束をしても、季武の射る矢は当たるはずがないので、何の問題もないと従者が思ったということ。
⑤ 従者に命のやり取りをしようと提案されたことに対して、季武が迷ったすえに承諾することを決めたということ。

問3　傍線部C　咄嗟便辦　が可能になったのはなぜか。最も適当なものを、次の①～⑤のうちから一つ選べ。解答番号は 19 。

① 客が来ると聞いたときから、粥を煮はじめてそれと同時にすりつぶしておいた豆を入れて煮込んだから。
② 煮えにくい豆を細かくしてから煮ることで火を通りやすくしておき、作り置きしていた粥に入れたから。
③ 煮えにくい豆を前もって煮て、すりつぶしたものを作っておき、客が来てから粥を煮て入れていたから。
④ 煮えにくい豆を前もって水につけておき、客の来る前に粥と同時に煮て、豆が煮え切る前に出したから。
⑤ 小さく火が通りやすい豆を選び準備しておき、客が来たときにすりつぶしていた粥と同時に煮込んだから。

問4　傍線部D　為搤腕　は「非常にくやしがる」という意味だが、なぜ王愷はくやしがったのか。その要因の組合せとして最も適当なものを、次の①～⑤のうちから一つ選べ。解答番号は 20 。

ア　牛の体つきや気力でかなわない
イ　韭蓱虀を常に準備することができない
ウ　牛の速度でかなわない
エ　豆粥をすぐに作り上げることができない
オ　豆粥をどのような時期にも作ることができない
カ　韭蓱虀をすばやく作ることができない

① アとイとウ
② エとオとカ
③ アとオとカ
④ イとウとエ
⑤ ウとオとカ

問5　国語の授業でⅠ・Ⅱの文章を読み終えた後に話合いを行った。次の【話合いの一部】を読んで、空欄 X ・ Y に入るものとして最も適当なものを、後の各群の①～⑤のうちからそれぞれ一つ選べ。解答番号は 21 ・ 22 。

【話合いの一部】

山田さん「Ⅰの文章では、前半のところで挑発をしてきた従者と言い合いになっている場面が描かれているね。」
清水さん「Ⅱの文章でも、前半では王愷が石崇と競い合って、上手くいかずに悔しがっている姿が描かれているね。」
山田さん「後半では、Ⅰの文章・Ⅱの文章、どちらも X が描かれているという点が共通しているね。」
秋山さん「たしかに、Ⅰの文章では、従者が矢の当たらないことについて話をしているし、Ⅱの文章では、都督と馭人が豆粥・韭蓱齏・牛のことについてそれぞれ話をしているね。」
清水さん「しかし、話を聞いた後の、登場人物の様子がⅠの文章とⅡの文章では、少し異なっているね。」
山田さん「そうだね、 Y になっているね。」

X 21

① やっていたことの真相を説明する場面
② やってしまったことを懺悔《ざんげ》する場面
③ 用意や心持ちの不十分さを指摘する場面
④ やっていた内容を自慢する場面
⑤ 少しの工夫の大切さを説いている場面

Y　22

① 文章Ⅰは従者の言うことを不快に感じて、従者が何も言えないようにしている状態、文章Ⅱは聞いた内容を採用している状態
② 文章Ⅰは従者の言うことに反発して、我を通そうとえらそうにしている状態、文章Ⅱは聞いた内容を世の中に広めている状態
③ 文章Ⅰは従者の言うことを信じて、より一層矢の腕を磨こうとしている状態、文章Ⅱは争った人物と関係を修復している状態
④ 文章Ⅰは従者の言うことに道理があると了解して、何も言えない状態、文章Ⅱは聞いた内容を行い優劣を競い合っている状態
⑤ 文章Ⅰは従者の言うことに賛同して、その教えを広げていこうとしている状態、文章Ⅱは聞いたことを全て拒絶している状態

令和４年度　第２回

解答・解説

【重要度の表記】

Ａ：重要度が高く確実に正答したい設問。しっかり復習する必要のある問題です。

Ｂ：重要度はＡレベルよりすこし下で、やや難易度が高い設問または内容を読み取る設問。高得点を狙う人は復習しましょう！

Ｃ：重要度が低い、または難解な設問。軽く復習する程度でよいでしょう！

令和４年度　第２回　高卒認定試験

【解答】

解答番号			正答	配点	解答番号			正答	配点
1	問１	1	④	2	4	問１	11	③	5
		2	⑤	2		問２	12	⑤	5
	問２	3	②	2		問３	13	①	5
	問３	4	⑤	3		問４	14	④	5
	問４	5	④	3		問５	15	⑤	5
	問５	6	②	3		問６	16	②	5
2	問１	7	①	6	5	問１	17	⑤	5
	問２	8	③	6		問２	18	②	5
3	問１	9	①	6		問３	19	③	5
	問２	10	③	7		問４	20	④	5
						問５	21	①	5
							22	④	5

【解説】

1

問１

（ア）傍線部の漢字は「めいりょう」と読みます。明瞭とは、「はっきりとしているさま、明らかにわかるさま」という意味です。したがって、正解は④となります。

解答番号【１】・④　⇒　**重要度Ａ**

（イ）傍線部の漢字は「こうさく」と読みます。交錯とは、「いくつかのものが混じること」という意味です。したがって、正解は⑤となります。

解答番号【２】・⑤　⇒　**重要度Ａ**

問２　メイギとは「名義」と書き、「表立って記載される名前」という意味です。選択肢の漢字はそれぞれ、①適「宜」、②「義」務、③「技」術、④容「疑」、⑤「議」会となります。したがって、正解は②となります。

解答番号【３】・②　⇒　**重要度Ａ**

問３　空欄の前後の関係性に着目すると、空欄の前の「決勝戦に進出できて」と空欄の後の「夢のようだ」という部分は、空欄の前の部分の事柄を受けて、空欄の後の部分で今の気持ち・状況を夢にたとえていることがわかります。①「たとえ」は、「たとえ忙しくなったとしても、毎日電話するよ」というように、仮定の事柄が成立したとしても、その後に続くことには影響しない場合に使用します。②「どうか」は、「どうかよろしくお願いいたします」というように、何かを希望する気持ちを強調する場合に使用します。

③「もしも」は、「もしも宝くじが当たったら、車を買うのになぁ」というように、実際に起こっていないことを想像する場合に使用します。④「ぜひ」は、「ぜひいらしてください」というように、何かを要望する気持ちを強調する場合に使用します。⑤「まるで」は、「彼女は歌がとても上手で、まるで歌手のようだ」というように、前半の事柄を後半でほかの物にたとえる場合に使用します。

したがって、正解は⑤となります。

解答番号【4】・⑤　⇒ **重要度A**

問4　熟語の構成についての問題を解くときは、次の手順で見ていきます。まず、「2つの漢字の意味が逆（遠近・難易など）」、「2つの漢字の意味が似ている（④「巨大」など）」、「上の字が下の字を打ち消している（非・否・不などが上の字にある）」、こうした構成になっている熟語を探します。この3つに分類できない熟語については、熟語に用いられている漢字を使って短文を作ってみましょう。①「就職」は「職に就く」、②「入学」は「学（校）に入る」、③「潜水」は「水に潜る」、⑤「即位」は「位に即く」というように、これらは下の字から上の字に返って読む構成になっている熟語です。なお、日照（「日が照る」）のように、上の字から下の字に読む構成になっている熟語もあります。

したがって、正解は④となります。

解答番号【5】・④　⇒ **重要度A**

問5　適当ではないものを選ぶ問題であることに注意しましょう。②について、「四月上旬」の時候の挨拶として「小春日和」が用いられていますが、小春日和とは秋の終わりから冬の初め頃の暖かな天気を指します。したがって、正解は②となります。

解答番号【6】・②　⇒ **重要度B**

2

問1　飯山さんは時間の関係から「スピーチ」の内容を5つの下線部のうちの2つに絞っています。下線部Aの内容については、「スピーチ」の14行目から15行目にかけて「4月20日の16時から第1体育館ステージで、新入生歓迎公演を行います」とあります。また、下線部Cの内容については、「スピーチ」の10行目から11行目にかけて「演劇部では誰もが主役です」とあります。

したがって、正解は①となります。

解答番号【7】・①　⇒ **重要度A**

問2　「ア」について、「スピーチ」では同じ呼びかけの表現は使用されていないことから誤りです。「イ」について、「聞き手が疑問に思うような事柄をあげてから」とあります。これについては、「スピーチ」の13行目から14行目にかけて『演劇部がなぜシマウマ？』と思っている人がいるかもしれませんね」という部分が相当するので正しいです。「ウ」について、「スピーチ」の中心になっているのは、下線部Cと下線部Aの具体的な内容であることから誤りです。「エ」について、「スピーチ」の5行目に「私が伝えたいことの一つ目は」、また12行目に「伝えたいことの二つ目には」という部分があるので正しいです。「オ」について、「スピーチ」では難しい外来語は使用されていないことから誤りです。「カ」について、新入生歓迎公演についての部分で「シマウマ」「シマウマのイラスト」「シマウマのユウウツ」「顧問は『シマ』いう音から始まる島田先生」というように、「シマ」というキーワードが繰り返されているので正しいです。

したがって、正解は③となります。

解答番号【8】・③ ⇒ **重要度B**

3

問1　上田さんは、【進捗状況】の『1』については」ではじまる段落において、10代の若者が利用するメディアのうち「群を抜いて多いのがインターネット」で、「9割以上の若者が平日・休日にインターネットを利用」していて、その平均利用時間は「平日では約4時間、休日では実に5時間以上」に上ると述べています。ところが、インターネットを利用できる端末は、スマートフォン以外にも、パソコンやタブレット、ゲーム機器などがあるにもかかわらず、上田さんはほかの端末には一切言及していません。こうしたことから、上田さんは、10代の若者がインターネットを利用するときにはスマートフォンを用いるということを前提としていることがわかります。

したがって、正解は①となります。

解答番号【9】・① ⇒ **重要度A**

問2　上田さんの「中間報告書案」にある【テーマ】は、「インターネットを利用する10代の若者はどのような問題を抱えているのか」というものですが、【進捗状況】の内容は、10代の若者のインターネット利用状況の分析に終始しています。また、【今後の予定】についても、この【進捗状況】の内容をよりわかりやすくするために工夫を施すということが述べられています。このようなことから、「中間報告書案」の時点では、上田さん自身が設定したテーマに具体的に言及できていないことがわかります。このことをふまえてそれぞれのアドバイスの内容を見ると、中畑さんのアドバイスは、先述の問題点が指摘されているだけでなく、「10代の若者が～付け加えるといい」というように、上田さんの設定したテーマに沿って助言がなされています。

したがって、正解は③となります。

解答番号【10】・③ ⇒ **重要度B**

4

問1　傍線部Aの1行後から3行後にかけての「『サラリーマン』という『類型』～と言えます」という部分に着目すると、「類型」とは常識的知から構成された、外見や見た目に関連したものであることが読み取れます。これをふまえて選択肢を見ると、③について、「身なりに関する社会一般の了解事項」という部分のうち、「身なり」は外見や見た目を言い換えた表現で、また「社会一般の了解事項」は常識的知を言い換えた表現ですから、これが本文における「類型」の説明として適切であるとわかります。

したがって、正解は③となります。

解答番号【11】・③ ⇒ **重要度A**

問2　傍線部Bの次の段落の冒頭の「たとえば」、またその次の段落の冒頭の「さらに言えば」ということばに着目すると、これらの段落で「相互行為秩序」について具体的な説明がなされていることがわかります。さらに、傍線部Bの7行後から8行後にかけて「他の乗客との～しています」、8行後から9行後にかけての「新聞や週刊誌～『道具』なのです」という部分に着目すると、電車内における「相互行為秩序」を維持するというのは、他者（乗客）と〝距離〟を保つことで、他者（乗客）に関心がなく関与するつもりもないことを示すことだとわかります。これをふまえて選択肢を見ると、⑤について、この小学生たちが席に座るという行動は、ほかの乗客を意識して移した行動ではなく、引率の先生による指導がひきがねとなって生じた行動と考えられますので、電車内における「相互行為秩序」の例としては誤りとなります。

したがって、正解は⑤となります。

解答番号【12】・⑤　⇒ **重要度A**

問3　傍線部Cの「それ」とは電車内の秩序のことを指します。また、「それが危うくなる状況」とは、傍線部Cの1行後から2行後にかけての「それは隣に～ことです」という部分から、満員電車の中で他者のスマホの画面が見たくなくても「見えてしまう」状況のことだとわかります。これをふまえて選択肢を見ていきます。①について、「他者との〝距離〟をつくりだすはずの道具」という部分がスマホに、「状況の変化」という部分が満員電車に、「個人的な領域に踏み込む」という部分がスマホの画面が見えてしまうことに相当するので正しいです。②について、「それが危うくなる状況」というのは、「使用者の意図次第」ではなく、周りの状況次第によって他者の私的世界をその意図がなくとも侵してしまうことを指すことから誤りです。③について、「SNSなどの～できなくなる」という部分が、本文に言及がないことから誤りです。④について、「使い手の個性～になりうる」という部分が、本文に言及がないことから誤りです。⑤について、「周囲の他者～にもなりうる」という部分が、本文に言及がないことから誤りです。

したがって、正解は①となります。

解答番号【13】・①　⇒ **重要度A**

問4　傍線部Dの6行前から5行前にかけての「自分自身が～という営みです」という部分と、この内容を具体的に説明している、傍線部Dを含む段落（「たとえば」からはじまる段落）の内容に着目します。筆者がジーンズとシャツやセーターといったラフな姿で授業を行っていたのは、大学という自由な空間で自分らしく教える存在であることを他者に印象付けるためであり、自分の内面あるいは自分らしさを相手にどう印象付けたいかという印象操作の結果が外見につながるということが読み取れます。この内容をふまえて選択肢を見ていきます。①について、「人間は自分～のではなく」という部分が、傍線部Dの1行後から2行後にかけて「私たちは～生きています」とあり、外見は表層的に整えることも含んでいることから誤りです。②について、「それらの印象を～となるから」という部分が、他人の印象を総合したものがその人の外見になるわけではないことから誤りです。③について、本文に言及がないことから誤りです。④について、先述の内容と合致するので正しいです。⑤について、本文に言及がないことから誤りです。

したがって、正解は④となります。

解答番号【14】・④　⇒ **重要度B**

問5　傍線部Eの直前に「さまざまな状況で、その場その場を構成するメンバーとして〝適切に〟ふるまうための」とあり、「処方箋的な知」とは、その場その場の状況に応じて適切にふるまうための知識であるといえます。また、傍線部Eの直後の文に「私たちの多く～ことができる」とあり、「処方箋的な知」は私たちの多くが共有しているものだといえます。これらをふまえて選択肢を見ていきます。①について、「その共同体の～伝統的な知」という部分が、本文には言及がないことから誤りです。②について、「相手の心理～とする教養」という部分が、先述の内容と合致しないことから誤りです。③について、「その場を構成するメンバーに求められる能力」とありますが、先述のように「知識」であって「能力」ではないことから、また適切にふるまうといった意味合いも欠けていることから誤りです。④について、「冷徹にものごと～裏付けられた知性」という部分が、本文に言及がないことから誤りです。⑤について、先述の内容と合致するので正しいです。

　したがって、正解は⑤となります。

解答番号【15】・⑤　⇒ **重要度B**

問6　①について、「人間の自意識～論じている」とありますが、相関関係とは一方が変化すればもう一方も変化するような関係のことです。本文にはこうした相関関係についての言及がないことから誤りです。②について、本文では筆者の電車内や大学での実体験や実状を具体例として引きつつ、社会学者の見解を援用して論が展開されています。また、自分の「外見」と、自分の内面や自分らしさとの関わりについても本文で述べられているので正しいです。③について、「常に一定の～かを提示し」とありますが、本文にはデータの引用もなく、統計的に何かが言及される箇所もないことから誤りです。④について、「さまざまな～実証的に検証し」とありますが、本文に出てくる実例は「さまざま」というほど多くなく、また電車内や大学などは「特殊な視点」というほど特殊とはいえないことから誤りです。⑤について、「その結果から～に検証して」とありますが、個人の在り方についての仮説とその検証は本文には述べられていないことから誤りです。

　したがって、正解は②となります。

解答番号【16】・②　⇒ **重要度A**

5

Ⅰ

（現代語訳）

　源頼光朝臣の家臣である卜部季武の従者に、武芸に優れた者がいた。季武は弓の名手であって、糸でつり下げた縫い針でさえも外すことなく射当てた者であった。先述の従者が、季武に言ったのは、「糸でつり下げた縫い針を射当てなさるとしても、三段（約32メートル）ばかり離れて立ったこの私を、射当てなさることはできないでしょう」と言ったところ、季武は「穏やかでないことを言う奴だな」と思って、反論したのだった。「（私が）もし外してしまったならば、お前がほしいと思うようなものは望むままに与えてやろう」と決めて、「お前は（これに対して）どうするのだ」と言うと、（従者は）「私は自らの命を差し出す以上のことは（できません）」と言うので、（季武は）「（たしかに）そのとおりだ」と考え、「それならば」と思って、「立て」と言うと、従者は先ほど言ったように三段離れて立った。季武は「外すことなどあるまいよ。従者の一人を失ってしまうことは損ではあるが、いきがかり上、もはや後には引けぬから」と思って、よく弓を引き絞って放ったところ、（矢は）左の脇の下から五寸（約15センチメートル）ほど逸れて外れてしまったので、季武は（この賭けに）負けて、約束のとおり、さまざまの望みの品々を与えた。その後、（従者は）自分の言うがままに受け取った。（従者は）「もう一度、射てみなさい」と言う。（季武は）心中穏やかではないのでまた反論する。季武は「最初こそ不思議なことに外してはしまったが、今度はまさか（外すなんてことはあるまい）」と思って、しばらくの間、弓を引き絞り続けて、真ん中を狙って放ったところ、（矢は）右の脇の下からまた五寸ほど逸れて外れてしまった。その時、従者は「だから申し上げたではありませんか、射当てなさることはできないでしょうと。（あなたは）弓の名手ではございますが、分別に乏しくていらっしゃるのです。人の身体が太いとはいっても、一尺（約30センチメートル）に過ぎません。（あなたは）その人の身体の真ん中を狙って射なさった。矢が弦を離れた音を聞いてから、そっと横へ飛ぶと、五寸は離れるのです。そういうわけで、このように（こういう結果に）なるのでございます。このようなものは、その配慮をしたうえで射なさるのがよいのです」と言ったので、季武は道理に負けて、何も言うことがなかった。

Ⅱ

（書き下し文）

石崇客の為に豆粥を作るに、咄嗟にして便ち辦じ、恒に冬天にも韮蓱齏を得たり。又牛の形状気力は王愷の牛に勝らざるに、愷と出遊し、極めて晩く発し、洛城に入るを争ふ。崇の牛は数十歩後れて、迅きこと飛禽の若く、愷の牛絶走すれども及ぶ能はず。毎に此の三事を以て搤腕を為す。乃ち密かに崇が帳下都督及び車を御する人に貨し、所以を問ふ。都督曰はく、「豆は至つて煮難し。唯だ予め熟末と作し、客至れば、白粥を作りて以て之に投ず。韮蓱齏は是れ韮根を搗き、雑ふるに麦苗を以てするのみ」と。復た馭人に牛の駛する所以を問ふ。馭人云ふ、「牛は本遅からず。車を将ふる人の及ばずして之を制するに由るのみ。急なる時は偏轅を聴せば、則ち駛す」と。愷悉く之に従ひ、遂に長を争ふ。

（現代語訳）

石崇が客のために豆粥を作ると、ごく短い時間ですぐにできあがり、冬の季節にも常に韮蓱齏（「にら」と「うきくさ」のなます）を作ることができた。また、（石崇の）牛の体つきや気力は王愷の牛に勝っているわけではないが、王愷と遊びに出て、帰りの出発が非常に遅くなってしまった際に、洛陽までの帰路を競った。（この時）石崇の牛は数十歩遅れたにもかかわらず、飛ぶ鳥のごとく速く、王愷の牛が力を尽くして走るものの、追いつくことができなかった。（王愷は）常にこの三つのことを非常にくやしがっていた。そこで、（王愷は）ひそかに石崇の執事と御者に賄賂をやって、そのわけをたずねた。執事は言う、「豆はきわめて煮えにくいものです。（ゆえに）あらかじめ煮てすりつぶしたものを作っておき、客が来たら、白粥を作ってそこに入れるだけのことです。韮蓱齏は、にらの根をつき砕いて、麦の若芽を混ぜるだけです」と。また、御者に牛が速く走るわけをたずねた。御者は言う、「牛はもともと足が遅いわけではありません。車を御する人が（牛に）追いつけないので、（牛の）速度をおさえているのです。急ぐときには、轅（牛車の前に長く出た二本の棒）の一方を外せば、（牛は）

速く走ります」と。王愷は（この三つのことを）すべて聞いたとおりにして、とうとう競うことができるようになった。

問1　傍線部A「やすからぬ事いふやつかな」の直前に「さげ針をば～え射給はじ」（糸でつり下げた縫い針を射当てなさるとしても、三段ばかり離れて立ったこの私を、射当てなさることはできないでしょう）とあります。この従者のことばを受けて、季武は「やすからぬ事いふやつかな」と述べているのだとわかります。これをふまえて選択肢を見ていきます。

①について、「望むものの要求をつり上げてきた」という部分が、傍線部Aの前にそのような言及がないことから誤りです。②について、「自分の方が～上だと言った」という部分が、傍線部Aの前にある従者のことばからはそのような内容が読み取れないことから誤りです。③について、「発奮して、おもしろく感じた」とありますが、「やすからぬ」（やすからず）ということばは「穏やかではない」というマイナスの意味を表すことから誤りです。④について、「さげ針を射ることができるのを照明できないだろう」とありますが、従者の「さげ針をば射給ふとも」ということばから、季武が射当てることができるのは一応認めていることが読み取れることから誤りです。⑤について、先述の内容と合致し、また「やすからぬ」ということばの意味とも合致するので正しいです。

したがって、正解は⑤となります。

解答番号【17】・⑤　⇓ **重要度A**

問2　傍線部B「さいはれたり」にある「さ」とは、「そう」「そのように」という意味を表し、前に述べられたことを指す語です。季武の「さいはれたり」ということばを直訳すれば、「そう言われてしまった」となりますが、ここでの「さ」（そう）は、直前の「これは命をまゐらするうへは」（私は自らの命を差し出す以上のことは［できません］）という従者のことばを指しています。これをふまえて選択肢を見ていきます。

①について、「その見返りがないことについておかしい」という部分が、「さいはれたり」ということばからは読み取れないことから誤りです。なお、「季武が不満を持った」とありますが、傍線部Bの直後では、季武はあれこれ言うことなく従者に「たて」とだけ言っていることから、従者の返答を了解したことがわかります。②について、先述の内容と合致するだけでなく、傍線部Bの直後の展開とも矛盾がありませんので正しいです。③と④について、ともに「従者が思った」とありますが、傍線部Bは季武のことばであることから誤りです。⑤について、「従者に命のやり取りをしようと提案された」という部分が、傍線部Bの直前の従者のことばからは読み取れないことから誤りです。

したがって、正解は②となります。

解答番号【18】・②　⇓ **重要度A**

問3　傍線部C「咄嗟便辦」は、石崇のところでは豆粥がごく短時間ですぐにできあがったことを意味します。これが可能となった理由は、傍線部Dの直後に石崇の執事と御者にわいろを渡してそのわけをたずねたとありますから、これより後に明かされるはずです。豆粥がすぐにできた理由については、「豆至難煮。唯予作熟末、客至、作白粥以投之」

(豆はきわめて煮えにくいものです。［ゆえに］あらかじめ煮てすりつぶしたものを作っておき、客が来たら、白粥を作ってそこに入れるだけのことです）という部分において明かされています。

したがって、正解は③となります。

解答番号【19】・③　⇒ **重要度B**

問４　傍線部Ｄ「為捻腕」の直前に「毎以此三事」（常にこの三つのことを）とありますから、この「三事」については、これよりも前に述べられているはずです。そのつもりで冒頭から傍線部Ｄまで目を通してみると、豆粥と韭蓱虀と牛のことだとわかります。

このうち、具体的な内容を比較的読み取りやすいのは豆粥と牛についてです。豆粥については、「咄嗟便辦」（ごく短い時間ですぐにできあがり）という部分から「オ」の内容が誤りだとわかります。また、牛については、「牛形状気力不勝王愷牛」（［石崇の］牛の体つきや気力は王愷の牛に勝っているわけではないが）という部分から「ア」の内容が誤りだとわかります。「ア」と「オ」が誤りだとすると、残る選択肢は④のみとなります。

したがって、正解は④となります。

解答番号【20】・④　⇒ **重要度B**

問５　空欄Ｘを含む山田さんの発言から、Ⅰの文章とⅡの文章の後半には共通している場面があることが読み取れます。次の秋山さんの発言を見てみると、冒頭で「たしかに」と述べており、秋山さんの発言は直前の山田さんの発言を受けてのものだとわかりますから、秋山さんの発言の内容も大きなヒントとなります。

秋山さんの発言を基にして、それぞれの文章の後半の内容をより具体的に述べれば、Ⅰの文章の後半は、季武の放つ矢が「なぜ」従者に当たらないのかについての話で、またⅡの文章の後半は、豆粥を「なぜ」短時間で作ることができるのか、韭蓱虀を「なぜ」冬でも作ることができるのか、石崇の牛は「なぜ」速く走ることができるのか、についての話です。この両者に共通するのは、ある事柄についての「わけ」の説明、あるいは種明かしが行われていることです。

したがって、正解は①となります。

解答番号【21】・①　⇒ **重要度B**

空欄Ｙには、清水さんの２回目の発言から、話を聞いた後の登場人物の様子を述べたことばが入ることがわかります。Ⅰの文章では、「季武、理に折れて、いふ事なかりけり」（季武は道理に負けて、何も言うことがなかった）という部分に、従者の話を聞いた後の季武の様子が述べられています。また、Ⅱの文章では、「愷悉従之、遂争長」（王愷は［この三つのことを］すべて聞いたとおりにして、とうとう競うことができるようになった）という部分に、石崇の執事と御者の話を聞いた後の王愷の様子が述べられています。よって、これらの部分の内容をふまえて、正しい選択肢を選ぶことになります。

したがって、正解は④となります。

解答番号【22】・④　⇒ **重要度A**

解答・解説

令和４年度 第１回
高卒認定試験

国　語

解答時間　50分

注　意　事　項（抜粋）

*　試験開始の合図前に，監督者の指示に従って，解答用紙の該当欄に以下の内容をそれぞれ正しく記入し，マークすること。

①**氏名欄**

氏名を記入すること。

②**受験番号**，③**生年月日**，④**受験地欄**

受験番号，生年月日を記入し，さらにマーク欄に**受験番号**（数字），**生年月日**（年号・数字），**受験地をマーク**すること。

*　**受験番号，生年月日，受験地が正しくマークされていない場合は，採点できないことがある。**

*　解答は，解答用紙の解答欄にマークすること。例えば，［10］と表示のある解答番号に対して②と解答する場合は，次の（例）のように**解答番号 10 の解答欄**の②に**マーク**すること。

（例）

解答番号	解　答　欄
10	① ● ③ ④ ⑤ ⑥ ⑦ ⑧ ⑨ ⓪

国語（解答番号 1 ～ 22 ）

1 次の問1～問5に答えよ。

問1　傍線部の漢字の正しい読みを、次の①～⑤のうちから一つ選べ。解答番号は 1 。

彼は私の宿命のライバルだ。

① しゅくせい
② しゅくめい
③ しゅくれい
④ すくれい
⑤ すくせ

問2　(ア)、(イ)の傍線部に当たる漢字と同じ漢字を用いるものを、次の各群の①～⑤のうちからそれぞれ一つ選べ。解答番号は［2］・［3］。

(ア)　今年はヒヤクの年になるだろう。［2］

① ヤクドウ感あふれる振付け。
② 外交面でタイヤクを果たす。
③ ケイヤク書に目を通す。
④ ヤクガク部に進学する。
⑤ ホンヤクされた作品を読む。

(イ)　キノウホウによる科学研究。［3］

① 親子でノウギョウを営む。
② ズノウの働きを活性化させる。
③ 店にノウヒンする。
④ 疑いがノウコウである。
⑤ ノウドウテキな態度で臨む。

問3 空欄 [ ] に入る語として最も適当なものを、後の①～⑤のうちから一つ選べ。解答番号は [4]。

私の担当業務は多岐に [ ]。

① 重なる
② 合致する
③ 収束される
④ 終わる
⑤ わたる

問4 「哀歓」と同じ構成の熟語を、次の①～⑤のうちから一つ選べ。解答番号は [5]。

① 無用
② 冷淡
③ 巧拙
④ 避難
⑤ 造作

問5　傍線部A～Eについて、敬語の使い方が**適当でないもの**を、後の①～⑤のうちから一つ選べ。解答番号は 6 。

> 本日は、御来店くださり(A)、まことにありがとうございます。当店はまもなく閉店の時間です。どなたさまも、お買い忘れのないよう、よろしくお願い申し上げます(B)。お帰りになる際は(C)、開いているドアを御利用してください(D)。なお、明日は、朝8時より営業をいたします(E)。

① A
② B
③ C
④ D
⑤ E

2 つつじ市の南高校では、七月に海外の提携都市から高校生二十名が来校することになった。次に挙げる**【話合いの一部】**は、提携都市の高校生との交流会を企画することになった南高校の生徒会役員が行ったものである。これを読んで、**問1〜問3**に答えよ。

【話合いの一部】

柏木さん「七月に提携都市から高校生が来校するから、生徒会でその高校生との交流会を企画することになったよ。」
塩田さん「そうなんだ。もっと詳しく教えて。」
柏木さん「つつじ市が海外の都市と提携して、高校生の交流活動を行っているのは知ってるでしょ? 生徒会顧問の峰岸先生のお話では、その交流活動の一環で、高校生二十名が来日してつつじ市に四日間滞在するんだって。」
前園さん「あ、それ、知ってる。つつじ市主催の『つつじプログラム』でしょ? たしか去年は東高校に、プログラムに参加した海外の高校生が来てたよね?」
柏木さん「そうそう、それ。A『つつじプログラム』で来日した高校生は、つつじ市を観光する中で、地元の人たちと交流をしたり日本の文化を学んだりするんだけど、七月十五日には終日南高校での授業に参加するんだって。ちなみに、B前園さんが言っていたように、去年、その高校生たちの受け入れをしたのが、東高校なんだ。というわけで、七月十五日の放課後に行う提携都市の高校生との交流会を生徒会で企画することになったんだ。それで今日はその交流会の内容をみんなで決めるために集まってもらったんだよ。」
塩田さん「なるほど。じゃあ、茶道部に頼んでお茶会をしたらいいんじゃない? または、合唱部に頼んで日本の歌を歌ってもらうのもよさそうだね。」
横山さん「C一緒にスポーツをするのはどう? みんなで盛りあがれると思うよ。」
井川さん「ちょっと待って。まずは、今年の『つつじプログラム』の内容を踏まえた上で、交流会の内容を考えた方がいいんじゃない? D交流会の内容と『つつじプログラム』の他の内容が重複したら、おもしろくないと思うんだよね。」
前園さん「それもそうだね。柏木さん、峰岸先生から何か詳しいことを聞いてない?」
柏木さん「それなら、峰岸先生から聞いてきた話をまとめたメモがあるから、ちょっと待ってね。……ええと、メモによると、E今年の『つつじプログラム』では、滞在一日目は市内観光。具体的には観光農園に行ったり、お寺に行ったりするんだって。二日目は、つつじ市立緑中学校の遠足に合流して高原でのハイキング。三日目は、南高校での授業体験。四日目は、午前中につつじ市公民館の茶室で日本文化体験。ここで茶道の体験をするんだって。そして午後は自由行動らしいよ。」

塩田さん　「楽しそうだね。そういうことなら、南高校での交流会は茶道部に依頼しなくてもいいかもしれないね。」F

横山さん　「そうか。ハイキングもあるなら、スポーツじゃなくてもよさそうだね。」

井川さん　「あのさ、ちょっと提案があるんだけど、いい？　交流会の内容については、いろんな意見があると思うんだけど、その前に、企画内容を考えるための前提をみんなで確認しない？　その方が、話がまとまりやすくなると思うんだよね。」

柏木さん　「たしかに、その方が話はまとまりやすいね。井川さん、何かアイデアはあるの？」

井川さん　「一緒に活動できることを前提にして、企画を考えるのはどう？　一緒に活動できたら、お互いに楽しいと思うんだ。」

前園さん　「それ、いいね。」

塩田さん　「うん。そうだね。」

柏木さん　「じゃあ、今まで出てきた意見も含めて整理すると、交流会の企画にあたっての前提は、『つつじプログラム』の他の内容と重複しないことと、一緒に活動できること。この二点でいいかな？」

塩田さん　「うん。いいよ。」

横山さん　「そう考えると、合唱部に日本の歌を歌ってもらうのもふさわしくはないね。……たとえば、クッキング部に頼んで、日本らしい料理をみんなで一緒に作るのはどう？　これなら、『つつじプログラム』の他の内容と重複しないし、一緒に活動もできるんじゃないかな？」

前園さん　「いいね。」

塩田さん　「賛成。」

柏木さん　「じゃあ、来週にクッキング部の部長を交えて詳細について話し合おう。」

問1 傍線部F そういうことなら、……いいかもしれないね。とあるが、この発言は、傍線部A～Eのどの発言を踏まえたものか。その組合せとして最も適当なものを、次の①～⑤のうちから一つ選べ。解答番号は 7 。

① AとB
② AとD
③ BとC
④ CとE
⑤ DとE

問2 この話合いについて正しく説明したものはどれか。その組合せとして最も適当なものを、後の①～⑤のうちから一つ選べ。解答番号は 8 。

ア 柏木さんは、話合いに必要な情報を提示したり、提案された意見を整理したりしていた。
イ 塩田さんは、話合いが横道にそれていくたびに、元に戻そうとしていた。
ウ 横山さんは、内容を掘り下げる質問を繰り返し、話合いを深めようとしていた。
エ 前園さんは、たくさん新しいアイデアを出し、話合いを円滑に進めようとしていた。
オ 井川さんは、意見やアイデアを出す際にその理由も述べていた。

① アとエ
② アとオ
③ イとウ
④ イとオ
⑤ ウとエ

問3　この話合いの目的は何であったと考えられるか。最も適当なものを、次の①～⑤のうちから一つ選べ。解答番号は 9 。

① 交流会の内容についての合意を形成すること。
② 交流会についての各自の感想を交換すること。
③ 交流会についての意見を各自が発表すること。
④ 交流会についての疑問を各自が提示すること。
⑤ 交流会を企画する前提について確認すること。

3 西高校では、「総合的な探究の時間」に「環境」をテーマにした探究活動を行っている。この探究活動で「海洋プラスチックごみ」について調べた田中さんは、その結果を次の【レポート】と【ポスター】（レポートで伝えたいことを一枚の用紙にまとめたもの）にまとめた。これらを読んで、**問**に答えよ。

【レポート】

「海洋プラスチックごみ」について

1年2組　田中薫

プラスチックを生産する際には、エネルギー利用によってCO_2が排出されます。また、焼却の際にもCO_2が排出されます。このことが気候変動の一因になったり、生態系に影響を与えたりします。1950年以降に生産されたプラスチックは、83億トンを超えています。プラスチックの廃棄量も増えていて、現在のペースで廃棄され続けていくと、2050年までに250億トンのプラスチックが廃棄されると予測されています（図1-3-1）。また、プラスチックの生産割合を見ると、包装が最も多く、全体の36%を占めています（図1-3-2）。

特に私が問題だと感じているのは、海に流出した「海洋プラスチックごみ」です。死んだ海鳥の胃の中から、誤って食べたプラスチックが多く見つかったり、魚の胃から細かいプラスチックが発見されたりしています。写真1-3-1にあげるのは、「海洋プラスチックごみ」が絡まっているウミガメです。私はこのウミガメの写真を見たことがきっかけで、この問題に関心をもつようになりました。「海洋プラスチックごみ」は解決すべき問題だと思います。

プラスチックの包装はたしかに便利ですが、それを廃棄すると、地球環境に負荷を与えます。しかも、その負荷を与えた結果は、その地域ですぐに顕在化するとは限らず、遠く離れた地で現れたり、環境負荷の蓄積等により一定の時間が経過してから表面化したりする可能性があります。だから私たちは環境への影響を忘れずに生活しなくてはならないと思います。

図1-3-1　プラスチック廃棄物発生量の推計

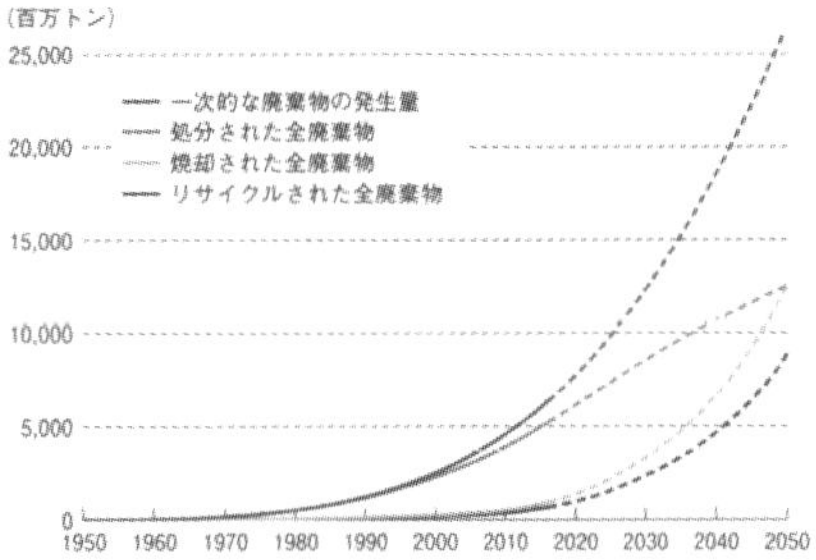

資料：Geyer, R., Jambeck, J. R., & Law, K. L. (2017). Production, use, and fate of all plastics ever made. Science advances, 3(7), e1700782.

図1-3-2　2015年の産業分野別の世界のプラスチックの生産割合

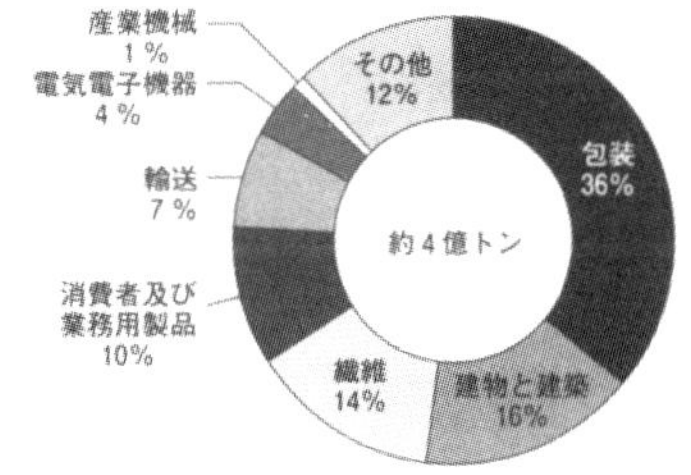

資料：UNEP 'SINGLE-USE PLASTICS' (2018)

写真1-3-1　海洋プラスチックごみが絡まっているウミガメ

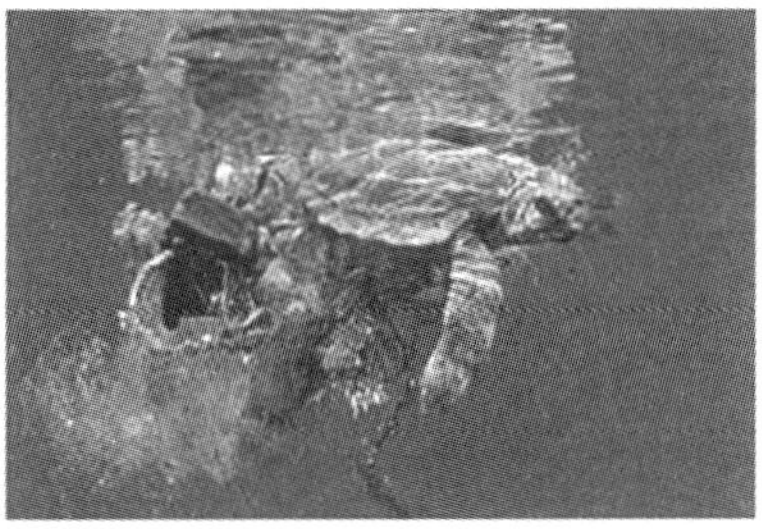

資料：BIOSPHOTO/時事通信フォト

（写真と資料は環境省「令和2年版　環境・循環型社会・生物多様性白書(PDF版)」から引用）

【ポスター】

「海洋プラスチックごみ」について

1年2組　田中薫

写真1-3-1　海洋プラスチックごみが絡まっているウミガメ

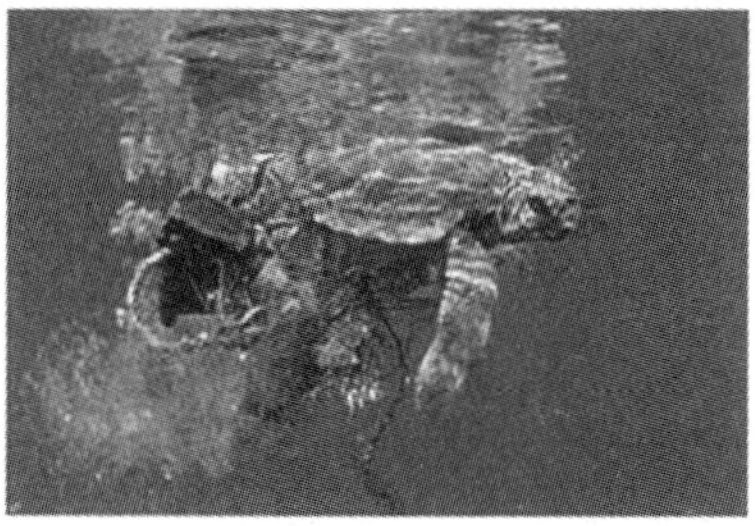

資料：BIOSPHOTO/時事通信フォト

問題だと感じること

海に流出した「海洋プラスチックごみ」が、写真のように、海の生物に影響を与えている。他にも、次のような報告がある。

・死んだ海鳥の胃の中から誤って食べたプラスチックが見つかった。
・魚の胃から細かいプラスチックが見つかった。

プラスチック廃棄物発生量

2050年までに250億トンのプラスチックが廃棄されると予測されている。

図1-3-1　プラスチック廃棄物発生量の推計

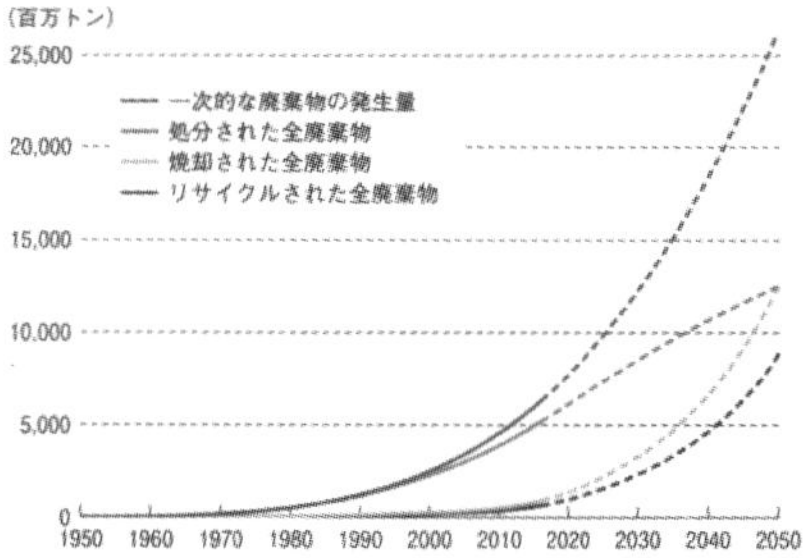

資料：Geyer, R., Jambeck, J. R., & Law, K. L. (2017). Production, use, and fate of all plastics ever made. Science advances, 3(7), e1700782.

世界のプラスチックの生産割合

包装が最も多く、全体の36%を占めている。

図1-3-2　2015年の産業分野別の世界のプラスチックの生産割合

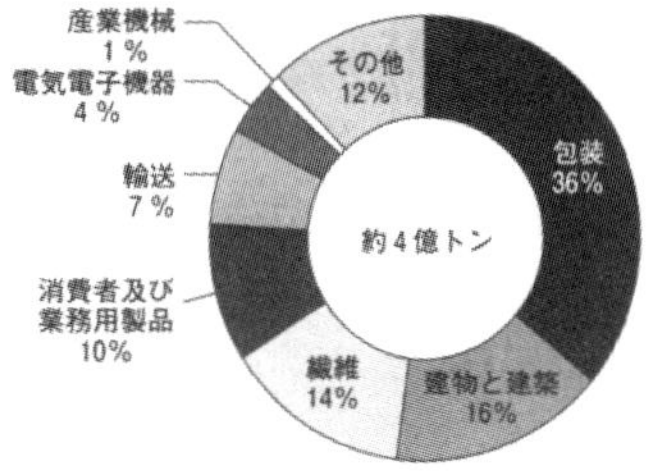

資料：UNEP 'SINGLE-USE PLASTICS' (2018)

意見

私たちは毎日の生活の中で環境に負荷を与えている。しかも、負荷を与えた結果は、その地域ですぐに顕在化するとは限らず、遠く離れた地で現れたり、環境負荷の蓄積等により一定の時間が経過してから表面化したりする可能性がある。だから、私たちは環境への影響を忘れずに生活しなくてはならない。

(写真と資料は環境省「令和2年版　環境・循環型社会・生物多様性白書(PDF版)」から引用)

問　田中さんは【レポート】の内容を【ポスター】にまとめる際に、Ⅰ「構成」、Ⅱ「ポスター紙面の作り方」、Ⅲ「資料（写真やグラフ）の扱い方」において、どのような工夫をしたと考えられるか。最も適当なものの組合せを、後の①～⑤のうちから一つ選べ。解答番号は 10 。

Ⅰ「構成」

A　【レポート】では、「主張」―「問題意識」―「説明」という流れで構成していたが、【ポスター】では、「問題意識」―「説明」―「主張」という構成に変更することで、伝えたいことを読み手が把握しやすくなるようにした。

B　【レポート】では、「説明」―「問題意識」―「主張」という流れで構成していたが、【ポスター】では、「問題意識」―「説明」―「主張」という構成に変更することで、伝えたいことを読み手が把握しやすくなるようにした。

C　【レポート】の「問題意識」―「説明」―「主張」という構成を【ポスター】でもそのまま生かすことで、伝えたいことを読み手が把握しやすくなるようにした。

Ⅱ「ポスター紙面の作り方」

A　資料（写真やグラフ）の引用を増やすことで、読み手の興味を引きつけるようにした。

B　強調したい客観的事実に全て下線を付すことで、重要な箇所が一目で読み手に分かるようにした。

C　項目を明示したり箇条書きを用いたりすることで、読み手が内容を理解しやすくなるようにした。

Ⅲ「資料（写真やグラフ）の扱い方」

A　「写真」は、【レポート】では「海洋プラスチックごみ」に関心をもつきっかけになったものとして配置したが、【ポスター】では問題点を明示するものとして配置した。

B　「グラフ」は、【レポート】では「海洋プラスチックごみ」の背景について説明する資料として二つとも同等に扱っていたが、【ポスター】では一方を強調するために上部に配置した。

C　「写真」は、【レポート】では問題点を明示するものとして配置したが、【ポスター】では「海洋プラスチックごみ」に関心をもつきっかけになったものとして配置した。

①　Ⅰ—A・Ⅱ—A・Ⅲ—A
②　Ⅰ—A・Ⅱ—C・Ⅲ—B
③　Ⅰ—B・Ⅱ—B・Ⅲ—C
④　Ⅰ—B・Ⅱ—C・Ⅲ—A
⑤　Ⅰ—C・Ⅱ—B・Ⅲ—C

4 次の文章を読んで、**問1～問6**に答えよ。

メール画面にアクセスすると、早くもOB訪問をしたいと電話連絡をよこしてきた大学生からのメールが届いていた。

メールの件名が「おはようございます」となっている。何だそのタイトル、と思いつつ、その不慣れな文章に頬が緩む。

就活は、大変だった。

俺が就活生だったころは、氷河期と呼ばれていた時代よりは回復傾向にあると言われていたものの、やはり何十社もの試験に落ちた。ゲーム業界をはじめとするエンタテインメント関係の会社に的を絞っていたことも、なかなか内定が出なかった原因の一つかもしれない。結局内定をもらえたのは、ゲームセンター向け景品やプリントシール機の開発をメイン事業に据えつつ、最近では家庭用ゲームやスマホ用ゲームの開発にも力を入れているこの会社だけだった。

入社してすぐ、川辺は経理部へ、俺はデジタルコンテンツ事業部へ配属された。そのころ、川辺はしきりに飲もう飲もうと俺を誘ってきた。想像していたものとはかけ離れた業務内容に対する愚痴を、気心の知れた同期に向けて発散したかったのだと思う。ただ、社として特に力を入れているフィールドということもあり、デジタルコンテンツ事業部は忙しかった。スマホ用ゲームを取り巻く環境は一日単位で変わっていく。俺は、川辺の誘いを断る回数が増えていった。

入社して二年が過ぎ、いよいよ自ら企画したゲームの開発に携われそうだというとき、辞令が出た。俺は総務部へ、川辺はデジタルコンテンツ事業部への異動だった。それから二年間、二人とも、異動はない。

チャイムが鳴る。九時。始業の合図だ。

「あ、あと」

清水課長がこちらを見る。

「整理作業月間の作業も、進めておいてね」

今年度も、総務部への新人の配属はなかった。隣にいる清水課長も、ずっと奥の席に座っている村西部長も、二度目の異動で総務部に流れ着き、そのまま十年以上、総務部から出ていないらしい。このままいくと、俺は本当に、ここから見える人たちと同じように席を移動していく会社員人生を送るのかもしれない。

就活生からのメールは、ゲーム業界で働くことへの夢と希望に満ち満ちている。ご丁寧に、OB訪問当日でしたい質問案まで貼り付けられている。

俺はそれを見ながら、自分が就活生だった時にOB訪問をした相手は、【一日のスケジュールを教えてください】というあまりにもよくある質問に、A本当に正直に答えていたのだろうかと思った。あの人たちは、俺の夢を、いや、就活生だったころの自分の夢を守るために、ウソをついてくれていたのではないだろうか。

「小出課長、今少しよろしいですか」

電話の受話器を置いた小出課長に、俺は声をかける。

「この掲出書類のことなんですけど」

俺が言い終わらないうちに、小出課長は口を尖《とが》らせた。

「あれ、これ昨日渡したやつじゃん。まだ回覧してくれてないの？」

なるべく早く、と書かれている付箋の黄色が、ライトに照らされてぴかりと輝く。

「いえ、回覧はしたんですけど差し戻しがありまして、こちらなんですが」俺は、「領収書」の箇所を指しながら続ける。「社内規程では、『領収証』表記なんですよ。ですが、いただいたものだと『領収書』になっているんです。こちら、意味があってわざと変えたのか、ただのタイプミスなのか確認できればと」

「え？」

小出課長より早く、その両側のデスクにいる人が噴き出した。「すげえ細かい」笑い声の中に、そんなつぶやきが混ざっている。

「大変だね、君も」

B小出課長の目に、少し、同情の色が滲《にじ》んだ気がした。

「別に意味はないから、そちらの都合のいいように変えてもらっていいよ」

「では書面のデータはこちらで修正しておきますので、こちらに二重線と訂正印を……」

「はいはい」

小出課長は笑いながら、あっという間にボールペンで二重線を引いた。「あ」俺は思わず声を漏らす。訂正の二重線を引くときは必ず定規を使うよう、清水課長から再三言われているのだ。小出課長は俺の声など全く気にも留めていないようで、二重線の上から訂正印を押した。

これでやっと、回覧できる。俺は小出課長に頭を下げ、早足でデスクへと戻る。

清水課長はよく、社内で笑われている。さっき、小出課長の両側の人たちがそうしていたように。

ふと、壁かけ時計を見る。まだ十時にもなっていない。異動してから、時間の流れの速度は明らかに変わった。このままじっと時計を見つめていれば、10、という数字のマルの部分が、黒く塗りつぶされていくような気がした。

デジタルコンテンツ事業部にいたころは、業務をこなすうえでとにかくスピードが大事だった。書類上、全角と半角が揃《そろ》っていない箇所があったとしても、規定と表記が違う箇所があったとしても、それを直すことにより業務に遅れが生じるならば、資料に目を通す人間の理解力を信頼した。

朝、川辺が抱えていたＦＡＸ。こちらにぺろんと顔を出していた、ある一枚。書き損じの部分が、ぐしゃぐしゃと丸く塗りつぶされていた。いくら寝不足でも、会社に寝泊まりすることになったとしても、C あのころの煩雑さが今は愛《いと》しい。

昼食後、すぐに手帳を拡《ひろ》げるのは、To Doリストが溢《あふ》れ返っていたデジタルコンテンツ事業部時代からの癖だ。今は、手帳がなくとも諳《そら》んじることができるほどしか書き込みがない。

【整理作業月間　箱の洗い出し作業✓】

二十八日の欄に、そう走り書きされている。今日は二十一日だが、二十八日までに土日を挟むので、そろそろ手をつけておいたほうがいいだろう。社内で保管しきれなくなった紙資料については、種類ごとにダンボール箱にまとめ、倉庫業者に保管作業を委託している。そして、箱を倉庫に入れる際は、箱一つにつき一枚、内容リストというものを総務部に提出してもらうことになっている。各部門から提出される内容リストには、それぞれの箱の中身や作成者の氏名、保管期限などの情報が記載されている。

紙資料の保管年限は、種類や重要度によって異なる。一年間保管したあと廃棄してしまっていいものもあれば、永久保管と設定されているものもある。ただ、最近はどんな重要な紙資料であっても、最初から永久保管と設定することは少ない。とりあえず十年保管に設定しておき、十年ごとに廃棄か延長かを確認することで、無駄な倉庫代を削減しようという動きがあるからだ。箱の数を基に倉庫代が算定されるため、会社としては、倉庫に保管している箱は一つでも少ない方がいい。

俺は、落ちていく瞼《まぶた》をどうにかこじ開けながら、総務部が所有している内容リストの中から、保管期限が【２０１５年６月】となっているものを抽出していく。他の部に比べたら紙資料そのものの量は少ないが、内容の古さはトップクラスかもしれない。いくら職制変更があったとしても、総務部だけは必ず会社にありつづける。定期的に保管期限を延長しつつ残されている紙資料が、今でもたくさんあるのだ。

抽出した内容リストを見ると、作成者名の欄には、村西という判が押されており、作成日の欄には今から二十年も前の日付が書かれている。二十年前の村西部長が作成した箱、ということだ。つまり、はじめに設定した十年という保管期限を一度、延長しているのだろう。案の定【２０１５年６月】

の下にある【2005年6月】という文字には二重線が引かれている。そして二重線の上に押されている訂正印の名前を見て、D俺は一瞬、眠気が覚めた気がした。

【清水】

俺はちらりと、隣の席を見る。トイレにでも行っているのか、そこにはからっぽの椅子があるだけだ。

十年前、清水課長は、おそらく俺が座っているこの席、総務部の下っ端が座るこの席で、同じような作業をしていたのだ。最も肉体的に無理が利くであろう若い男の体が、社内の誰も興味を示さない『整理作業月間』の業務を粛々とこなしていたのだ。

三十枚近くある内容リストを手に、俺は立ち上がる。

「部長、いま少しよろしいですか」

デスクのすぐそばに立つ俺を見て、村西部長がペンを置く。

「倉庫に預けている資料の整理作業を行っているのですが、こちらが来月保管期限を迎える箱の内容リストになります。週明りまでに確認いただいて、期限延長か廃棄か判断いただければありがたいのですが」

村西部長が、内容リストを扇のように拡げる。どの紙の保管期限記入欄にも、定規で引かれた二重線と、清水課長の訂正印が押されている。

一枚、一枚、すべてに、丁寧に。

「懐かしいな、これ」

村西部長が、ふ、と破顔した。

「かなり前のやつだろ、これ」

「……箱自体は二十年前に作成されたようですね。十年前に一度、保管期限を延長しているようなので」

俺がそう付け加えると、村西部長は「そうそう」とさらに表情を緩ませる。

「十年前、期限延長するって言ったら、もとの保管期限をぐしゃぐしゃって塗りつぶしたんだよ」あいつが、と、村西部長が清水課長のデスクを見やる。

「それで俺が、どんな些末《さまつ》な修正でもきちんとしなきゃダメだって怒ったんだ」

Eえ、と漏れそうになった声を、俺は飲み込む。

「そしたらあいつ、わざわざ一回修正液で全部消して、その上からもとの保管期限を書き直して、二重線引いて訂正印押して……はら、ここだけ色がちょっと違うだろ」

言われてみれば確かに、【2015年6月】と書かれているあたりは、他の部分と比べて白色がより鮮やかに見える。

「修正液なんてビジネス文書としてもっと不適切だってまた怒ってな。あのときは清水も総務に来たばかりだったから」

書き損じを塗りつぶす。修正液を使用する。今の清水課長の几帳面《きちょうめん》さからは、考えられない。

「今、社会人として基本的なことを教えてくれる人ってなかなかいないだろう。どの部署も即戦力即戦力って……基本があってこその即戦力だろうに」

まあそういう業界だから仕方ないかもしれんが、と、部長は一度、咳《せき》をする。

「その点、岡本はしっかりしてるな。考えてみたら、総務部に来てからそういう基本的なことで注意したこと、一度もない」

それは、村西部長に書類が回覧される前に、清水課長がすべてチェックしてくれていたからだ。全角と半角のズレや、規程との表記の違いに至るまで。

「いい上司に恵まれたんだな、きっと」

部長のデスクの内線が鳴る。「あ、これ全部、また十年延長しといて」電話の受話器を掴《つか》んだ部長に礼をして、俺は自分のデスクに戻ろうと振り返る。

清水課長が、戻ってきている。

痔《じ》防止なのか、ドーナツ型のクッションの上に大きな尻を置いている。社内の誰かに笑われてしまうほどの几帳面さで、相変わらず社内規程を開いてうんうん唸《うな》っている。

俺は、二十年前に作られた内容リストをデスクに拡げた。そして、十年前の清水課長もきっとそうしたように、ノックしたボールペンの先を、定規に沿ってすうと滑らせた。


（朝井リョウ「清水課長の二重線」による。）

問1　傍線部A　本当に正直に答えていたのだろうかと思った　とあるが、ここでの「俺」の思いを説明したものとして最も適当なものを、次の①～⑤のうちから一つ選べ。解答番号は 11 。

① ＯＢ訪問の相手は、長年同じ部署から出ることができない自分の境遇に対して不服に思ってはいても、それを隠して希望の部署で働ける会社であることを伝えていたのではないかと思ったということ。

② ＯＢ訪問の相手は、「俺」がすでに何十社も試験に落ちていることを、自身が就活生だったときの状況と重ねて、最後まで就活を頑張ってほしいと励ましていたのではないかと思ったということ。

③ ＯＢ訪問の相手が、ゲーム業界への就職を目指す「俺」に入社してほしいと思うあまり、働き方の実態の説明を避けて、就活生が理想とする働き方に合わせて語っていたのではないかと思ったということ。

④ ＯＢ訪問の相手は、毎日業務に追われているため、ありきたりな質問ばかりする「俺」に対して不満を抱き、業務実態とは異なるいい加減な回答しかしてくれなかったのではないかと思ったということ。

⑤ ＯＢ訪問の相手が、「俺」と同様に仕事に不満を持っていた可能性に思い至り、就活生の理想像や自身のかつての夢を守るために、あえて充実した仕事内容を語っていたのではないかと思ったということ。

問2　傍線部B　小出課長の目に、少し、同情の色が滲んだ気がした。とあるが、どういうことか。その説明として最も適当なものを、次の①～⑤のうちから一つ選べ。解答番号は 12 。

① 社内規程の遵守に厳しい総務部のやり方が、他部署の人に軽く扱われたり、笑いの対象となったりする状況であることを、小出課長が少しばかり気の毒に思っているように感じられたということ。

② 小出課長の両側のデスクの人が噴き出したことで、小出課長自身が書類の不備についていたたまれない気持ちになったが、同情することでごまかそうとしているように感じられたということ。

③ 書類を早く回覧してくれるように付箋で指示をしたにも関わらず、まだ回覧をしていなかったことについて不満に思うだけでなく、「俺」の手際の悪さを痛々しく思っているように感じられたということ。

④ 総務部も業務過多なのに、簡単に訂正できることを確認しなければならない状況は気の毒であり、定規を使用して二重線を引かなければならないことをかわいそうに思っているように感じられたということ。

⑤ 小出課長は、「俺」がこのような確認に来るのは清水課長の書類不備の後始末をしなければならないからだということに気づき、そのことを不憫《ふびん》に思っているように感じられたということ。

問3　傍線部C あのころの煩雑さが今は愛しい とあるが、その理由として最も適当なものを、次の①～⑤のうちから一つ選べ。解答番号は 13 。

① 時計を見たときに、総務部とデジタルコンテンツ事業部での時間の流れの速度に差があることに気づき、とりとめもなく考えをめぐらすことになったから。

② 会社に寝泊まりするほど仕事に情熱を傾けている川辺を見て、デジタルコンテンツ事業部の複雑で専門性が高い業務をもう一度担おうと決意したから。

③ 総務部での業務に比べると、デジタルコンテンツ事業部での業務はスピードを求められて忙しかったが、その分充実感があったことを思い出したから。

④ かつてデジタルコンテンツ事業部でいかに複雑で膨大な仕事をしていたかに気づき、二度とそういうところに戻りたくないという思いを改めて抱いたから。

⑤ 寝不足になりながらも業務に追われていたデジタルコンテンツ事業部での仕事を乗り越えた自分自身を、褒めたたえたい気持ちになったから。

問４　傍線部Ｄ　俺は一瞬、眠気が覚めた気がした　とあるが、その理由として最も適当なものを、次の①～⑤のうちから一つ選べ。解答番号は 14 。

① 総務部の役割とはいえ、清水課長がまだ若かったころに整理した書類が機械的に保管期限を延長されて、今でも倉庫の片隅にそのまま廃棄されもせず残っていたことに憤慨したから。

② 一枚ずつ端正に二重線を引いて訂正印を押した昔の清水課長の内容リストを見て、若いときから全く同じ姿勢で仕事を繰り返してきたのだという事実に自分の将来がふと思い浮かんだから。

③ ほとんどの人が興味を示さない資料の整理という地味な仕事でも、細部にまで決して手を抜かない清水課長の、今とは違う積極的な姿勢がうかがわれるように思われたから。

④ 単純な作業に不満を持っていたが、かつて清水課長が、そのときの彼の若さには不似合いとも言える地味な仕事を黙々とこなしていた事実を突きつけられたように感じたから。

⑤ なかなか他の部署に異動できない総務部で、肉体的に負担の大きい整理作業を、若い男ということで任せられていたかつての清水課長に思わず同情心を抱いたから。

問5　傍線部E　え、と漏れそうになった声　とあるが、このときの主人公の心情の説明として最も適当なものを、次の①～⑤のうちから一つ選べ。解答番号は 15 。

①　一つ一つの業務を確実に行うよう「俺」の仕事ぶりをチェックしてくれる理想的な上司だと思っていた清水課長が、過去の粗雑な仕事を隠していたことに失望し、言葉を失っている。

②　現在の基本に忠実で真面目な清水課長の仕事ぶりに比べ、かつては自らの誤りを隠してごまかすような訂正をした一件があったことを知って、予想外の事実に面食らっている。

③　総務部に異動してから基本的なことを教えてもらい、几帳面な性格だと感じていた清水課長が、最初は怒られるような訂正の仕方をしていたことに驚き、意外だと思っている。

④　過去の粗雑な仕事ぶりに比べ、現在は人に笑われるほどの生真面目さで仕事に取り組む清水課長の変貌ぶりに、働くことはその人の人格まで変えてしまうものかと恐怖を感じている。

⑤　真面目で基本に忠実な仕事ぶりに共通点のある村西部長と清水課長の間に、かつては仕事のやり方をめぐって争うようなことがあったのかと信じられない気持ちを抱いている。

問6　この文章の内容と表現の説明として最も適当なものを、次の①～⑤のうちから一つ選べ。解答番号は 16 。

① 清水課長の人間像について語り手が直接説明するのではなく、他の登場人物たちに語らせることで、個性的な課長と「俺」の仕事に対する意識の違いが徐々に浮かび上がってくるように描かれている。

② 全体を通して清水課長への「俺」の認識の変化が、社会人としての考え方の深まりに結びつくような構成をとっており、社会人として前向きに業務を行っていこうとする「俺」の成長が描かれている。

③ 前半での緊迫感のある総務部内の描写が後半では擬態語の多用などにより落ち着いたものとなり、その対比が社会人として成長し、ゆとりを持って仕事に向き合う「俺」の様子と重なり合うように描かれている。

④ 若者らしい言葉遣いが減り、社会人らしい表現が徐々に増えていくことで、「俺」が組織の歯車になることを目的とした清水課長の指導から脱し、臨機応変な対応ができる社会人として自立していく過程が描かれている。

⑤ 「俺」と清水課長自身の入社当初の回想を交互に挿入するなど、いくつかの時間軸を作品中に持たせる構成をとり、二人の入社当時から現在に至る仕事への意識の変化が並行して描かれている。

5 次のⅠ・Ⅱの文章を読んで、問1～問6に答えよ。

Ⅰ

俊恵《しゆんゑ》(注1)に和歌の師弟の契り結び侍《はべ》りし初めの言葉にいはく、「歌は極めたる故実の侍るなり。われをまことに師と頼まれば、A このこと違《たが》へらるな。そこはかならず末の世の歌仙(注2)にていますかるべき上に、かやうに契りをなさるれば B 申し侍るなり。あなかしこあなかしこ、われ人に許さるるほどになりたりとも、証得して、われは気色《きそく》したる歌詠み給《たま》ふな。ゆめゆめあるまじきことなり。後徳大寺《ごとくだいじ》(注3)の大臣《おとど》は左右《さう》なき手だりにていませしかど、その故実なくて、今は詠みくち後手《のちで》になり給へり。そのかみ前《さき》の大納言など聞こえし時、道を執し、人を恥ぢて、磨き立てたりし時のままならば、今は肩並ぶ人少なからまし。われ至りにたりとて、この頃詠まるる歌は、少しも思ひ入れず、やや心づきなき(注4)言葉うち混ぜたれば、何によりてかは秀歌も出で来む。秀逸なければまた人用ゐず。歌は当座(注5)にこそ、人がらによりて良くも悪しくも聞こゆれど、後朝《ごてう》(注6)に今一度静かに見たるたびは、さはいへども、風情もこもり、姿もすなほなる歌こそ見とほし(注7)は侍れ。かく聞こゆるはをこ(注8)のためしなれど、俊恵はこの頃もただ初心の頃のごとく歌を案じ侍り。また、わが心をば次にして、あやし(注9)けれど、人の讃《ほ》めも誇《そし》りもするを用ゐ侍るなり。これは古き人の教へ侍りしことなり。このことを保てるしるしにや、さすがに老いはてたれど、C 俊恵を詠みくちならずと申す人はなきぞかし。また異事《ことごと》にあらず、この故実を誤たぬゆゑなり。」

（『無名抄』による。）

（注1）俊恵 —— 平安時代の歌人。『無名抄』を書いた鴨長明の和歌の師。
（注2）歌仙 —— 歌の名人。
（注3）後徳大寺の大臣 —— 俊恵と同時代の歌人である藤原実定。
（注4）心づきなき言葉 —— 感心しない言葉。
（注5）当座 —— その場。
（注6）後朝 —— その翌朝。
（注7）見とほしは侍れ —— いつまでも見続けられるものです。
（注8）をこのためしなれど —— ばかげた例だが。おこがましいが。
（注9）あやしけれど —— 不審であっても。

Ⅱ

或《あるヒト》曰《いハク》、「著書之《の》人ハ、博覧（注10）多聞、学問習熟スレバ、則《すなはチ》能《よク》推レ類ヲシ興《おこス》レ文ヲ（注11）。文ハ由《よリシテ》レ外而興リ、未ダ二必ズシモ実才（注12）与《と》レ文相副《そハなり》一也。且ツ瀸《そそゲバ》二意ヲ於華葉《くわえふ》（注13）之言ニ一、無ク二根核之深一、不《ず》レ見二大道（注14）ノ体要ヲ一、故ニ
D
立ツレ功ヲ者希《まれナリ》。安危之際、文人不レ与《あづから》、無ク二能ク建ツルレ功ヲ之験《けん》（注15）一、徒《ただ》能クスルノミ二筆説（注16）之効ヲ一也。」

曰ハク、「此《これ》不レ然《しから》。周世（注17）ノ著書之人ハ、皆権謀（注18）之臣、漢世ノ直言（注19）之士ハ、皆通覧（注20）之吏ナリ。豈《あニ》謂《いハン》三
E
文ハ非《あらズト》二華葉之生ズルヲバ一、根核推スニレ之《これヲ》也《や》。心思為《なシ》レ謀ヲ、集扎《しふさつ》（注21）為セバレ文ヲ、情ハ見《あらはレ》二於辞ニ一、意ハ験《ためシアリ》二於言ニ一。

（中略）書疏《そ》・文義ノ、奪《ハシムルハ》二於肝心（注22）ヲ一、非ザル下徒ダニ博覧者ノ所二能ク造ル一、習熟者ノ所中能ク為スト上也。」

（『論衡』による。）

（注10）博覧多聞 ―― 広く書物を読んで、物事に通じていて、博学であること。
（注11）興 ―― 作る。
（注12）実才 ―― 実際に持っている才能。
（注13）華葉之言 ―― 言葉の修飾。
（注14）大道 ―― 人のふみおこなうべき立派な道理。
（注15）験 ―― 証拠。
（注16）筆説之効 ―― 文筆の効果。
（注17）周 ―― 中国古代の王朝名。後にある「漢」も中国の王朝名。
（注18）権謀 ―― 策略。はかりごと。
（注19）直言 ―― 気がねせず、思うことをそのままに言う。
（注20）通覧 ―― 全体にわたって目をとおすこと。
（注21）札 ―― 竹の札。
（注22）肝心 ―― こころ。

問1　傍線部A　このこと　の具体的な説明として最も適当なものを、次の①～⑤のうちから一つ選べ。解答番号は 17 。

① 歌人として他人に認められるようになったとしても、若いときに師事したことを忘れずに師匠を敬わなければならないということ。
② 歌人として他人に認められるようになったとしても、私こそ素晴らしい歌人だと思い上がった様子の歌を詠んではならないということ。
③ 歌人として他人に認められるようになったとしても、他人の和歌に対してあれこれと批評することを控えなければならないということ。
④ 歌人として若い人たちを指導する立場になったとしても、弟子たちに負けないように絶えず和歌を詠まなければならないということ。
⑤ 歌人として若い人たちを指導する立場になったとしたら、名人の境地に達したということを自覚して詠まなければならないということ。

問2　傍線部B　申し侍るなり　の理由として最も適当なものを、次の①～⑤のうちから一つ選べ。解答番号は 18 。

① 将来歌人として有名になる見込みはないが励ましてあげたかったから。
② 死期を迎えたので、最後に和歌の師として遺言を残したいと考えたから。
③ 将来歌の名人になるために、和歌の師弟関係を結ぶ約束を交わしたから。
④ 和歌の師として自分と同じ失敗を弟子にはさせたくないと思ったから。
⑤ 将来歌人として有名になる前に師弟関係を結ぶ約束をしたかったから。

問3　傍線部C　俊恵を詠みくちならずと申す人はなきぞかし　の理由として最も適当なものを、次の①～⑤のうちから一つ選べ。解答番号は 19 。

① 初めて歌を詠んだ頃のように歌を思案し、自分の意見や考えよりも他人の批評の方を尊重するようにしているから。
② 歌の技術を向上させるよりも常に周囲の歌人たちに気を配り、人からの評判を最も気にするようにしているから。
③ いつまでも初心者の気持ちを忘れずに後進を指導し、自分が歌を詠むことよりも弟子への指導を重視しているから。
④ 年老いても初めて歌を詠んだときの気持ちを大切にし、常に最新の詠歌技術を取り入れようと心がけているから。
⑤ 自分の思いを歌にすることを心がけ、他人の助言を取り入れるよりも自分の歌に対する考えを大切にしているから。

問4　傍線部D　故立功者希　の理由として最も適当なものを、次の①～⑤のうちから一つ選べ。解答番号は 20 。

① 文人が作った文章は独りよがりな表現が多いうえに、自分の知識を全て詰め込んでしまい物事の要点が伝わりにくいものになるから。
② 文人が作った文章は感情的な表現が多く用いられているうえに、美辞麗句が多く用いられるため読者に伝わりにくいものになるから。
③ 文人が作った文章はわかりやすい表現を常に心がけるうえに、自分が納得するまで推敲することで読者が理解できるものになるから。
④ 文人が作った文章は洗練された表現を用いることが多いうえに、感情をそのまま言葉にしていて読者の理解を得ることができるから。
⑤ 文人が作った文章は豊富な知識や経験から類推して作られるうえに、表現や修辞に固執しすぎて物事の要点を把握できていないから。

問5　傍線部E　豈謂文非華葉之生、根核推之也　とあるが、そこから分かる文章や言葉に対する筆者の考え方として最も適当なものを、次の①～⑤のうちから一つ選べ。解答番号は 21 。

① 花や葉が根から栄養を吸収しなければならないように、適切な表現を用いるためには、多くの経験が必要だということ。
② 花や葉が美しければ美しいほどいいように、文章もこだわった表現を用いると、人を感動させるものになるということ。
③ 花や葉が根から生じているように、心の中で思いを巡らせて文章に仕立てると、気持ちが言葉にあらわれるということ。
④ 根が花や葉にとって大切なように、常に言葉遣いを研究していると、すぐに優れた文章を作ることができるということ。
⑤ 根が花や葉にとって欠かせないものであるように、人が感動する文章を生み出すには、知恵と経験が必要だということ。

問6　国語の授業でⅠ・Ⅱの文章を読み終えた後に話合いを行った。次の【話合いの一部】を読んで、空欄 X ・ Y に入るものとして最も適当なものを、後の①～⑤のうちから一つ選べ。解答番号は 22 。

【話合いの一部】

水野さん「それぞれの文章にはどのようなことが書かれていたのかな。」
前田さん「Ⅰの文章では、後徳大寺の大臣が最初は歌人として優れていたけど、その後は力量が劣ってしまったとあるね。」
井沢さん「Ⅱの文章では、文人はいざというときに頼りにならないというある人の意見をもう一人の人が否定しているね。」
水野さん「では、二つの文章の違いをまとめてみよう。」
前田さん「Ⅰの文章は X について述べられていて、Ⅱの文章は Y について述べられているよね。」
水野さん「なるほどね。創作するためにはどちらも必要となるよね。」
井沢さん「やっぱり創作は奥が深いね。」

① X　最初から何も教えないのではなく、歌人としての経験の差に配慮して弟子を指導しなければならないという師としての心構え
　Y　初めから名文を書けるわけではないので、花や葉などを観察して写実的に文を書く練習をすべきであるという作家としての態度

② X　最初は古い歌で優れた境地のものを真似して詠んでいくが、慣れてきたら独自の境地のみを詠み込むという詠歌する際の心構え
　Y　心を込めただけでは人々を感動させる文章は作成できないので、文の修辞や知識を習得すべきであるという文人としての態度

③ X　歌人として世間から評価されるようになっても、そのことをひけらかすことなく人の歌に助言しなければならないとする心構え
　Y　最初から人を感動させる文章を作成するのは難しいので、過去の名文から引用すべきであるという文章を作成する際の態度

④ X　歌人として世間から評価されるようになったとしても、初心の頃のような謙虚さを忘れてはいけないという歌人としての心構え
　Y　人を感動させるような文章とは表面的な知識や技術だけではなくて、心を込めなければならないという文章を作成するうえでの態度

⑤ X　歌人として世間から評価されるようになったとしても、師の教えを忠実に守って詠歌しなければならないという弟子としての心構え
　Y　人が感動するような名文を作るには心を込めるとともに、修辞などの知識や人生経験も必要になるという文章を作るうえでの態度

令和４年度　第１回

解答・解説

【重要度の表記】

Ａ：重要度が高く確実に正答したい設問。しっかり復習する必要のある問題です。

Ｂ：重要度はＡレベルよりすこし下で、やや難易度が高い設問または内容を読み取る設問。高得点を狙う人は復習しましょう！

Ｃ：重要度が低い、または難解な設問。軽く復習する程度でよいでしょう！

令和４年度 第１回 高卒認定試験

【解 答】

解答番号			正答	配点	解答番号			正答	配点
1	問1	1	②	2	4	問1	11	⑤	5
	問2	2	①	2		問2	12	①	5
		3	③	2		問3	13	③	5
	問3	4	⑤	3		問4	14	④	5
	問4	5	③	3		問5	15	③	5
	問5	6	④	3		問6	16	②	5
2	問1	7	⑤	5	5	問1	17	②	5
	問2	8	②	6		問2	18	③	5
	問3	9	①	6		問3	19	①	5
3	問	10	④	8		問4	20	⑤	5
						問5	21	③	5
						問6	22	④	5

【解 説】

1

問1　傍線部の漢字は「しゅくめい」と読みます。宿命とは、「前世から定まっている運命」という意味です。したがって、正解は②となります。

解答番号【1】・②　⇒ **重要度A**

問2
（ア）ヒヤクとは「飛躍」と書き、「大きく成長あるいは進歩して活躍すること」という意味です。選択肢の漢字はそれぞれ、①「躍」動、②大「役」、③契「約」、④「薬」学、⑤翻「訳」となります。したがって、正解は①となります。

解答番号【2】・①　⇒ **重要度A**

（イ）キノウホウとは「帰納法」と書き、「複数の個別の具体例の共通項に基づいて、一般的な結論・法則を導き出そうとする手法」という意味です。選択肢の漢字はそれぞれ、①「農」業、②頭「脳」、③「納」品、④「濃」厚、⑤「能」動的となります。したがって、正解は③となります。

解答番号【3】・③　⇒ **重要度B**

問3　「多岐に」に続く適切なことばは「わたる」または「及ぶ」であり、「物事が多方面にわかれている」という意味です。したがって、正解は⑤となります。

解答番号【4】・⑤　⇒ **重要度A**

問4　「哀歓」という熟語は「かなしみとよろこび」という意味で、「哀」と「歓」がそれぞれ反対の意味であり、「反対の意味を表す字を重ねる」という構成になっています。これと同じ構成の熟語を選択肢から選びます。

①「無用」は、「用が無い」という意味で、「無」が「用」を打ち消していて、「上の字が下の字を打ち消している」という構成になっていることから誤りです。②「冷淡」は、「冷」も「淡」も「情が薄い」という意味があり、「同じような意味の漢字を重ねる」という構成になっていることから誤りです。③「巧拙」は「上手なことと下手なこと」という意味で、「巧」と「拙」がそれぞれ反対の意味であり、「反対の意味を表す字を重ねる」という構成になっているので正しいです。④「避難」は、「避」が避けるという動作を、また「難」がその動作の目的語を表していて、「下の字が上の字の目的語になっている」という構成になっていることから誤りです。⑤「造作」は「造」も「作」も「つくる」という意味があり、「同じような意味の漢字を重ねる」という構成になっていることから誤りです。

したがって、正解は③となります。

解答番号【5】・③　⇒ **重要度A**

問5　傍線部Dについて、「利用する」の主語は客であり、尊敬語を使うべき文脈です。「〜してください」の尊敬語は「ご〜ください」あるいは「〜なさってください」となりますので、「御利用してください」ということば遣いは不適切です。正しくは、「ご利用ください」となります。

したがって、正解は④となります。

解答番号【6】・④　⇒ **重要度A**

2

問1　傍線部Fに至るまでの話し合いの展開をすこし前から追ってみると、交流会の内容については「つつじプログラム」の内容と重複しないほうがよいのではないかという井川さんの提案を受けて、重複しない内容を考えるために「つつじプログラム」の詳細が柏木さんによって伝えられています。柏木さんの情報提供によって、塩田さんは、すでに「つつじプログラム」の内容に茶道体験が含まれている事実を知り、それであれば茶道部に依頼しなくてもよいという発言をしたと考えられます。井川さんの提案は傍線部Dに、「つつじプログラム」の詳細は傍線部Eに見られます。

したがって、正解は⑤となります。

解答番号【7】・⑤　⇒ **重要度A**

問2　「ア」の選択肢を考えます。柏木さんは、3回目と4回目の発言では、「つつじプログラム」の詳細という話し合いに必要な情報を提供し、6回目の発言では、それまでに出された生徒の意見を整理してまとめています。よって、「ア」の選択肢は正しいです。「イ」の選択肢を考えます。塩田さんの発言は主にほかの生徒の発言をふまえての提案です。よって、「イ」の選択肢は誤りです。「ウ」の選択肢を考えます。横山さんの発言は、内容を掘り下げる質問ではなく、主にアイディアの提案です。よって、「ウ」の選択肢は誤りです。「エ」の選択肢を考えます。前園さんの発言は、主に情報の確認や、ほかの生徒の発言に対する同意です。よって、「エ」の選択肢は誤りです。「オ」の選択肢を考えます。井川さんの1回目の発言は、「つつじプログラム」の内容をふまえて交流会の内容を考えたほうがよい（意見・アイディア）、なぜなら「つつじプログラム」と交流会の内容が重複したらおもしろくないから（理由）という構成になっています。また、２回目の発言も、企画内容を考えるうえでの前提を確認したほうがいい（意見・アイディア）、なぜなら話がまとまりやすくなるから（理由）という構成です。同様に、３回目の発言も、いっしょに活動できることを前提に企画を考えたらどうか（意見・アイディア）、なぜならいっしょに活動できればお互いに楽しいから（理由）という構成です。このように、井川さんは、自分の意見あるいはアイディアを述べる際には、必ずその理由を付け加えています。よって、「オ」の選択肢は正しいです。

したがって、正解は②となります。

解答番号【8】・② ⇓ **重要度B**

問３　この話し合いの目的は、柏木さんの３回目の発言にある「交流会の内容をみんなで決めるために集まってもらった」という部分から読み取れます。生徒から意見を集めたうえで、内容を決定するまでが話し合いの目的です。したがって、正解は①となります。

解答番号【9】・① ⇓ **重要度A**

3

問Ⅰ

「構成」

まず、レポートの構成の流れから考えていきます。第１段落では、プラスチックの生産によって二酸化炭素が排出されることをふまえて、プラスチックの廃棄量増加とプラスチックの生産割合について、図１–３–１と図１–３–２に基づいて説明がなされています。第２段落では、冒頭に「特に私が問題だと感じているのは」とあり、田中さん自身が抱いている問題意識（海洋プラスチックごみ）について、写真１–３–１を用いて述べていることがわかります。第３段落では、田中さんの主張の根拠からはじまり、最後の一文に「私たちは環境への影響を忘れずに生活しなくてはならない」という田中さんの主張が述べられています。よって、レポートは「説明」→「問題意識」→「主張」という流れで構成されています。

次に、ポスターの構成の流れを考えていきます。ポスターを上段・中段・下段という３つのまとまりに分けて、それぞれの項目に着目すると、１つ目のまとまりには田中さんが「問題だと感じること」が書かれています。２つ目のまとまりには図１–３–１と図１–３–２の内容の説明が書かれています。３つ目のまとまりには田中さんの主張が書かれています。つまり田中さんの「意見」、つまり田中さんの主張が書かれています。よって、ポスターは「問題意識」→「説明」→「主張」という流れで構成されています。

これらのことから、Ⅰ「構成」のA・B・Cの選択肢のうちは適当な選択肢はBとなります。

Ⅱ「ポスター紙面の作り方」

Aの選択肢について、「資料（写真やグラフ）の引用を増やすことで」とありますが、レポートもポスターも引用した資料は同数であることから誤りです。Bの選択肢について、「強調したい客観的事実に全て下線を付すことで」とありますが、ポスターには「意見」に下線があります。意見は客観的事実ではないことから誤りです。Ｃの選択肢について、「項目を明示したり箇条書きを用いたりすること」とあり、ポスターでは「問題だと感じること」「プラスチック廃棄物発生量」「世界のプラスチックの生産割合」「意見」と項目を明確にしているだけでなく、「問題だと感じること」では箇条書きも用いているので正しいです。
　よって、Ⅱ「ポスター紙面の作り方」のＡ・Ｂ・Ｃの選択肢のうちは適当な選択肢はＣとなります。

Ⅲ「資料（写真やグラフ）の扱い方」
　レポートとポスターにおける「写真」の役割について考えます。レポートでは、２段落目にごみが絡まったウミガメの写真を見たことで海洋プラスチックごみの問題に関心をもつようになったとあるのに対して、ポスターでは「問題だと感じること」という項目に写真が載せられています。ここから、「写真」は、レポートでは問題に関心をもつようになったきっかけを示すものとして、ポスターでは問題点を示すものとして配置されていることがわかります。
　よって、Ⅲ「資料（写真やグラフ）の扱い方」のＡ・Ｂ・Ｃの選択肢のうちは適当な選択肢はＡとなります。
　したがって、正解は④となります。

解答番号【10】・④　⇒ **重要度Ａ**

4

問１　傍線部Ａの直後にある「就活生だったころの自分の夢を守るために」という部分に着目すると、当時ＯＢ訪問をした際の相手は、就活生の夢を守るためにこちらの質問に対して正直に答えていなかったのではないかと「俺」が考えていることが読み取れます。これをふまえて選択肢を見ると、⑤にある「就活生の～と思った」という部分が先述の内容と合致します。
　したがって、正解は⑤となります。

解答番号【11】・⑤　⇒ **重要度Ａ**

問２　傍線部Ｂの２行前の『すげえ細かい』～混ざっている」という部分と、傍線部Ｂの直前の小出課長の「大変だね、君も」という発言から、「領収書」という表記を「領収証」という表記に変える必要があるといった、社内規程に基づく「俺」の指摘が、周囲から軽視されてしまっていることに対して、小出課長が同情していることが読み取れます。これをふまえて選択肢を見ると、①の内容が先述の内容と合致します。
　したがって、正解は①となります。

解答番号【12】・①　⇒ **重要度Ｂ**

問３　傍線部Ｃにある「あのころ」とは、総務部に移動する前のデジタルコンテンツ事業部にいた時期を指します。また、傍線部Ｃの直前にある「いくら寝不足～としても」という部分と傍線部Ｃの「あのころの煩雑さが今は愛しい」という部分から、厳密さよりも迅速さを求められるデジタルコンテンツ事業部の仕事のほうが忙しくとも充実していたと考えていることが読み取れます。これらをふまえて選択肢を見ると、③の内容が先述の内容と合致します。
　したがって、正解は③となります。

解答番号【13】・③　⇒ **重要度Ａ**

問4　傍線部Dの3行後から4行後にかけての「十年前、清水課長は～こなしていたのだ」という部分から、訂正印の「清水」という名前に直面したことによって、当時の清水課長も現在の「俺」と同じように若くて肉体的にも充実している時期に、総務部の単調な仕事を日々こなしていたという事実に気付かされたのだと読み取れます。これをふまえて選択肢を見ると、④の内容が先述の内容と合致します。

したがって、正解は④となります。

解答番号【14】・④　⇓ **重要度B**

問5　傍線部Eの前後の村西部長の発言と傍線部Eの5行後の「書き損じを～考えられない」という部分に着目すると、当時の清水課長の仕事ぶりが今の几帳面な清水課長からは想像もつかず、この違いに驚いていることが読み取れます。これをふまえて選択肢を見ると、③の内容が先述の内容と合致します。

したがって、正解は③となります。

解答番号【15】・③　⇓ **重要度A**

問6　①について、「個性的な課長～浮かび上がってくる」とありますが、本文では「俺」の清水課長に対する意識や見方が変わっていく様子が描かれているので誤りです。②について、とくに傍線部E以降の村西部長とのやりとりにおいて、本文最終行から12行目にある「書き損じを～考えられない」という部分や、その4行後にある「それは、村西～至るまで」という部分から、「俺」の清水課長に対する見方が変化したことが読み取れます。また、本文の最後の一文の「ノックしたボールペンの先を、定規に沿ってすうと滑らせた」という部分にある「ノック」や「すうと」といった擬音語は、気持ちの軽やかさを想起させます。この点から、「俺」の業務に対する前向きな姿勢を読み取ることができます。よって、②は正しいです。③について、「前半での緊迫感のある総務部内の描写」とありますが、本文からは総務部の仕事に緊迫感があるようには描かれていないことから誤りです。④について、「若者らしい～増えていくことで」とありますが、本文において「俺」のことば遣いに変化は見られないことから誤りです。⑤について、『俺』と清水課長自身の入社当初の回想」は本文には交互に挿入されていないことから誤りです。

したがって、正解は②となります。

解答番号【16】・②　⇓ **重要度B**

5

I

（現代語訳）

（私が）俊恵と和歌の師弟関係を結ぶ約束をした当初、彼が言ったことばに次のようなものがある。「歌には極めて大切な古くからの心得があります。私を本当に師と信頼なさるならば、これから言うことを守ってください。あなたはのちの世においてはきっと歌の名人になられるに違いないことに加えて、このように私と師弟の約束をなさったので申し上げるのです。（その心得とは）決して決して、自分が世間に広く認められるような歌人になったとしても、わかったものだとうぬぼれて、われこそはと思いあがったような歌をお詠みになってはなりません。ゆめゆめしてはならぬことです。藤原実定は並ぶもののなき名人でいらっしゃいましたが、その心得がないために、今では歌の詠みぶりが劣ってしまわれました。昔、（藤原実定のことを）前大納言などと申し上げたとき、歌の道に執着し、他人の目を気にして、歌のみがきをかけていたときのままであったならば、今では肩を並べる人も少なかったでしょうに。（しかし、実際には）「歌を極めたのだ」と思って、最近お詠みになる歌は、すこしも心を込めておらず、やや感心しないことばを混ぜていますので、これでどうして優れた歌ができましょうか（いや、できはしません）。秀歌がなければ、もう人は（歌の世界では）重用しません。歌は詠まれたその場でこそ、詠み手の人柄によって良くも悪くも聞こえるものだが、その翌朝に今一度静かに見た際には、そうはいっても、その内に風情がこもっていて、歌の姿も素直である歌こそ、いつまでも見続けられるものなのです。このように申し上げるのはおこがましいのですが、この私、俊恵は今もただ初心の頃のように歌を案じています。また、自身の心（自分の主観）は二の次にして、不審であっても、他人の下す良し悪しの評価を尊重しています。これは昔の人が教えてくださったことです。このことを守っているおかげでしょうか、さすがに老い果てはしましたが、俊恵のことを詠みぶりが劣ってきたと申す人はいないのですよ。これはほかでもない、この心得に逆らわないでいるからです」と。

Ⅱ

（書き下し文）

或ひと曰はく、「著書の人は、博覧多聞、学問習熟すれば、則ち能く類を推し文を興す。文は外由りして興り、未だ必ずしも実才と文と相副はざるなり。且つ意を華葉の言に濺げば、根核の深無く、大道の体要を見ず、故に功を立つる者希なり。安危の際、文人与らず、能く功を建つるの験無く、徒だ筆説の効を能くするのみなり」と。

曰はく、「此れ然らず。周の世の著書の人は、皆権謀の臣、漢の世の直言の士は、皆通覧の吏なり。豈に文は華葉の生ずるをば、根核之を推すに非ずと謂はんや。心思謀を為し、集扎文を為せば、情は辞に見れ、意は言に験あり。（中略）書疏・文義の、肝心を奮はしむるは、徒だに博覧者の能く造る所、習熟者の能く為す所に非ざるなり」と。

（現代語訳）

ある人が言う、「書物を著す人は博覧多聞（広く書物を読んでいて博学であること）であり、学問に慣れているので、類推して文章を作ることができる。文章は心の外から作られるもので、必ずしも実際にその人がもっている才能と文章とが釣り合うとは限らない。また、ことばの修飾ばかりに気を配ると、植物の根や核のような文章の一番大事な部分に深みがなく、人としての正しい道理の要点がわからないので、功績を挙げた者はめったにいない。危急のときにも、文人は頼りにされず、功績を挙げることができたという証拠もなく、ただ文筆の効果を高めるだけだ」と。

（これに対して）言う、「そうではない。周代において書物を著す人はみな策略をめぐらす人であったし、漢代において思うことを気兼ねなくそのままに述べる人はみな、全体を見通せる人であった。文章にことばの修飾が生じるのを、花や葉が根や核から生じるようなものではないとどうして言えようか（いや、言えない）。心の中で考えを練って、竹の札を集めて文章にすれば、気持ちは表現に現れるし、心はことばに証される。（中略）書の文意によって人の心を奮い立たせるようなことは、ただ博覧多聞の者に書くことができるものではなく、また手慣れたものにもできることではない」と。

問1　傍線部Aの「このこと」とは、この1行後から2行後にかけての「あなかしこ～詠み給ふな」（決して決して、自分が世間に広く認められるような歌人になったとしても、わかったものだとうぬぼれて、われこそはと思いあがったような歌をお詠みになってはなりません）という部分の内容を指しています。これをふまえて選択肢を見ていきます。

①について、「若いときに～敬わなければならない」という部分が、「このこと」が指す具体的な内容と合致しないことから誤りです。②について、「このこと」が指す具体的な内容と合致するので正しいです。③について、「他人の和歌～控えなければならない」という部分が、「このこと」が指す具体的な内容と合致しないことから誤りです。④と⑤について、歌人として指導する立場になったときの心得に関しては本文に言及がないことから誤りです。

したがって、正解は②となります。

解答番号【17】・②　⇒　重要度A

問2　傍線部Bの理由は、その直前の「そこはかならず～契りをなさるれば」（あなたはのちの世においてはきっと歌の名人になられるに違いないことに加えて、このように私と師弟の約束をなさったので）という部分から読み取れます。これをふまえて選択肢を見ていきます。

①について、「将来歌人として有名になる見込みはない」とありますが、本文に「そこはかならず末の世の歌仙にていますかるべき上に」とあるように、俊恵は見込みを感じて大切な心得を伝えていることから誤りです。②について、「死期を迎えたので」という部分が、本文に言及がないことから誤りです。③について、先述の理由の内容と合致するので正しいです。④について、「自分と同じ失敗を弟子にはさせたくない」という部分が、本文に言及がないことから誤りです。⑤について、「師弟関係を結ぶ約束をしたかった」とありますが、俊恵のほうが師弟関係を結びたかったという内容は本文からは読み取れないことから誤りです。

したがって、正解は③となります。

解答番号【18】・③　⇒　重要度A

問3　傍線部Cの理由は、そのすこし前にある「このことを保てるしるしに」（このことを守っているおかげでしょうか）という部分から考えます。「このこと」とは、その直前の「古き人の教へ」つまり「俊恵はこの頃～歌を案じ侍り」（この私、俊恵は今もただ初心の頃のように歌を案じています）と「わが心をば～用ゐ侍るなり」（自身の心は二の次にして、不審であっても、他人の下す良し悪しの評価を尊重しています）という部分の内容を指しますので、これをふまえて選択肢を見ていきます。

①について、「初めて歌を詠んだ頃のように歌を思案し」とあり、さらに「他人の批評の方を尊重する」とあるので正しいです。②について、「歌の技術を～気を配り」という部分が、本文に言及がないことから誤りです。③について、「自分が歌を～重視している」という部分が、本文に言及がないことから誤りです。④について、「常に最新の～心がけている」という部分が、本文に言及がないことから誤りです。⑤について、「他人の助言～大切にしている」

という部分が、「わが心をば～用ゐ侍るなり」という部分とは反対の内容に相当することから誤りです。
したがって、正解は①となります。

解答番号【19】・① ⇒ **重要度B**

問４ 傍線部Ｄの理由は、直前の「且濺意於華葉之言～不見大道体要」から読み取れます。つまり、「ことばの修飾ばかりに気を配ると、人としての正しい道理の要点がわからないから」ということです。これをふまえて選択肢を見ていきます。
①について、「物事の要点が伝わりにくいものになる」のは、持てる知識をすべて詰め込んだことが原因ではなく、ことばの修飾ばかりに気を配ることにあることから誤りです。②について、「感情的な表現が多く用いられている」という部分が、本文に言及がないことから誤りです。③について、「自分が納得するまで推敲する」という部分が、本文に言及がないことから誤りです。④について、「感情をそのまま言葉にしていて」という部分が、本文に言及がないことから誤りです。⑤について、「表現や修辞に～把握できていない」という部分が、先述の理由の内容と合致するので正しいです。なお、「文人が作った～作られる」という部分の内容は、本文１行目の「著書之人、博覧多聞、学問習熟、則能推類興文」に述べられています。
したがって、正解は⑤となります。

解答番号【20】・⑤ ⇒ **重要度B**

問５ 傍線部Ｅに含まれる「豈に～んや」という表現は、本当に言いたいことと反対の内容を疑問のかたちで述べることで断定を強調する反語の表現であり、「どうして～か、いや～ない」と訳します。よって、傍線部Ｅは、文章は花や葉が根や核から生じるようなものだということを強調していることになります。また、傍線部Ｅの直後の文では「心の中で考えを練って、竹の札を集めて文章にすれば、気持ちは表現に現れるし、心はことばに証される」と述べています。これらの内容をふまえて選択肢を見ていきます。
①について、「適切な表現～経験が必要だ」という部分が、本文に言及がないことから誤りです。②について、「文章もこだわった～ものになる」という部分が、本文に言及がないことから誤りです。③について、先述の内容に合致するので正しいです。④について、「常に言葉遣いを研究していると」とありますが、ことば遣いの研究については本文に言及がないことから誤りです。⑤について、「人が感動する～経験が必要だ」という部分が、本文最終行には、文章によって人の心を奮い立たせるようなことは、博覧多聞の者にもできることではないとあることから誤りです。
したがって、正解は③となります。

解答番号【21】・③ ⇒ **重要度B**

問６ Ⅰの文章は、俊恵が弟子に対して、世間に広く認められるような歌人になったとしても、初めて歌を詠んだ頃のように歌を思案し、他人の批評のほうを尊重することが大切だという歌人としての心得を伝えた文章です。Ⅱの文章は、人の心を奮い立たせるような文章というのは、心の外側にある知識や経験だけでは書くことができず、心こそが大切なのだという心構えを伝えた文章です。
したがって、正解は④となります。

解答番号【22】・④ ⇒ **重要度A**

令和３年度　第２回
高卒認定試験

国　語

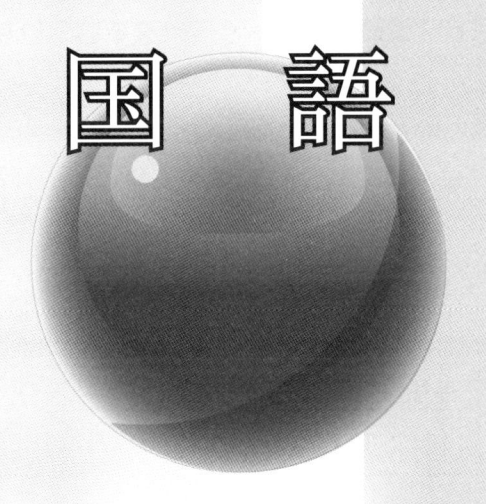

解答時間　50 分

注　意　事　項（抜粋）

＊　試験開始の合図前に，監督者の指示に従って，解答用紙の該当欄に以下の内容をそれぞれ正しく記入し，マークすること。

①氏名欄

氏名を記入すること。

②受験番号，③生年月日，④受験地欄

受験番号，生年月日を記入し，さらにマーク欄に**受験番号**（数字），**生年月日**（年号・数字），**受験地をマーク**すること。

＊　**受験番号，生年月日，受験地が正しくマークされていない場合は，採点できないことがある。**

＊　解答は，解答用紙の解答欄にマークすること。例えば，[10]と表示のある解答番号に対して②と解答する場合は，次の(例)のように**解答番号 10 の解答欄**の②に**マーク**すること。

（例）

解答番号	解　答　欄
10	① ● ③ ④ ⑤ ⑥ ⑦ ⑧ ⑨ ⓪

国語（解答番号 1 ～ 22 ）

1 次の問1～問6に答えよ。

問1 (ア)、(イ)の傍線部の漢字の正しい読みを、次の各群の①～⑤のうちからそれぞれ一つ選べ。解答番号は 1 ・ 2 。

(ア) 文化を享受する。 1

① きょうじゅ
② しょうじゅ
③ じゅんじゅ
④ きんじゅ
⑤ こうじゅ

(イ) あの家族とは懇意にしている。 2

① えいい
② けいい
③ こうい
④ こんい
⑤ せいい

問2　傍線部に当たる漢字と同じ漢字を用いるものを、次の①～⑤のうちから一つ選べ。解答番号は［3］。

一等をカクトクした。

①　カクチョウ高い表現技法を用いる。
②　優秀なサイカクの持ち主である。
③　野生動物のホカクを禁じる。
④　舞台裏でカクサクする。
⑤　相手とゴカクに戦う。

問3　傍線部は「技量を示したくてじっとしていられない」という意味の慣用句である。空欄［　］に入る語として最も適当なものを、後の①～⑤のうちから一つ選べ。解答番号は［4］。

強豪校との対戦を前に、今から［　］が鳴る。

①　首
②　腕
③　指
④　膝
⑤　足

問4 傍線部の意味として最も適当なものを、後の①～⑤のうちから一つ選べ。解答番号は 5 。

優勝杯をめぐって両チームがしのぎを削る。

① 相手をけん制すること。
② 一心に打ち込むこと。
③ 悪だくみをすること。
④ 工夫をこらすこと。
⑤ 激しく争うこと。

問5 「純文学」と同じ構成で成り立っている熟語を、次の①～⑤のうちから一つ選べ。解答番号は 6 。

① 千里眼
② 批判的
③ 雪月花
④ 血液型
⑤ 高気圧

問6 「目」という漢字を辞書で調べると複数の意味がある。その中で、「箇条・見出し」という意味の「目」を含んでいる語を次のア～オからすべて選ぶとき、その組合せとして最も適当なものを、後の①～⑤のうちから一つ選べ。解答番号は 7 。

ア　注目　　イ　目録　　ウ　品目　　エ　目先　　オ　項目

① ア・イ・ウ
② ア・エ・オ
③ イ・ウ・オ
④ ア・エ
⑤ オ

2 今年、西高校では学校説明会用の動画の一部を生徒会が作ることになった。次の【話合いの一部】は、紹介動画で何を話題として取り上げるかについて生徒会役員五人が話し合った様子の一部である。また、【図①】〜【図③】は、話合いの最中にホワイトボードに描かれたものである。これらを読んで、問1、問2に答えよ。

【話合いの一部】

笹倉さん　私は西高校の制服を取り上げたいな。まだまだ知られていないと思うから。

鯉沼さん　Aそれって、去年から新しく夏服に加わった校章入りのポロシャツのことね？

笹倉さん　うん。でもそれだけじゃなくて、女子の制服のことが、よく知られていないと思うんだよね。圧倒的多数がブレザーにスカートをあわせているけど、実は西高校には、ブレザーとパンツの制服もあるじゃない？　だから、それを紹介するといいんじゃないかなと思うんだ。

吉田さん　僕は、二年生や三年生での選択科目について紹介したいな。選択科目の内容や選択の仕方とかを中学校の後輩からよく聞かれるからさ。

藤原さん　だったら、B総合的な探究の時間で行っている探究学習もいいんじゃないかな？

川口さん　僕は郷土芸能部がおもしろいと思うよ。

鯉沼さん　じゃあ、ちょっと待って。これまでの意見を整理してみるからね。**（ホワイトボードに【図①】を描く）**……こんな感じだよね？　藤原さんと川口さん、まだ理由を聞いてなかったよね？

藤原さん　僕が探究学習を紹介するといいと思った理由は、フィールドワークがとてもおもしろいと思うからだよ。他校の友達に聞くと、校外でのこういう学習はあまりやってないらしいから、この探究学習は多分、西高校の特色って言えると思うんだ。

鯉沼さん　Cおもしろい学習、つまり、アンケートをお願いしたりインタビューをしたりするフィールドワークをしているから紹介したい、ということね？

藤原さん　というよりは、そういうおもしろい学習をしているのに、あまり知られてないと思うから、紹介したらどうかなと思ったんだ。

鯉沼さん　なるほどね。ありがとう。川口さんは？

川口さん　郷土芸能部がもっと有名になってほしいから、だな。この間の全国大会にも出場していたし。

鯉沼さん　了解。では、それを付け加えると、こうなるね。（**【図①】に書き足す。ホワイトボードは【図②】のようになる**）ほかに紹介したいものはある？

笹倉さん　D動画の時間は十分間だから、これくらいでちょうどいいんじゃない？

鯉沼さん　そうだね。じゃあ、この四つの話題を順に取り上げていく形でいいかな？　……でも、このまま四つの話題を順に紹介していくだけでは、全体としてのまとまりに欠けるような気がしない？

川口さん　たしかに、話題がバラバラな感じがするね。Eどうしたら、まとまった感じにできるのかな？

藤原さん　何かこの四つの話題をつなぐ共通点でもあればいいんだけど……。

吉田さん　（**【図②】を見ながら**）Fこれを見ると、四人が挙げたことには、「地域の人にあまり知られていない西高校のこと」という共通点があるんじゃないかな？

笹倉さん　なるほど。言われてみれば、そうかも。

吉田さん　ちょっと、ここを直してみていい？　（**【図②】に書き足す。ホワイトボードは【図③】のようになる**）つまり、こういうことになるんじゃない？

笹倉さん　（**【図③】を見ながら**）……そうか。制服も選択科目も探究学習も郷土芸能部も、「地域の人にあまり知られていない西高校のこと」というわけなのね。だったら、提案なんだけど、「地域の人にあまり知られていない西高校のこと」を、もうちょっと私たちで挙げてみて、そこから選《え》りすぐりのものを「西高クイズ」にして動画にまとめるのはどう？

川口さん　いいね。おもしろいと思う。

鯉沼さん　じゃあ、この線で行こう。ではさっそく「地域の人にあまり知られていない西高校のこと」を、もう少し挙げてみようか。

【図①】

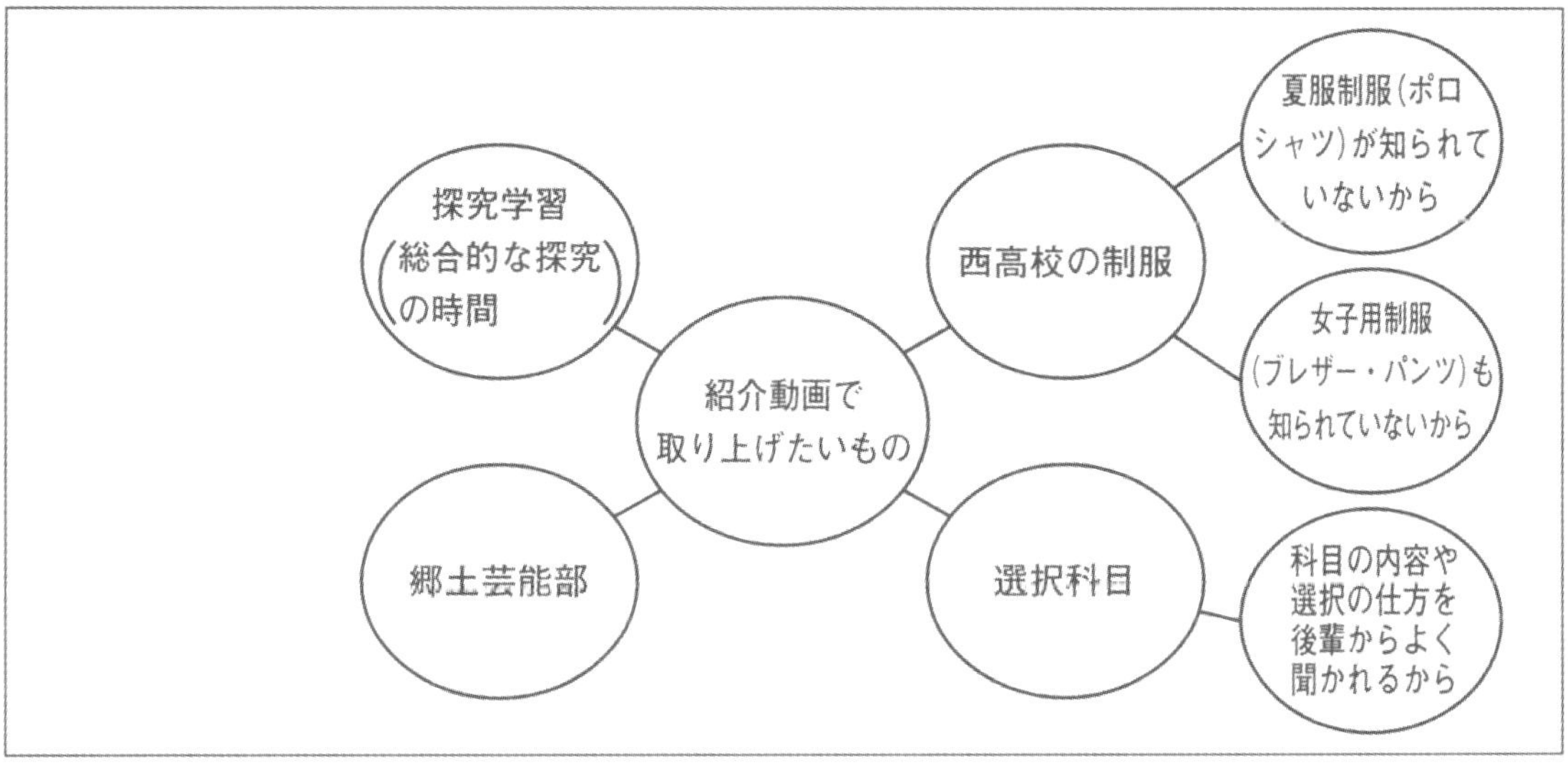
紹介動画で
取り上げたいもの
西高校の制服
夏服制服（ポロシャツ）が知られていないから
女子用制服（ブレザー・パンツ）も知られていないから
選択科目
科目の内容や選択の仕方を後輩からよく聞かれるから
探究学習（総合的な探究の時間）
郷土芸能部

【図②】

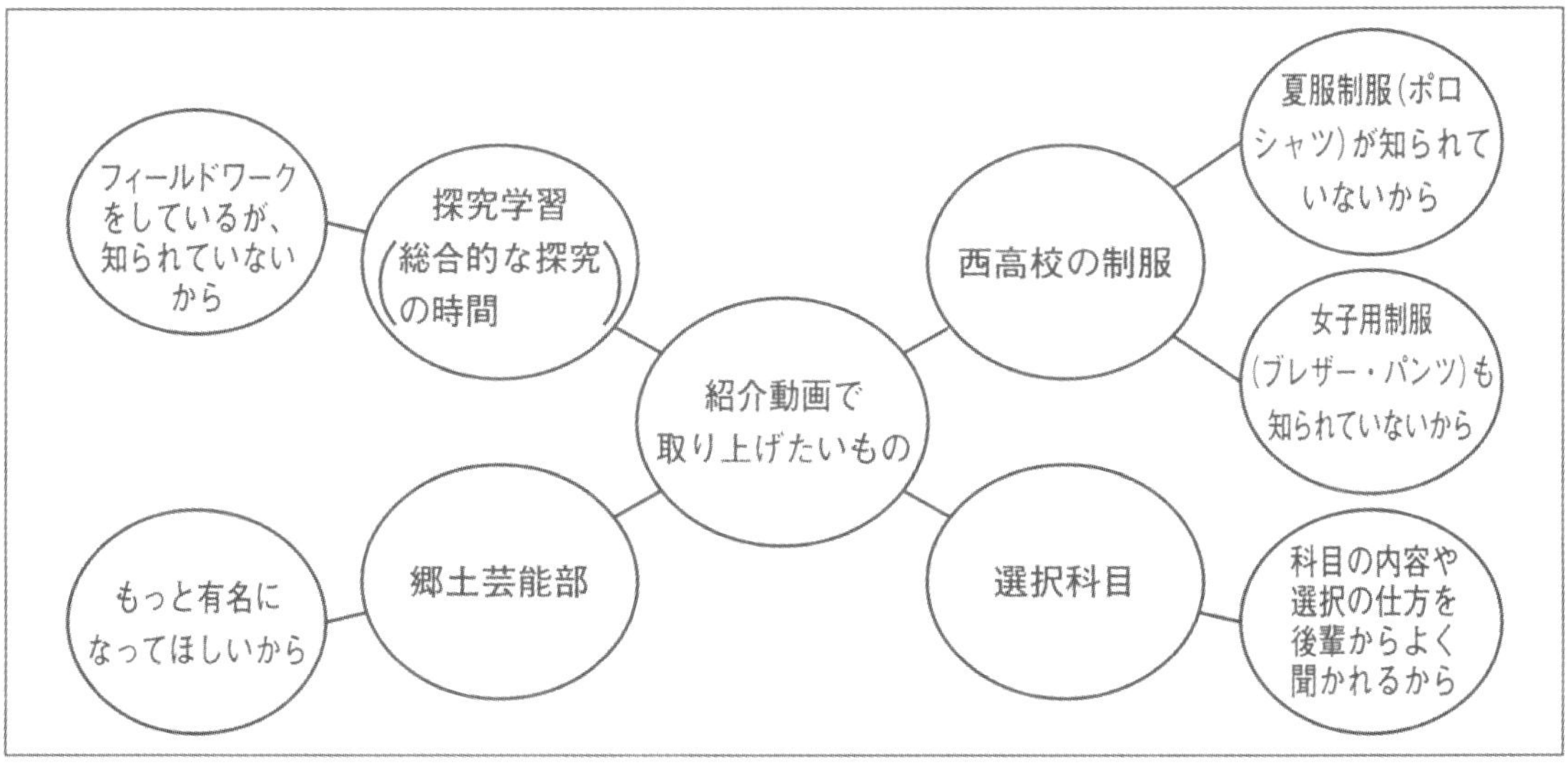
紹介動画で
取り上げたいもの
西高校の制服
夏服制服（ポロシャツ）が知られていないから
女子用制服（ブレザー・パンツ）も知られていないから
選択科目
科目の内容や選択の仕方を後輩からよく聞かれるから
探究学習（総合的な探究の時間）
フィールドワークをしているが、知られていないから
郷土芸能部
もっと有名になってほしいから

【図③】

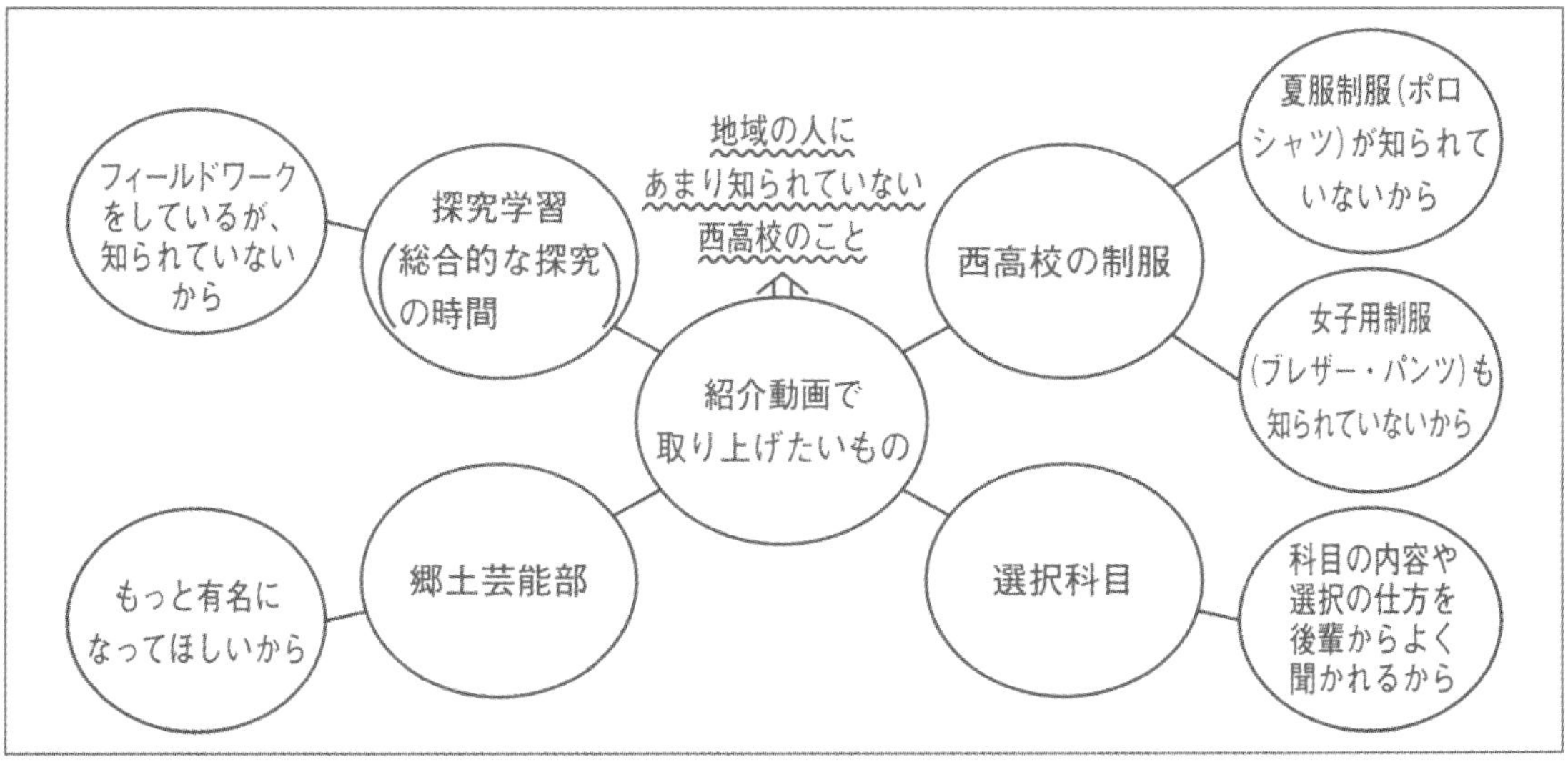
地域の人に
あまり知られていない
西高校のこと
紹介動画で
取り上げたいもの
西高校の制服
夏服制服（ポロシャツ）が知られていないから
女子用制服（ブレザー・パンツ）も知られていないから
選択科目
科目の内容や選択の仕方を後輩からよく聞かれるから
探究学習（総合的な探究の時間）
フィールドワークをしているが、知られていないから
郷土芸能部
もっと有名になってほしいから

問1　傍線部A～Fの発言のうち、「相手の考えを具体的に確認している発言」はどれか。次の①～⑤のうちから一つ選べ。解答番号は 8 。

① AとB
② AとC
③ BとC
④ DとE
⑤ DとF

問2　この話合いについて説明したものとして最も適当なものを、次の①～⑤のうちから一つ選べ。解答番号は 9 。

① 各自の意見からその根底にある共通点を見つけ出したことで新たなアイデアにたどり着き、合意が形成された。
② 各自の意見とその長所と短所を明確にしたことで新たなアイデアにたどり着き、大筋については合意が形成された。
③ 各自の意見から共通点と相違点を明確にしたことで新たなアイデアにたどり着き、合意が形成された。
④ 各自があげたアイデアの中から二つを合わせて新たなアイデアとしたことで、合意が形成された。
⑤ 各自があげたアイデアの中から最も支持されたアイデアを全員で練り上げたことで、合意が形成された。

3 北高校の山田さんは文化祭実行委員を務めている。山田さんは、委員会で伝達された内容に基づき【メモ】を書いた。さらに、全校生徒参加型企画の制作手順についてクラスの生徒に伝えるため、その【メモ】をもとに【連絡事項A】を作成した。しかし、同じ実行委員の鈴木さんから、このままでは分かりにくいという指摘を受けて、【連絡事項B】を作成した。【メモ】と【連絡事項A】と【連絡事項B】を読んで、問に答えよ。

【メモ】

第3回文化祭実行委員会 6/30　会議室

◎本日の内容：・各企画の進捗状況と今後の予定の確認
・全校生徒参加型企画（モザイク画）の作業依頼
・文化祭統一テーマ「未来への希望」

（巨大なベニヤ板にさまざまな色の折り鶴を大量に貼り付けて作る絵）

1　進捗状況と今後の予定

○各クラス
○部活動
　進行中　企画書 7/10 締切

※企画書が提出された後、調整が入る可能性あり

○全体（実行委員会が企画）

・開会式　閉会式……内容検討中
・全校生徒参加型企画
（前回の実行委員会で今年度は巨大モザイク画に決定）
・原画はテーマに沿ったものを美術部が制作済み
・実行委員会の全体企画係が拡大、モザイク化、色の配置決定済み
・クラスごとに割り当てられた部分を制作する。
・期限は9月15日（できれば3日程度前が目標）。

2　巨大モザイク画　各クラスの作業

○1クラスにつきベニヤ板1枚分
○ベニヤ板に縦 66mm×横 33mm のマス目を引く。
縦置き……縦 30 マス×横 30 マス（計 900 マス）
横置き……縦 15 マス×横 60 マス（計 900 マス）
縦置きか横置きかは指定される。
※クラスは 40 名なので、1人 23 羽折れば OK。
○実行委員会から配付された折り紙を使って折り鶴を作る。
○クラス全員で折り鶴を作り、設計図に指定された色の配置どおりに接着剤で貼り付け。
○鶴の頭は折って右向きに貼る。引いたマス目より折り鶴の方が大きいので、はみ出した部分を重ねながら貼る。
○完成したら生徒会倉庫へ。

＊　クラスへ作業内容を伝えること！！

【連絡事項A】

第3回文化祭実行委員会で、以下の内容が決定しました。

○文化祭統一テーマ　「未来への希望」

・原画は美術部が制作済み。実行委員が拡大してモザイク化しました。
・各クラスに担当箇所が割り振られているため、期日までに完成させておくこと。
・締め切りは9月15日。（できれば提出期日ぎりぎりよりも3日前が望ましいです。）
・配付された折り紙を折って、ベニヤ板に貼り付けします。
　※鶴はなくさないようにすること。少し多めに折っておくとよいかもしれません。
・鶴の頭は右向きで、はみ出さないように重ねながら貼るようにしてください。
・接着剤は実行委員が持っています。

クラスの皆さんの協力が必要です。ぜひ頑張って、素晴らしいモザイク画を完成させましょう！何か分からないことがあれば、いつでも実行委員に声をかけてください。

文化祭実行委員　山田

【連絡事項B】

全校生徒参加型企画について

Q：今年の全校生徒参加型企画は何をするの？
A：巨大モザイク画を作る。

Q：どんな絵ができあがるの？
A：今年度の文化祭のテーマ「未来への希望」を表現した絵。
　全体像は完成してからのお楽しみ！

Q：一人一人はどんな作業をするの？
A：折り鶴を折ってベニヤ板に貼り付ける。

Q：一人何羽折るの？
A：一人23羽。

Q：折った後はどうするの？
A：ベニヤ板にマス目を引いて、そこに色を書き込んだものが用意されている。
　指定された色の鶴を接着剤で貼り付ける。
　※鶴の頭は折って右向き。接着剤は実行委員が持っている。

Q：いつまでに完成させるの？
A：9月12日の完成が目標！

皆さんの御協力をお願いします。

文化祭実行委員　山田

問　**【連絡事項A】**と**【連絡事項B】**を比べると、**【連絡事項B】**ではどのようなことを工夫して作成したと考えられるか。最も適当なものを、次の①～⑤のうちから一つ選べ。解答番号は 10 。

① 読み手の連絡事項への理解が深まるように、事実と意見を区別して論理的な構成で作成した。
② 読み手の文化祭企画への意欲を喚起するために、書き手の主観的な意見を情報の根拠として作成した。
③ 読み手が作業全体の概要をはっきりと把握できるように、細かい部分から全体へと項目を立てて作成した。
④ 読み手が作業の内容を具体的に理解できるように、伝える内容を精選して整理し形式を変えて作成した。
⑤ 読み手への敬意を示すために、文章全体を通して敬体で記述して丁寧な表現を心がけて作成した。

4 次の文章を読んで、問1～問6に答えよ。

スポーツ用品を販売する会社に勤める素子《もとこ》は、日々の子育てや食事作りに消耗し、同い年の子供を持つ友人の珠理《じゅり》を「遠くへ行きませんか」と誘った。素子は旅先の温泉で珠理と会話するうちに、若くして亡くなった母のことを思い返す。三十代の初めに病気になり、十年闘病した母は、素子にとって一緒にいてあまり居心地よさを感じる相手ではなかった。

ランチは、すっかり秋の風情だった。茗荷《みょうが》や生姜《しょうが》、紫蘇《しそ》におろしにんにくなど、薬味をたっぷり添えた鰹《かつお》のたたき。海老、帆立、舞茸《まいたけ》、ししとうの天ぷら。きのこと鮭《さけ》の茶碗蒸《ちゃわんむ》し。食用菊ときゅうりの酢の物。茄子《なす》のお新香。栗《くり》のポタージュスープ。デザートには、水ようかん。茶碗蒸しとポタージュスープかな、ととっさに頭が動き、いや今日は子供に食べさせなくていいんだ、と数秒遅れて混乱する。欲しがられた場合に備えて刺身を残しておく必要も、熱くて食べられないと言われる前に茶碗蒸しを崩して息を吹きかけておく必要も、ない。

冷たい梅酒で乾杯し、そっと料理へ箸をつけた。

ざくざくと奥歯で砕ける薬味の涼気が、ししとうのほのかな辛さが、食用菊の酸味と歯触りが、突風のように口の中で吹き荒れた。

うっわおいし、と思わず呟《つぶや》く。卓の向かいに座る珠理は「秋だねえ、素晴らしいねえ」と噛《か》みしめるように言った。

「家族の味の好みとか、栄養とか、生野菜を食べる練習をさせなきゃとか、そういうことばかりジグソーパズルみたいに考えてたら、自分がなにを食べたいかぜんぜん分からなくなってた」

青味の深い茄子のお新香を口に放り込んで言う。茶碗蒸しをひと匙《さじ》、慎重にすすり、珠理は何度も頷《うなず》いた。

「家庭の食卓って、忖度《そんたく》の積み重ねでできてるよね。自分がこれを食べたい、以外の理由で組み立てた料理を毎日作り続けるって、考えてみると結構クレイジーだよ。しかもそうして作った料理を、家族が喜ぶかっていうと微妙なわけだし」

「ああ、確かに子供の頃、そんなには食事を楽しみにしてなかったな……」

よほどの空腹時はともかく、遊んでいるときや漫画を読んでいる最中に「ごはんよー」と呼ばれ、嬉《うれ》しさよりも先にA面倒くささがふわっとよぎった覚えは幾度となくある。料理を作る側からすれば腹の立つ話だが、作られる方は作られる方で、まったく違うことを感じて生きていた。

子供の頃を思い出しながら、薄いクリーム色のポタージュスープを舌に広げる。なめらかで、濃厚で、甘さに奥行きがある。

「実は私、母親の料理をほとんど覚えてないんだ。子供の頃は焼きそばとかグラタンとか好きだったから、そういうのは作ってくれてたと思うんだけど……唯一覚えてるのが、ある日、味噌汁《みそしる》にズッキーニが入ってて、それで、お母さんズッキーニはないよーって文句を言った。はっきり覚えてるのは、それだけ」

「えー、なんでいきなりズッキーニ」

「体調が悪くて買い物に行けなかったとか、そんな理由じゃないかな。そう思ったのは亡くなった後だけど」

今なら夏野菜を入れたおしゃれな味噌汁もいろいろあるが、あの頃はまだ葱《ねぎ》とか豆腐とかわかめとか、王道的な味噌汁ばかりだったから、なおさらインパクトが強かったのだろう。

「だから母親の好きな食べ物とか、知らないんだ。体調が悪いなら出前でもとればいいのに、残り物のズッキーニで無茶な味噌汁を作っちゃうくらい、こう……形を守るっていうか、母親らしいふるまいを崩そうとしない人だったから。普段の食卓も、栄養とか、月の食費とか、私や父親の好みとか、そんな忖度ばかりだったと思うんだよね。あの人がはしゃいでなにかを食べていたって記憶が、全然ないもん」

「んー……そういえば私も母親の好物、知らないな。ちゃんと考えたことなかった」

梅酒を飲み終えた珠理は、瓶ビールをグラスに注いでぐいぐい飲んだ。唇の上に残った泡をおしぼりで拭いて、続ける。

「きっとそういうものなんだよね。元気で、ちょくちょく顔を合わせてるうちは改めて聞くのも照れくさいし、そもそも知ろうと思わない。でもそうして過ごすうちに、一緒にいる時間は終わるんだ」

珠理の飲みっぷりにつられ、私も小さなグラスにビールを注いだ。グラスの半分くらいまで、一息に喉を鳴らして飲む。

「それ、うちの子育てにも言えることだよね。ホットケーキとか、ラーメンとか、オムライスとか、息子の好物はいくらでも知ってる。夫の好物も。でも、私の好物をきっと二人は知らない」

そもそも二人が知る知らない以前の話として、自分でも食べたいものが分からなくなるのだから、真面目に妻や母親をやり過ぎるのも考えものだ。

私の母親も、自分の好物なんて忘れていたのではないだろうか。

いくらか酔いが回ったらしく、珠理は眠たげな目をとろりと細めて微笑んだ。

「素子は、今でもちょっと寂しい?」

「うーん」

「親として接してもらうより、もっとお母さん自身のことを覚えておきたかった?」

B「……でも、そんなことを考えるのは、私が大人になったからだよ。子供の頃はもっと、毎日食卓に出てくる料理を、食べるのに見てない、みたいな、とろーんとした無感覚の中にいた。親への興味なんて、なかったんだから、仕方ない」

どうしようもないことを言っている、と分かっている。匙の上でぽったりと盛り上がった栗のポタージュスープを口へ運ぶ。執着しているのに、他人として認識できない。無感覚の海は、きっとこんな甘くなめらかな味わいだったに違いない。

「その無感覚にいるのが子供だよー。素子のお母さんは、むしろ素子が子供でいられる時間を守りたかったんじゃないかね。悩み事があると色々考え始めるから、そういう子はクラスでもすぐに分かるよ。あ、なんか大人になってきてるなって。まあそれだって、いろんな人生があるってこーとーだーけーどー……」

しゃべりながら珠理はのそのそと畳を這《は》って、和室の隅に置いてあったハンドバッグに手を伸ばした。財布から、半分に折られた薄ピンク色の短冊っぽいものを取り出す。

「あった。あげる」

「なにこれ？」

「先月の誕生日に上の子がくれたんだ」

折り紙を半分に切ったようなその紙には黒くにじんだ鉛筆書きで、なんでもねがいがかなうけん、と書かれていた。大きさも向きも不揃《ふぞろ》いな、子供らしい字だ。

「これを出されたらすぐにお片づけをするとか、お手伝いをするとか、そういうニュアンスで作ってくれたんだと思うけど、すごくない？　なんでも願いが叶《かな》うんだよ？」

「てか、こんなに大事なもの、もらえないよ」

「いいのいいの。まだ家に三枚あるから、とっておいて。その、とろーんとした無感覚の中にいる人にしか作れない、魔法の券だよ。いいことあるかも」

ありがとう、と礼を述べて、しげしげと手にした券を見つめる。

なんでもねがいがかなうけん。

頭の中で復唱すると、瞼《まぶた》の裏に白い海が広がった。C生温かい、無感覚の海。

食事の間に、私たちは梅酒の他、ビールの中瓶と日本酒二合を空にした。いい気分で、和室の利用時間が終わるまで、三十分ほど横になってくつろぐ。

「あ、そうだ。忘れないうちに」

私はトートバッグをたぐり寄せ、珠理に頼まれていたホイッスルのサンプルをテーブルに乗せた。保育園で使っているものが壊れたとかで、最近の売れ筋商品が見たいと頼まれていたのだ。

金属のもの、プラスチックのもの、中に玉が入っているオーソドックスなもの、細長いもの、カラフルなもの、シンプルなもの。五つほどおすすめを並べると、珠理は和室の窓を開け、目の前の山へ向かって一つずつ、ピー、ピー、と吹き鳴らした。

柔らかい笛の音は山の稜線《りょうせん》をひらりと撫《な》で、遠く遠くへと伸びていった。

特急列車が停車する駅から山裾の温泉施設までは、三十分に一本の間隔でバスが出ている。徒歩でも十五分くらいなので、私たちは来るときは散歩がてら歩いてきた。帰りは、お酒も入っているのでバスを使おうと相談していた。

施設の目の前のロータリーが、まるでポタージュスープを張ったような白い海になっているのを見るまでは。

慌ただしく行き交う施設の職員によると、温泉のお湯が漏れたらしい。ただ、付近一帯がこうなっているため、漏水元が分からない。そもそもここはそれほど湧出量の多い温泉ではないのに、としきりに不思議がっていた。

バスは動かせない、と職員は申し訳なさそうに肩をすくめ、私たちにビーチサンダルとハンドタオルとビニール袋を貸してくれた。靴と靴下は袋に入れて持ち運び、サンダルとタオルは駅に設置した段ボール箱に入れてください、とのことだった。駅は少し高い位置にあるので電車は動いているし、危ない場所には職員が立っているので大丈夫です、どうかお気をつけて。そんな声に見送られ、ビーチサンダルに履き替えた私たちは、それぞれがスカートをたくし上げ、ズボンの裾を折って、膝には届かない深さの海へ踏み出した。

「こんなことがあるんだね」

「足湯の中を歩いてるみたいで気持ちいーい」

まだ酒が残っているのだろう珠理は鼻歌交じりで進んでいく。

施設の周りは人がたくさんいたけれど、市街地に入ると途端に人の気配がなくなった。危ない場所に立っているという職員の姿もない。空き地なのか、畑なのか、駐車場なのか判然としない、のっぺりとした白い浅瀬があちらこちらに広がっている。

「みんないないね」

「漏水元が分からないって言ってたから、探してるのかな」

少し心細くなって見回せど、空き家らしき家も多く、商店はすべてシャッターを下ろしている。私たちの他に、通行人の姿はない。

そんな風に景色が一変していたものだから、どこかで道を間違えたらしい。

目印にしていたガソリンスタンドの看板が見つからず、私たちは駅の方角を見失った。

「困ったねー」

「一度、施設まで戻ろうか」

「ちょっと待って、地図アプリを見てみる」

長いスカートを大胆にたくし上げ、裾を結んでミニスカートにした珠理は、スマホを確認して顔をしかめた。

「圏外になってる」

「通信障害？」

「かなあ。あと、山間部だから、もともと電波が届きにくいのかも」

「うーん」

本格的に行き詰まってしまった。なにか役に立つものはないかと、自分のトートバッグを確認する。

「こういうときこそホイッスルじゃないですか」

「なるほど」

珠理には先ほど彼女が気に入っていた丸みのあるレモンイエローのホイッスルを渡し、自分は開発に携わったシルバーの細長いホイッスルを口にくわえた。

二人で歩きながら、ピー、ピー、と吹き鳴らす。人の話し声も、電車の音も、生活音と呼べるようなものはまるで聞こえない。ぬるま湯に浸った町へ、澄んだ笛の音が響き渡る。

ピー、ピー、ピー、ピー。

なんだか自分が助けを求める雛鳥《ひなどり》にでもなった気分だ。

「あ、なんか聞こえる」

ぴーゆ、と私たちの音色よりも幾分弱い、だけど確かに意思を感じる音色が町のどこかから返ってきた。時々聞こえるそれを頼りに、辻《つじ》を曲がり、路地を抜ける。ぴーゆ、ぴい、ぴい。柔らかみのある口笛は、年季の入ったクリーニング店の二階から聞こえた。店舗にあたる一階のシャッターは閉まっていて、二階のベランダに、紺のTシャツに花柄のステテコパンツを合わせた初老の女性が立っていた。私たちを見つけ、手を揺らす。

「なにか困ってるのー？」

「すみません！　駅に行こうとして、迷っちゃって」

「駅はこっちじゃないよー。お湯が引いた後に行った方がいいよ。横の階段から上がっておいでー」

女性はそう言って、建物の側面に設置された外階段を指さした。遭難者が島に辿《たど》り着いたような気分で、私たちは彼女の家に上がった。

二階は、ものの少ない整頓された部屋だった。八畳の和室に箪笥《たんす》とテレビ、ちゃぶ台が置かれ、部屋の隅には布団が畳んである。きっと女性は、この一部屋だけで生活しているのだろう。

「ズボンとスカート、濡《ぬ》れて気持ち悪いでしょう。洗濯しておくよ」

風呂場を借りて足を洗うと、女性は私と珠理にゆるめのハーフパンツを貸してくれた。ありがとうございます、と礼を言ってそれに着替え、和室の適当な位置に腰を下ろす。ふいに、強い眠気が押し寄せた。酒が入った状態で、ぬくい足湯をうろうろと歩き回っていたのだ。緊張の糸が切れた途端、意識が途切れそうになる。

「いいよ、疲れたなら寝ちゃってもいいよ。お湯が引いたら起こすからね」

女性の声は、いたわることに慣れていた。すみません、ほんとすみません、と口の中で呟いて壁に背を預け、姿勢を崩させてもらう。食事の途中だったらしく、ちゃぶ台には料理が残っていた。卵かけごはん。ミニトマト、人参《にんじん》、大根、胡瓜《きゅうり》など彩り豊かなピクルス。鮭の中骨が入った水煮缶を、ぱっかんと開けたもの。

眺めているうちに、尾てい骨の辺りがそわりと浮き立った。この人はきっと、自分が好きでないものは、もう一口も食べていないに違いない。そんな潔さと喜びのにじむ、清らかな食卓だった。

箸の先が器に触れるかすかな音を立てながら、女性は食事を進めていく。表情は淡く、ともすれば気だるそうに見えるぐらいだが、目がほのかに光っている。

「時々あるんだよ、こういう日が。心配しなくても、待っていればちゃんと帰れるからね」

「はい」

この人は母ではないと分かっている。だけど母が、家族向けの食卓とは別の場所で、[D]こんな風に光る顔でなにかを食べていた瞬間が、あったような。それを不思議な気分で眺めた数秒が、あったような。

女性が胡瓜のピクルスを口へ運ぶ。しゃり、とみずみずしい音が立つ。

「あ」

夜遅くに、台所で、母が林檎《りんご》を食べていた。赤い皮を残したまま、一口サイズに切り分けた林檎を、小鉢に盛って、爪楊枝《つまようじ》で刺して。トイレかなにかで通りがかった私が、あれえ、と言うと、母はまだほとんど中身の残った小鉢を私に渡し、ぜんぶ食べていいよと言った。

E どうしてもらってしまったんだろう。一緒に食べればよかった。

箸を置いた女性が、麦茶に口をつけながらこちらを向いた。

「あなたたち、指笛じょうずだねえ。窓を閉めてたのに、すごーく綺麗《きれい》に聞こえたよ」

「……あ、あれ、指笛じゃないんです、えっと」

重い頭を振って、トートバッグに手を伸ばす。今にも背後に墜落しそうなくらい、眠い。気がつくと、珠理はとっくに畳にうつぶせに丸まって寝息を立てている。感覚の鈍った腕を動かし、珠理に一つ渡したので四つに減ったホイッスルのサンプルを畳に並べた。

「よければ、助けてもらったお礼に、好きなのを選んでください」

「いいの?」

女性は数秒指を迷わせ、シルバーの細長いホイッスルを手に取った。

ああそれ、私のおすすめです。笑って口を動かす間に、瞼が落ちた。ビロードのような光をまとった暗闇へ、吸い込まれる。

（彩瀬まる『ポタージュスープの海を越えて』による。）

問1　傍線部A　面倒くささがふわっとよぎった　とあるが、その時の心情についての説明として最も適当なものを、次の①～⑤のうちから一つ選べ。解答番号は　11　。

① 子供は何よりも食事を楽しみにしているが、親の対応によっては食事の席に着こうとする意識が薄れて、不機嫌になってしまうということ。
② 子供は自分の世界を持っており、親が愛情を持って接しても自分の世界を壊されることを恐れて、食事を拒絶することがあったということ。
③ 子供にとって自分の世界に没頭しているときなどは、食事を楽しみにするよりも、自分の欲求を優先させたくなる瞬間があったということ。
④ 子供は基本的な生活習慣が身についていないため、食事の前に手を洗ったり、席に着いたりということすら面倒に思ってしまうということ。
⑤ 子供は欲求に素直で、機嫌がいいときは楽しく食事をするが、機嫌が悪いときはふてくされて食事の席に着くことさえできないということ。

問2　傍線部B　そんなことを考えるのは、私が大人になったからだよ　とあるが、この説明として最も適当なものを、次の①～⑤のうちから一つ選べ。解答番号は　12　。

① 幼い頃は他人の気持ちなどに配慮しないために母親でさえ傷付けてしまうが、母親にならなければその痛みに気づかないということ。
② 母親が作ってくれた手の込んだ料理に愛情が込められていたことは、自分が家族のために料理を作るまでは実感できないということ。
③ 幼い頃は無条件に守られているため、母親を自分とは違う一人の人間として実感できず、成長しないと母親を対象化できないということ。
④ 幼い頃は自分中心に物事を捉えることが多いので孤立してしまいがちだが、そういうことは大人にならないと気づかないということ。
⑤ 幼い頃に興味や関心の方向性が決まってしまうと世界が狭くなるということは、実際に子供を育てなければ理解できないということ。

問3　傍線部C　生温かい、無感覚の海。とあるが、それが象徴するものとして最も適当なものを、次の①～⑤のうちから一つ選べ。解答番号は 13 。

① 母親との間に壁があり自分のことしか認識できないまま、孤独に追いやられている期間。
② 母親の思いや心の痛みを気に留めることもなく、母親の愛情によって守られている期間。
③ 母親を排除することで自分の世界を守ろうとする、幼い頃特有の欲求が働いている期間。
④ 母親からの過度の期待に応えようとするあまり、明確な自我を持つことができない期間。
⑤ 母親と意識を共有することで大人の気持ちに気付き、周囲の温かい支えを理解する期間。

問4　傍線部D　こんな風に光る顔　とあるが、「光る顔」の説明として最も適当なものを、次の①～⑤のうちから一つ選べ。解答番号は 14 。

① 表情は淡く、気だるい様子でありながら、家族の食卓という緊張から解放され安心した顔。
② 家族と共に食卓を囲んでいるが、自分の好きでないものは食べないという決意に満ちた顔。
③ 家族とは異なる自分のためだけに特別に用意された豪華な食事を前にした、満ち足りた顔。
④ 他の誰かへのいたわりの気持ちから自分の食事を中断するような、正義感に満ちている顔。
⑤ 家族に忖度しない自分だけの食卓を目の前にしたときの、自由で潔く喜びが感じられる顔。

問5　傍線部E　どうしてもらってしまったんだろう。とあるが、そのように思った理由について説明した文章として最も適当なものを、次の①～⑤のうちから一つ選べ。解答番号は 15 。

① 母が自分の時間を楽しもうとしていたにも関わらず、子供だった自分が林檎をもらってしまうことで母親の役割に引き戻してしまったことに今更ながら気付いたから。

② 母が林檎をくれると言ったことを真に受けてしまったが、実は自分と一緒に林檎を食べたかったのではないかという発想になれなかったことで自責の念に駆られたから。

③ 母の役割から解放されて自分の時間を過ごしているときに、自分がわがままを言わなければ、子供の存在がより愛おしいものになることに今更ながら気付いたから。

④ 母は家族と共に過ごす時間を何より大切にしていたことを思い出し、一人で食卓を囲んでいた時に、本当は誰かと一緒に食事をしたかったのかもしれないと考えたから。

⑤ 母が家族に内緒で一人の時間にこっそり林檎を食べていたのに、自分が無邪気にねだってしまったことで、母に恥ずかしい思いをさせたことに今更ながら気付いたから。

問6　この文章の表現と内容について説明したものとして最も適当なものを、次の①～⑤のうちから一つ選べ。解答番号は 16 。

① 何気ない日常会話を中心とした展開とともに、「ポタージュスープ」の持つイメージが物語全体の時間の流れをゆったりと感じさせ、一方では食品の素材名を羅列したり、短い回想をさしはさんだりするなどして、母親や主人公の内向的な性格を象徴的に描いている。

② 物語が展開する場面ごとに「ホイッスル」や「口笛」の音、「ピクルス」を食べる時の音などを効果的に挿入することで、温かい雰囲気の中にも物語全体に緊張感を与えつつ、子供の頃から抱いていた母への思いから脱却し、大人になる厳しさを印象的に表している。

③ 「温泉」や「ビロード」の色など「ポタージュスープ」を想起させるなめらかでつやのあるような描写を後半にのみ多用することで、前半から後半にかけて徐々に登場人物たちの感情の起伏が色鮮やかさを増し、未来への希望に満ちあふれている様子を表現している。

④ 物語は主人公の母への追憶が中心であり、劇的な展開はあまり見られないが、「ポタージュスープ」の「ぽったり」「なめらか」という表現が、子供時代の「無感覚の海」などという表現と重ね合わされ、文章全体を統一するイメージとして効果的に機能している。

⑤ 「なんでもねがいがかなうけん」「とろーん」など、平仮名を多用することで、子供のかわいらしさを強く印象づけるとともに、とろみのある「ポタージュスープ」の濃厚なイメージを想起させることで、幼い子供が抱く母への興味や関心の強さを印象付けている。

5 中川さんのクラスでは、国語総合の授業でⅠとⅡの文章を読み比べた。これらを読んで、問1～問5に答えよ。

Ⅰ

唐の太宗(注1)、即位の後、古殿に栖《す》み給《たま》へり。破損せる間、湿気上り、風露冷《すさま》じうして、玉体(注2)侵されつべし。群臣造作《ざうさく》(注3)すべき由を奏しければ、太宗の云《い》はく、「時、農節(注4)なり。民、定めて愁《うれへ》あるべし。A秋を待ちて造るべし。湿気に侵されば、地に受けられず、風雨に侵されば、天に合《かな》はざるなり。天地に背《そむ》かば、身あるべからず。民を煩《わづら》はさずんば、自《おのづか》ら、天地に合ふべし。B天地に合はば、身を侵すべからず。」と云ひて、終《つひ》に宮を作らず、古殿に栖み給へり。

俗、なほ、かくの如《ごと》く、民を思ふこと、自身に超えたり。況《いは》んや、仏子《ぶっし》、如来《にょらい》の家風を受けて、一切衆生《いっさいしゅじゃう》(注5)を一子の如くに憐《あはれ》むべし。我に属する侍《じ》者《しゃ》・所従《しょじゅう》(注6)なればとて、呵責《かしゃく》し、煩はすべからず。いかに況んや、同学の耆年《きねん》(注7)・宿老《しゅくらう》(注8)等を恭敬《くぎゃう》すること、如来の如くすべしと、戒文分明《かいもんふんみゃう》(注9)なり。然《しか》れば、今の学人《がくにん》(注10)も、人には色に出でて知られずとも、心の内に、上下、親疎を分《わか》たず、人のために善《よ》からんと思ふべきなり。大小事につけて、人を煩はして、心(注11)を破ること、あるべからざるなり。

（『正法眼蔵随聞記』による。）

（注1）太宗 —— 人名。唐の天子。
（注2）玉体 —— 天子の身体。
（注3）造作 —— 家を建てる。建築する。
（注4）農節 —— 農事に忙しい時期。
（注5）一切衆生 —— 全ての生き物。
（注6）所従 —— 従者。家来。
（注7）耆年・宿老 —— 年功を積んだ人や、長い間修行を積んだ老僧。
（注8）恭敬 —— 謹んで尊敬すること。
（注9）戒文 —— 戒律の条文。
（注10）学人 —— 修行者。
（注11）心を破る —— 心を傷つける。

Ⅱ

楚(注12)人ニ有リ担《になフ》山(注13)鶏《さんけい》ヲ者。路(注14)人《ろじん》問ヒテ曰《いはク》ハク、「何ノ鳥ゾ也《や》ト。」担フ者欺キテ之ヲ曰ハク、「鳳凰《ほうわう》也《なり》ト。」路人曰ハク、「我聞クコト有ルヲ鳳凰久シ矣。今真ニ見ルヲ之ヲ。ａ 汝売ル之ヲ乎《か》ト。ｂ」曰ハク、「然《しか》リト。」乃《すなは》チ酬《むく》ユルモ(注15)千金ヲ、弗《ず》与ヘ。請《こ》フニ加ヘンコトヲ倍ヲ、乃チ与フ之ヲ。ｃ 方《まさ》ニ将《まさ》ニ献ゼント楚王ニ、経テ(注16)宿ヲ而鳥死ス。路人不シテ遑《いとま》アラ惜シムニ其ノ金ヲ、惟《た》ダ恨ム不ルコトヲ得テ以テ献ズルヲ耳《のみ》。国(注17)人伝ヘ之ヲ、ｄ 咸《みな》以為《おも》ヘラク真ノ鳳ニシテ而貴《たふと》ケレバ、宜《むべ》ナリ欲スルハト献ゼント之ヲ。Ｄ 遂《つひ》ニ聞《きこ》ユ於楚王ニ。王感ジ其ノ欲スルニ献ゼント己ニ也、召シテ而厚ク賜《たま》フ之ニ。ｅ 過グルコト買フ鳳ヲ之直《あたひ》(注18)ニ十倍セリ矣。

（『笑林』による。）

（注12）楚 ―― 地名。
（注13）山鶏 ―― きじに似た鳥。
（注14）路人 ―― 路傍の人。
（注15）酬 ―― 報酬として支払う。
（注16）経宿 ―― 一晩経過して。
（注17）国人 ―― 楚の国の人々。
（注18）直 ―― 値段。

問1　傍線部A　秋を待ちて造るべし。とあるが、太宗がこのように言ったのはなぜか。その理由として最も適当なものを、次の①～⑤のうちから一つ選べ。解答番号は 17 。

① 秋までに宮殿を作る場所を、国民と時間をかけて検討できそうだから。
② 秋までには太宗の体力が快復し、宮殿作りの指示を的確に出せそうだから。
③ 秋になれば涼しくなり、宮殿を作る国民の健康への負担が減らせそうだから。
④ 秋になれば農作業で多忙な時期が過ぎ、心配なく宮殿作りができそうだから。
⑤ 秋は風雨が厳しくなく、計画どおりに宮殿作りを進められそうだから。

問2　傍線部B　天地に合はば、身を侵すべからず。とあるが、その内容の説明として最も適当なものを、次の①～⑤のうちから一つ選べ。解答番号は 18 。

① 天や地の意志に沿うとしたら、国民の不満はなくなることはないということ。
② 天や地の意志に沿わなくなったから、湿気や風雨がひどくなったということ。
③ 天や地の意志に沿うならば、太宗の健康が害されるはずがないということ。
④ 天や地の意志に沿わないので、太宗の健康は改善しようがないということ。
⑤ 天や地の意志に沿おうとするならば、太宗が国民と努力すべきだということ。

問3　傍線部C　之　とあるが、これと同じ内容を示すものとして最も適当なものを、次の①～⑤のうちから一つ選べ。解答番号は 19 。

① 今　真　見　之。（二重傍線部a）
② 汝　売　之　乎。（二重傍線部b）
③ 乃　与　之。（二重傍線部c）
④ 国　人　伝　之、（二重傍線部d）
⑤ 召　而　厚　賜　之。（二重傍線部e）

問4　傍線部D　宜　欲　献　之　とあるが、これは「この鳥を献上しようとしたのはもっともだ」という意味である。「国人」がこのように考えたのはなぜか。その理由として最も適当なものを、次の①～⑤のうちから一つ選べ。解答番号は 20 。

① 支払った代金を気にする余裕もなく、王に献上することもできなかった「路人」を見て、本物の鳳凰は貴重なのだと思ったから。
② 支払った代金を気にもせず、王に献上できなかったことだけを悔やんだ「路人」を見て、鳳凰は本物だったと思ったから。
③ 支払った代金を気にしないで、王に献上することを惜しまなかった「路人」を見て、鳳凰の魅力が尊いものだと思ったから。
④ 支払った代金を気にしてばかりで、王に献上することを惜しんだ「路人」を見て、鳳凰は全くの偽物だったと思ったから。
⑤ 支払った代金を気にすることもなく、王に献上した「路人」を見て、本物の鳳凰はそれほど珍しいものなのだと思ったから。

問5　中川さんは、ⅠとⅡの文章を読み比べた後、八木先生と内容について話をした。次の【先生とのやりとりの一部】の空欄 X ・ Y に入るものとして最も適当なものを、後の各群の①～⑤のうちからそれぞれ一つ選べ。解答番号は 21 ・ 22 。

【先生とのやりとりの一部】

八木先生「ⅠとⅡの二つの文章を読んで、気がついたことはありますか。」
中川さん「はい。どちらもリーダーが国民のことを考えた行動をとっている部分がありました。」
八木先生「では、二人のリーダーは、それぞれどのように行動していましたか。」
中川さん「はい。 X 。」
八木先生「その通りです。では、Ⅰにはほかに、どのようなことが書かれていましたか。」
中川さん「後半部分に、仏道修行者の心構えとして Y ということが書かれていました。」
八木先生「そうですね。」

X 21

① Ⅰでは国民の生活に配慮していましたが、Ⅱでは国民の忠誠心に報いていました
② Ⅰでは自身の健康を優先していましたが、Ⅱでは国民の財産を大切にしていました
③ Ⅰでは国民への感謝を表現していましたが、Ⅱでは他国への感謝を表現していました
④ Ⅰでは国民の意見に従っていましたが、Ⅱでは自分の信念に沿って決断していました
⑤ Ⅰでは一人の国民を重視していましたが、Ⅱでは国民全体に注目していました

Y 22

① 老人や年長者に対しては、どのように接するべきか十分に考える
② 社会的立場に応じて、適切に相手への接し方を変える必要がある
③ 身分が低く幼い者には、特に思いやりをもって接する必要がある
④ 年齢や身分、親しさに関係なく、相手にとって良いことを考える
⑤ 仏道修行中であっても、国のリーダーに対して配慮する必要がある

令和３年度　第２回

解答・解説

【重要度の表記】

Ａ：重要度が高く確実に正答したい設問。しっかり復習する必要のある問題です。

Ｂ：重要度はＡレベルよりすこし下で、やや難易度が高い設問または内容を読み取る設問。高得点を狙う人は復習しましょう！

Ｃ：重要度が低い、または難解な設問。軽く復習する程度でよいでしょう！

令和３年度　第２回　高卒認定試験

【解　答】

解答番号			正答	配点	解答番号			正答	配点
1	問１	1	①	2	4	問１	11	③	5
		2	④	2		問２	12	③	5
	問２	3	③	2		問３	13	②	5
	問３	4	②	4		問４	14	⑤	5
	問４	5	⑤	4		問５	15	①	5
	問５	6	⑤	4		問６	16	④	5
	問６	7	③	4	5	問１	17	④	5
2	問１	8	②	5		問２	18	③	5
	問２	9	①	5		問３	19	⑤	5
3	問	10	④	8		問４	20	②	5
						問５	21	①	5
							22	④	5

【解　説】

1

問１

（ア）　傍線部の漢字は「きょうじゅ」と読みます。享受とは、「与えられたものを受け取ること。またそれを味わい楽しむこと」という意味です。したがって、正解は①となります。その他の選択肢を漢字で表すと、②は「聖衆」など、③は「純儒」など、④は「近習」など、⑤は「口授」などとなります。

解答番号【1】・1　⇒　**重要度A**

（イ）　傍線部は「こんい」と読みます。懇意とは、「仲の良いことや親切な心」という意味です。したがって、正解は④となります。その他の選択肢を漢字で表すと、①は「鋭意」など、②は「経緯」など、③は「行為」など、⑤は「誠意」などとなります。

解答番号【2】・4　⇒　**重要度A**

問２　カクトクとは「獲得」と書き、「努力をして手に入れること。自分のものとすること」という意味です。これより、傍線部の漢字は「獲」となります。選択肢の漢字はそれぞれ、①「格」調、②才「覚」、③捕「獲」、④「画」策、⑤互「角」となります。これらのうち、傍線部の「獲」という漢字を含む選択肢は③となります。

したがって、正解は③となります。

解答番号【3】・3　⇒　**重要度A**

問３　問題文に示されている「技量を示したくてじっとしていられない」という意味を表す慣用句は「腕が鳴る」です。

したがって、正解は②となります。

解答番号【4】・2　⇒　**重要度A**

問4　傍線部の「しのぎを削る」とは、「激しく争う」という意味です。互いに刀のしのぎを削り合うほどに激しく切り合うことから転じたことばです。したがって、正解は⑤となります。

解答番号【5】・5　⇒　**重要度A**

問5　「純文学」という三字熟語は、「純」という字が「文学」という熟語を修飾する構成となっています。助詞を入れてわかりやすくすると「純な文学」となります。これと同じように「上の一字が下の二字熟語を修飾している」という構成になっている三字熟語を選択肢から選びます。

①「千里眼」は、上の「千里」という二字熟語が下の「眼」という一字を修飾していることから誤りです。助詞を補うと「千里の眼」となります。②「批判的」は、上の「批判」という二字熟語が下の「的」という一字を修飾していることから誤りです。③「雪月花」は、「雪」と「月」と「花」という三字が並列に並べられていることから誤りです。④「血液型」は、上の「血液」という二字熟語が下の「型」という一字を修飾していることから誤りです。助詞を補うと「血液の型」となります。⑤「高気圧」は、上の「高」という一字が下の「気圧」という二字熟語を修飾しているので正しいです。送り仮名を補うと「高い気圧」となります。

したがって、正解は⑤となります。

解答番号【6】・5　⇒　**重要度B**

問6　アの注目とは、「意識して目を向けること」という意味です。イの目録とは、「内容について箇条書きで記したもの」という意味です。ウの品目とは、「品物の種類や目録」という意味です。エの目先とは、「すぐ目の前や目の前にある出来事」という意味です。オの項目とは、「辞典や事典などの見出し語」という意味です。

したがって、正解は③となります。

解答番号【7】・3　⇒　**重要度B**

2

問1　傍線部Aについて、前文の笹倉さんの「西高校の制服」を取り上げたいという発言を受けて、鯉沼さんは「去年から新しく夏服に加わった校章入りのポロシャツ」という具体例を挙げて笹倉さんの発言の意図を確認しています。傍線部Bについて、前文の吉田さんの「選択科目」を取り上げたいという発言を受けて、藤原さんは「探求学習」も取り上げたらいいのではないかと提案しています。【図①】からもわかるように、「探求学習」は「選択科目」とは異なるカテゴリーのもので、「選択科目」の具体例ではありません。傍線部Cについて、前文で藤原さんが探求学習を紹介したい理由に「フィールドワークがとてもおもしろい」ことを挙げていることを受けて、鯉沼さんはフィールドワークの具体的な中身に言及して藤原さんの発言の意図を確認しています。傍線部Dについて、前文の鯉沼さんの「ほかに紹介したいものはある？」という発言を受けて、笹倉さんはほかに話題を探す必要はないのではないかと提案しています。傍線部Eについて、前文の鯉沼さんの「全体としてのまとまりに欠けるような気がしない？」という問い掛けを受けて、川口さんは全体にまとまりを出すための方法を問うています。傍線部Fについて、前文の藤原さんの「四つの話題をつなぐ共通点」があればいいのだがという発言を受けて、吉田さんはその共通点を指摘しています。

したがって、正解は②となります。

解答番号【8】・2 ⇒ **重要度A**

問2　①について、話合いの展開を踏まえた説明となっているので正しいです。②について、「その長所と短所を明確にした」という部分が、本文でも図でもそれぞれの意見の長所と短所についての言及がないことから誤りです。③について、「相違点を明確にした」という部分が、四つの話題の共通点については明確にしましたが、相違点については明らかにしていないことから誤りです。④について、「二つを合わせて新たなアイデアとした」という部分が、二つの意見を合わせたのではなく、各自の意見に潜んでいた共通点を見出したことで新たな着想が得られたことから誤りです。⑤について、「最も支持されたアイデアを全員で練り上げた」という部分が、本文では各自の意見がすべて採用されていることから誤りです。

したがって、正解は①となります。

解答番号【9】・1 ⇒ **重要度A**

3

問

【連絡事項B】は、最初に作成した【連絡事項A】がわかりにくいという指摘を受けて作られたものです。【連絡事項B】のほうがわかりやすくなっていることを前提として、【連絡事項A】と【連絡事項B】の差異に着目しながら選択肢を見ていきます。

①について、「事実と意見を区別して」という部分が、【連絡事項B】についても【メモ】の事実に基づいていて、意見を交えてはいないことから誤りです。②について、「書き手の主観的な意見を情報の根拠として作成」という部分が、【連絡事項B】についても情報の根拠は【メモ】の事実に基づいていることから誤りです。③について、「細かい部分から全体へと項目を立てて作成」という部分が、【連絡事項B】はどちらかといえば全体から細かい部分へという流れで情報が提示されていることからから誤りです。④について、【連絡事項B】は【連絡事項A】にあった一部の些末な情報を削り、また理解しやすいようQ&Aで項目を整理して作成されているので正しいです。⑤について、「文章全体を～心がけて作成」という部分が、文章全体を敬体で統一しているのは【連絡事項B】ではなく【連絡事項A】であることから誤りです。

したがって、正解は④となります。

解答番号【10】・4 ⇒ **重要度A**

4

問1　傍線部Aの前にある「遊んでいる～と呼ばれ」という部分に着目すると、この部分には傍線部Aのような心情になったときの状況あるいは理由が述べられていることがわかります。このことを参考に選択肢を見ていきます。

①について、「子供は何よりも食事を楽しみにしている

が」という部分が、傍線部Aの1行前の「確かに子供～してなかったな」という発言と合致しないことから、また「不機嫌になってしまう」という部分が、本文には子どもの機嫌の良し悪しについての言及がないことから誤りです。②について、「食事を拒絶するということがあった」という部分が、傍線部Aからは拒絶することがあったとまでは読み取れないことから誤りです。③について、傍線部Aの前の「遊んでいる～よりも先に」という部分と傍線部Aの内容と合致するので正しいです。④について、「子供は基本的な生活習慣が身についていないため」という部分が、面倒くささがよぎった理由は生活習慣が身に付いていないことによるのではないことから誤りです。⑤について、「機嫌がいい～ふてくされて」という部分が、本文には子どもの機嫌の良し悪しについての言及がないことから誤りです。

したがって、正解は③となります。

解答番号【11】・3　⇒ **重要度A**

問2　傍線部Bの「そんなこと」という指示語に着目すると、「そんなこと」とはその前文の「親として接して～おきたかった?」という珠理の発言を受けていることがわかります。この発言の内容を別のことばで言い換えれば、親と子という枠組みの中での母親ではなく一個人としての母親をもっと知っておきたかったかということです。このことを参考に選択肢を見ていきます。

①と②について、どちらも先述の内容と合致しないことから誤りです。③について、先述の内容と合致するだけでなく、傍線部Bの後半部「私が大人になったからだよ」という内容を踏まえた説明となっているので正しいです。④と⑤について、いずれも母親ではなく子どもを中心とする説明になっていることから誤りです。

したがって、正解は③となります。

解答番号【12】・3　⇒ **重要度B**

問3　傍線部Cの「無感覚（の海）」ということばは、傍線部Bの次の行に初めて登場し、その行から傍線部Cまでに計5回用いられています。このことばが2回目に使われる、傍線部Bの3行後の「無感覚の海は～に違いない」という部分に着目すると、この「無感覚（の海）」という表現がプラスの意味合いをもつ表現であることがわかります。さらに次の行の珠理の発言に着目すると、その無感覚の中にいるというのは子どもが子どもでいられるように母親が子どもを守っている状態であることが読み取れます。これらのことを参考に選択肢を見ていきます。

①について、先述のとおり、「無感覚（の海）」という表現はプラスの意味合いをもつことから誤りです。②について、先述の内容と合致するので正しいです。③について、「母親を排除する」という部分が、マイナスの意味合いをもつことから誤りです。④について、①と同様に「無感覚（の海）」という表現はプラスの意味合いをもつことから誤りです。⑤について、先述の内容と合致しないことから誤りです。

したがって、正解は②となります。

解答番号【13】・2　⇒ **重要度B**

問4　傍線部Dの「こんな」という指示語に着目すると、「こんな」は傍線部Dの4行前の「表情は淡く～光っている」を受けていることがわかります。さらにその4行前から1

行前にかけての描写から、「こんな風に光る顔」とは、質素ながらも自分の好みのものしかないと思われる、「潔さと喜びのにじむ、清らかな」食卓を前にしての表情であったことが読み取れます。これらのことを参考に選択肢を見ていきます。

①について、「家族の食卓という緊張から解放され安心した」という部分が、本文からこの女性が緊張感をもって家族との食卓を囲んでいたかどうかは読み取れないことから誤りです。②について、「家族と共に食卓を囲んでいるが」という部分が、本文からこの女性は一人で食卓を囲んでいることが読み取れることから誤りです。③について、「特別に用意された豪華な食事を前にした」という部分が、先述のとおり、この女性の食卓は質素であることから誤りです。④について、「他の誰かへの～するような」という部分が、「こんな風に光る顔」というのはこの女性が食事中に見せた表情であることから誤りです。⑤について、先述の内容と合致するので正しいです。

したがって、正解は⑤となります。

解答番号【14】・5 ⇒ **重要度B**

問5　傍線部Eの2行前から1行前にかけての描写に着目すると、傍線部Eの「どうしてもらってしまったんだろう」ということばには、もしこの時に自分が母に声を掛けなければ、あるいは「ぜんぶ食べていいよ」と言われても断っていれば、現在この目の前にいる女性のように一人の食事を楽しんでいたかもしれないのにという思いが込められていることがわかります。また、「母はまだほとんど～いいよと言った」という描写から、素子が声を掛けたことにより、一人の時間を過ごしていた素子の母親が「母」に戻ったことが読み取れます。これらのことを参考に選択肢を見ていきます。

①について、先述の内容と合致するので正しいです。②について、「自責の念に駆られた」という部分が、たしかに傍線部Eのことばから後悔を読み取ることはできますが、自分自身を責めているとまでは読み取れないことから誤りです。③について、「自分がわがままを言わなければ」という部分が、素子は林檎を食べようとしていた母親に対して「あれえ」と言っただけに過ぎないことから誤りです。④について、「母は家族と～を思い出し」という部分が、本文から素子がそのようなことを思い出したとは読み取れないことから誤りです。⑤について、「自分が無邪気にねだってしまったことで」という部分が、③と同様に素子は林檎を食べようとしていた母親に対して「あれえ」と言っただけに過ぎないことから誤りです。

したがって、正解は①となります。

解答番号【15】・1 ⇒ **重要度A**

問6　①について、「何気ない日常会話を中心とした展開」という部分が、本文では素子の母親についての回顧が中心となっていることから、また「主人公の内向的な性格」という部分が、主人公である素子は友人の珠理を誘って温泉旅行に来ていることから誤りです。②について、「物語全体に緊張感を与え」という部分と「大人になる厳しさ」という部分が、本文からはむしろゆったりとした感じや優しさといった印象が全体から読み取れることから誤りです。③について、「未来への希望に満ちあふれている様子を表現」

という部分が、本文からはそのような様子を表現しているとは読み取れないことから誤りです。④について、この文章の中心となっている内容と、文章中に見られる言語表現とその効果を踏まえた説明となっているので正しいです。⑤について、「幼い子供が抱く母への興味や関心の強さを印象付けている」という部分が、傍線部Ａの３行後で「実は私、母親の料理をほとんど覚えてないんだ」と、また傍線部Ｂの次の行で「親への興味なんて、なかったんだから」と素子が述べていることから誤りです。

したがって、正解は④となります。

解答番号【16】・4　⇒ **重要度Ｂ**

5

Ⅰ

（現代語訳）

唐の太宗が即位されたのちに古い御殿にお住まいになられていた。その御殿の中は破損していたために、湿気が立ち上り、風と雨露が激しく入り込むので、太宗のお身体を害していたに違いない。臣下の多くが新しい御殿を建築なさるべきだという旨のことを申し上げるのだが、太宗が言うには「今の時分は農事に忙しい時期である。（この時期に新殿を建造するとなれば）民から間違いなく嘆き訴えられるであろう。秋になるのを待ってから建造するのがよい。湿気に体が蝕まれるとすれば、それは地に受け入れられていないからで、雨風に体が蝕まれるとすれば、それは天の心に沿わないからである。天と地に認められないのであれば、この身が無事であるはずはない。民を苦しませせなければ、自然と天地の心に沿うであろう。天地の心に沿うのであれば、この身が害されるはずがないのだ」と言って、とうとう新しい御殿を建造することなく、古い御殿にお住まいになられたのである。

世俗においてもやはり、このように民に思いを致すことは自分自身のことよりも優先されるのである。ましてや、仏の弟子は、仏陀の教えを受け継いで、生きとし生けるすべてのものを自分のひとり子のように大切にすべきである。自分に仕える侍者や従者であっても、厳しく咎めて苦しめてはならない。いわんや、同門の年功を積んだ者や長く修行を積んだ老僧を謹んで敬うことは仏陀に対して行うのと同じように敬うべきだと、戒律の条文に明確に記されている。それゆえ、目下、修行を積む者も、ほかの人には自分の顔色からそれと知られることがなくとも、心の中で身分の高い者も低い者も自分と親しい者もそうでない者も区別することなく、人のために善いことを考えるべきである。事の大小にかかわらず、人を苦しませて心を傷つけることは行ってはならないのだ。

Ⅱ

（書き下し文）

楚人に山鶏を担ふ者有り。路人問ひて曰はく、「何の鳥ぞや」と。担ふ者之を欺きて曰はく、「鳳凰なり」と。路人曰はく、「我鳳凰有るを聞くこと久し。今真に之を見る。汝之を売るか」と。曰はく、「然り」と。乃ち千金を酬ゆるも、与へず。倍を加へんことを請ふに、乃ち之を与ふ。方に将に楚王に献ぜんとするも、宿を経て鳥死す。路人其の金を惜しむに遑あらずして、惟だ以て献ずるを得ざることを恨むのみ。国人之を伝へ、咸以為へらく真鳳にして貴ければ、宜なり之を献ぜんと欲するはと。遂に楚王に聞ゆ。王其の己に献ぜんと欲するに感じ、召して厚く之に賜ふ。鳳を買ふの値に過ぐること十倍せり。

（現代語訳）

楚人に山鶏を担ぐ者がいた。路傍の人が尋ねて言った、「それはどのような鳥なのですか?」と。鳥を担いでいた人はその人をだまして言った、「これは鳳凰です」と。路傍の人が「鳳凰が存在するとは昔から聞いていましたが、実際に鳳凰を目にするのは初めてです。この鳳凰を売ってもらえませんか?」と言うと、楚人は「いいですよ」と答えた。そこで路傍の人は大金を支払おうとしたのだが楚人は渡してくれない。この大金の倍の額を支払うからと願い出ると、ようやく楚人は山鶏を渡してくれた。これを楚王に献上しようとしていたが、一晩経過するとこの鳥は死んでしまった。路傍の人は、自分が大金を失ってしまったことを悔やむのではなく、これによってただ楚王に献上できなくなってしまったことをのみ悔やむのであった。楚の国の人々の間でこの話が広まり、人々はみな「あの鳥は本物の鳳凰で貴重なものであったのだ。それを楚王に献上したいというのはもっともなことだ」と思った。そして、この話は楚王の耳にも届いた。楚王は鳳凰を自分に献上しようとしていたことに感激し、自分のもとに招いて路傍の人に手厚く褒美を与えた。それは鳳凰を買った値段の十倍であった。

問1　傍線部A「秋を待ちて造るべし」の直前に「時、農節なり。民、定めて愁あるべし」とあります。これより、太宗が新殿を建造するのであれば秋になるまで待てと述べている理由がわかります。このことを参考に選択肢を見ていきます。

①について、「宮殿を作る場所」という部分が、本文に言及がないことから誤りです。②について、「宮殿作りの指示を的確に出せそう」という部分が、本文に言及がないことから誤りです。③について、一見正しく見えますが、「宮殿を作る国民の健康への負担が減らせそう」という部分が、傍線部Aの直前の「時、農節なり。民、定めて愁あるべし」という理由にあたる部分の内容と合致しないことから誤りです。④について、傍線部Aの直前の「時、農節なり。民、定めて愁あるべし」という理由にあたる部分の内容と合致するので正しいです。⑤について、「秋は風雨が激しくなく」という部分が、本文に言及がないことから誤りです。

したがって、正解は④となります。

解答番号【17】・4　⇒ **重要度A**

問2　傍線部Bを前半部「天地に合はば」と後半部「身を侵すべからず」に分けて見ていきます。前半部の「合ふ」は、ハ行四段活用の動詞でここでは「一致する」という意味です。「合はば」は、「合ふ」の未然形が接続助詞「ば」に接続していますから、「一致するならば」という仮定の意味を表します。後半部の「侵す」は、ここでは「体を害する」という意味です。「べからず」は、「禁止」「当然の打消」「不可能」といった複数の意味がありますが、ここでは「～するはずがない」という「当然の打消」の意味を表します。この解釈を踏まえて正しい選択肢を選ぶことになります。

したがって、正解は③となります。

解答番号【18】・3　⇒ **重要度B**

問3　傍線部Cの直前の「欺」は「あざむく、だます」という意味です。傍線部Cを含む文の前文に「路人」の質問があって、その直後に「担者欺之」とありますから、傍線部Cの「之」は「路人」を指していることがわかります。このことを参考に選択肢を見ていきます。

①について、「今真見之」は、この前文の内容から本物の鳳凰を目の当たりにするのは初めてだという意味です。これより、①の「之」は「鳳凰」を指していることから誤りです。②について、「汝売之乎」の「之」は、この前文の内容から「鳳凰」を指しているとも、あるいは文脈から楚人が担いでいる「山鶏」を指しているとも考えられます。しかし、いずれの解釈にしても②の「之」は「路人」を指していないことから誤りです。③について、路傍の人が楚人に「汝売之乎」と尋ねて価格交渉をした末に「乃与之」とありますので、③の「之」は「鳳凰」あるいは楚人が担いでいる「山鶏」を指していることから誤りです。④について、「国人伝之」の直前に「路人不遑惜其金、惟恨不得以献耳」とあります。「之」を楚の国の人々が伝えたということですので、④の「之」は路傍の人が大金を失いながら楚王に献上できなくなったことだけを悔やんだという話を指していることから誤りです。⑤について、「召而厚賜之」の直前にある「王感其欲献己也」という部分は「楚王は鳳凰を自分に献上しようとしていたことに感激し」という意味で、これに「召而厚賜之」と続きます。これより、⑤の「之」は鳳凰と思われる鳥を楚王に献上しようとした「路人」を指しているので正しいです。

したがって、正解は⑤となります。

解答番号【19】・5　⇒　**重要度B**

問４　傍線部D「宜欲献之」の直前に「国人伝之、咸以為真鳳而貴」とあります。これより、「国人」が「この鳥を献上しようとしたのはもっともだ」と考えた理由がわかります。また、「国人伝之」の「之」は、このさらに直前の「路人不遑惜其金、惟恨不得以献耳」という部分の内容を指しています。これらのことを参考に選択肢を見ていきます。

①について、「支払った代金を～『路人』を見て」、その結果として「本物の鳳凰は貴重なのだと思った」というのは文意が不明であることから誤りです。②について、先述した内容と合致するので正しいです。③について、「鳳凰の魅力が尊いものだと思った」という部分が、傍線部Dの直前の「咸以為真鳳而貴」という部分の内容と合致しないことから誤りです。④について、本文の内容と合致しないことから誤りです。⑤について、「王に献上した『路人』」という部分が、「路人」は楚王に献上しようとしていたが実際にはできなかったことから誤りです。

したがって、正解は②となります。

解答番号【20】・2　⇒　**重要度B**

問５　空欄Xには、それまでの八木先生と中川さんのやりとりを踏まえると、Ⅰの文章とⅡの文章に登場する「二人のリーダー」つまり「唐の太宗」と「楚王」が国民のことを考えてとった行動についての発言が入ることがわかります。このことを参考に選択肢を見ていきます。

①について、新殿を建造するとしても民が農事に忙しい時期は避けたほうがよいと考えた「唐の太宗」の行動と、鳳凰と思われる鳥を献上しようとした「路人」に対して手厚い褒美を与えた「楚王」の行動に合致するので正しいです。②について、「自身の健康を優先していました」とい

う部分が、Ⅰの文章では「唐の太宗」は民のことを優先していたことから、また「国民の財産を大切にしていました」という部分が、Ⅱの文章では「楚王」にそのような行動があったとは読み取れないことから誤りです。③について、「国民への感謝を表現していました」という部分が、Ⅰの文章では「唐の太宗」にそのような行動があったとは読み取れないことから、また「他国への感謝を表現していました」という部分が、Ⅱの文章では「楚王」は手厚い褒美によって一国民である「路人」に謝意を示していたことから誤りです。④について、「国民の意見に従っていました」という部分が、Ⅰの文章では「唐の太宗」にそのような行動があったとは読み取れないことから、また「自分の信念に沿って決断していました」という部分が、これはⅠの文章に登場するリーダーである「唐の太宗」に見られるに行動であることから誤りです。⑤について、「一人の国民を重視していました」という部分が、Ⅰの文章では「唐の太宗」は一人の国民に限ることなく広く国民を大切にしていたことから、また「国民全体に注目していました」という部分が、Ⅱの文章では「楚王」にそのような行動があったとは読み取れないことから誤りです。

したがって、正解は①となります。

解答番号【21】・1　⇓ 重要度B

空欄Yには、まず直前の中川さんの発言とその前文の八木先生の発言から、Ⅰの文章の後半部分に見られる「仏道修行者の心構え」についての発言が入ることがわかります。次に「仏道修行者」という限定がありますから、Ⅰの文章の後半にある「然れば、今の学人も」（それゆえ、目下、修行を積む者も）で始まる文に着目すればよいことがわかります。これらのことから、この一文の中心部分である「心の内に、上下、親疎を分たず、人のために善からんと思ふべきなり」の内容を踏まえて、正しい選択肢を選ぶことになります。

したがって、正解は④となります。

解答番号【22】・4　⇓ 重要度A

令和３年度 第１回
高卒認定試験

国　語

解答時間　50 分

注　意　事　項（抜粋）

＊　試験開始の合図前に，監督者の指示に従って，解答用紙の該当欄に以下の内容をそれぞれ正しく記入し，マークすること。

①**氏名欄**

氏名を記入すること。

②**受験番号**，③**生年月日**，④**受験地欄**

受験番号，生年月日を記入し，さらにマーク欄に**受験番号**（数字），**生年月日**（年号・数字），**受験地をマーク**すること。

＊　**受験番号，生年月日，受験地が正しくマークされていない場合は，採点できないことがある。**

＊　解答は，解答用紙の解答欄にマークすること。例えば，［10］と表示のある解答番号に対して②と解答する場合は，次の（例）のように**解答番号 10 の解答欄**の②に**マーク**すること。

（例）

解答番号	解　答　欄
10	① ●(2) ③ ④ ⑤ ⑥ ⑦ ⑧ ⑨ ⓪

国語（解答番号 1 ～ 22 ）

1 次の問1～問6に答えよ。

問1 傍線部の漢字の正しい読みを、次の①～⑤のうちから一つ選べ。解答番号は 1 。

廊下で先生に会釈する。

① あいしゃく
② かいしゃく
③ かいしゅく
④ えしゃく
⑤ えしゅく

問2 (ア)、(イ)の傍線部に当たる漢字と同じ漢字を用いるものを、次の各群の①～⑤のうちからそれぞれ一つ選べ。解答番号は 2 ・ 3 。

(ア) カドの運動は禁物だ。 2

① 画壇のタイカによる名作を鑑賞する。
② 商品のカカクを設定する。
③ カジョウな反応を示す。
④ 日々情報機器がシンカする。
⑤ カレイな演技をする。

(イ)　式典で勲章をオクる。　3

① 夏休み中のキショウ時間を一定にする。
② 講義を聴いて、絵にキョウミがわく。
③ コウカイの念にかられる。
④ 約束の時間にチコクする。
⑤ 株式をゾウヨする。

問3　空欄 [　] に入る語として最も適当なものを、後の①～⑤のうちから一つ選べ。解答番号は 4 。

> 憎まれ口を [　] ようなことは控えたほうがよい。

① 売る
② 得る
③ ひねる
④ ひらく
⑤ たたく

問4　「表面」と同じ構成で成り立っている熟語を、次の①～⑤のうちから一つ選べ。解答番号は 5 。

① 登山
② 上下
③ 停止
④ 偉人
⑤ 造園

問5　故事成語「背水の陣」は、「わざと川を背にして陣を張り、勝利をおさめた」という故事がもとになっている。故事成語「背水の陣」の意味として最も適当なものを、次の①～⑤のうちから一つ選べ。解答番号は 6 。

① 決死の覚悟で事にあたること。
② 背後の守りを固めること。
③ 危なくなったらすぐ逃げるべきだということ。
④ 逃げ道を確保することが重要だということ。
⑤ 勝ち目のない戦いは無駄だということ。

問6 傍線部の敬語の使い方が**適当でないもの**を、後の①～⑤のうちから一つ選べ。解答番号は 7 。

客　すみません、先日、商品の修理についてお願いをした者です。
店員　お待ちしておりました。(A) 弊社の担当の者が、その件についておっしゃっていました。(B) 御依頼のあった件(C)につきまして、お答えします。(D)
客　よろしくお願いします。
店員　お客様がおっしゃった(E)不具合は、部品の消耗が原因でしたので、修理が可能です。

① A
② B
③ C
④ D
⑤ E

2 山下さんの高校では、国語総合の授業で「効果的な質問をしよう」という単元の学習をしている。今回は「私の街の自慢」というテーマの約一分間のスピーチを聞いた後に、聞き手から発表者に質問をすることになった。**【山下さんのスピーチ】**と**【質疑応答の一部】**を読んで、問に答えよ。

【山下さんのスピーチ】

私の街の自慢は農業が盛んなことです。私が住む南市は、野菜や果物の生産量が多いことで有名です。けれども、私が特に自慢したいのは、農業に携わる人たちがみな活気に満ちあふれているところです。

南市では三十年ほど前から、農家の人たちが専門家と協力して品種改良や生産方法の研究に積極的に取り組んできたそうです。また、それとともに品質管理や配送方法、販路の開拓など、質の高い農作物を、どうやってたくさんの人たちに届けるかという経営面での改革にも取り組んできたということです。

その努力が実り、今では南市の果物は一つのブランドとしての信頼を得ていますし、農家の人たちも誇りを持って農作業に従事しています。他の地域から農業経営について研修に来る人や、南市に移住して農業を始めるという人も増えてきました。

私はこの南市の農業がますます発展していってほしいと願っています。

【質疑応答の一部】

谷川さん　「南市の農業への取組についてはどこかで調べたのですか。」

山下さん　「私の家の近くに、農産物の直売所があります。農家の人たちが、自分の作った作物をそれぞれ並べて売っている所です。たくさんの農家の人たちに会えるので、そこで直接お話をうかがいました。」

谷川さん　「何人の人から話を聞いたのですか。」

山下さん　「詳しいお話をうかがったのは二人ですが、他にもその場にいた方たちが三人ほど、雑談のような形でいろいろな話をしてくださいました。」

大森さん　「南市の人たちが三十年も前からさまざまな改革に取り組んできたのはなぜですか。」

山下さん「当時南市では、農家の後継者不足が問題になり始めていたそうです。そこで、農業人口の減少に歯止めをかけるためには、品質の高さを多くの消費者に認めてもらえるというやりがいを創り出すことと、経営面での安定が必要だと考え、農家の人たちが知恵を出し合って、改革に取り組んできたのだそうです。」

大森さん「品質の高さを認めてもらえるような品種改良の成功例には何がありますか。」

山下さん「はい。最も大きな成功例は、メロンの品種改良だと思います。実が大きく糖度も高くて、しかも収穫量が気温などの気候条件に左右されにくいという特長があるそうです。ミナミスターという品種名が付けられ、ブランドとなっています。」

小林さん「品質管理について説明してください。」

山下さん「ミナミスターを例にとると、品質管理を徹底するために、特殊な糖度センサーを使って、基準を満たさないものは商品として出さないことにしているそうです。また、一つ一つの商品に、食べ頃を示す日付の付いたタグを付けることで、メロンに詳しくない人でもおいしく食べられるように工夫したそうです。こうしたことが、消費者からの信頼を得て、ブランド化に成功したのだと思います。」

小林さん「販路の拡大という点について説明してもらえますか。」

山下さん「以前はスーパーや直売所での販売だけでしたが、近年ではインターネットを利用したPRや通信販売なども行っているそうです。」

中原さん「ミナミスターの成功によって、農家以外の南市の人たちに何か影響はありましたか。」

山下さん「はい。以前は農業以外に大きな産業がないということが、どちらかというとマイナスのイメージでしたが、今では南市と言えばメロン、と多くの市民が自慢するようになっています。農業の発展が市全体に自信を与えてくれている気がします。」

中原さん「メロン以外の作物についてはどうですか。」

山下さん「他にも季節ごとに人気の作物があります。イチゴも盛んに作られていて、旬の時期にはイチゴ狩りを楽しむ観光客でにぎわいます。」

上野さん「イチゴについては、ミナミスターのような、独自に開発した品種はないのですか。」

山下さん「独自に開発した品種はないようです。ただ、イチゴには多くの品種があるので、農家の人たちはそれらの特長を見極めて、環境や用途に合わせて品種を選んで栽培しているそうです。」

上野さん「どうすれば南市の農業はさらに発展すると思いますか。」

山下さん「私にはまだよく分かりません。けれども、今回知ることができた取組を含めて、社会の変化に対応した農業経営のあり方について興味を持ったので、これから調べたり勉強したりしていこうと考えています。」

問　クラスの生徒たちの質問について説明したものとして最も適当なものを、次の①～⑤のうちから一つ選べ。解答番号は 8 。

① 谷川さんの質問は、スピーチの中で挙げられていた数値について、根拠を明らかにするための情報を引き出すものになっている。
② 大森さんの質問は、スピーチの内容や質問への回答について、さらに具体的な情報を引き出すものになっている。
③ 小林さんの質問は、スピーチの中で使われていた専門的な用語について、その由来を明らかにするための情報を引き出すものになっている。
④ 中原さんの質問は、スピーチの中で主張したことと質問への回答との間に、矛盾が生じていることを指摘するものになっている。
⑤ 上野さんの質問は、スピーチの内容や質問への回答から感じられる山下さんの知識不足について、指摘するものになっている。

3　本郷市にある南高校の交通委員会では、秋の交通安全週間にあわせて、交通マナーの向上を呼び掛ける文章を学校新聞に載せることにした。次に挙げる【交通マナーの向上を呼び掛ける文章(下書き)】は、委員長の野口さんが書いたものである。野口さんは、この下書きを書いた後、より説得力ある文章にするために【追加資料】に含まれる情報を集めた。これらを読んで、問1、問2に答えよ。

【交通マナーの向上を呼び掛ける文章(下書き)】

本郷市のホームページによると、今年度の4月～7月に発生した自転車事故の発生件数は、早くも昨年度1年間の自転車事故発生件数に並んだそうだ。本校の生徒の通学手段で一番多いのは自転車通学だ。幸いなことに、本校では今年度になってから交通事故は発生していない。［Ⅰ］だが、本郷市での自転車事故の発生件数が増えていることを考えれば、本校の生徒が今後事故に遭わないという保証はない。「交通事故ゼロ」の今の状態を維持できるよう、これからも各自で気をつけてほしい。

自転車事故という言葉を聞くと、自転車と車との接触事故を思い浮かべることが多いかもしれない。だが、近年では、自転車と人との接触事故も増えてきているという。私たち高校生の「足」である自転車は、たしかに便利な道具である。だが同時に、凶器になる可能性があることも忘れてはならない。［Ⅱ］

本校の生徒の約75%が自転車を登下校の際に利用していて、【A】幼いころから自転車に乗り慣れており、【B】慣れた自転車で慣れた道を走るため、【C】注意力が散漫になったまま自転車を運転しているケースもあるかもしれない。いつもの道ではあるけれど、注意して運転することが大切だ。［Ⅲ］また、この「慣れ」から、傘差し運転、イヤホンをつけての運転などのような、危険な自転車の乗り方をしてしまうことはないだろうか。［Ⅳ］このような行為は交通事故を誘発する行為であり、ただちにやめるべきである。

来週から秋の交通安全週間が始まる。この期間中の朝7時半～8時には、交通量の多い駅前の交差点に市内の高校の交通委員が交替で立ち、通学する高校生の様子を見守ることになる。特に駅前のコンビニの前は、店の駐車場に入ろうとする車が歩道を横切るので、そこを歩いて直進する高校生は注意が必要だ。［Ⅴ］

これを機に、交通マナーの向上を心がけようではないか。

【追加資料】

本郷市で昨年度に発生した交通事故の状況

※本資料での「車両」とは、「車」「二輪車(バイク)」「自転車」のこと

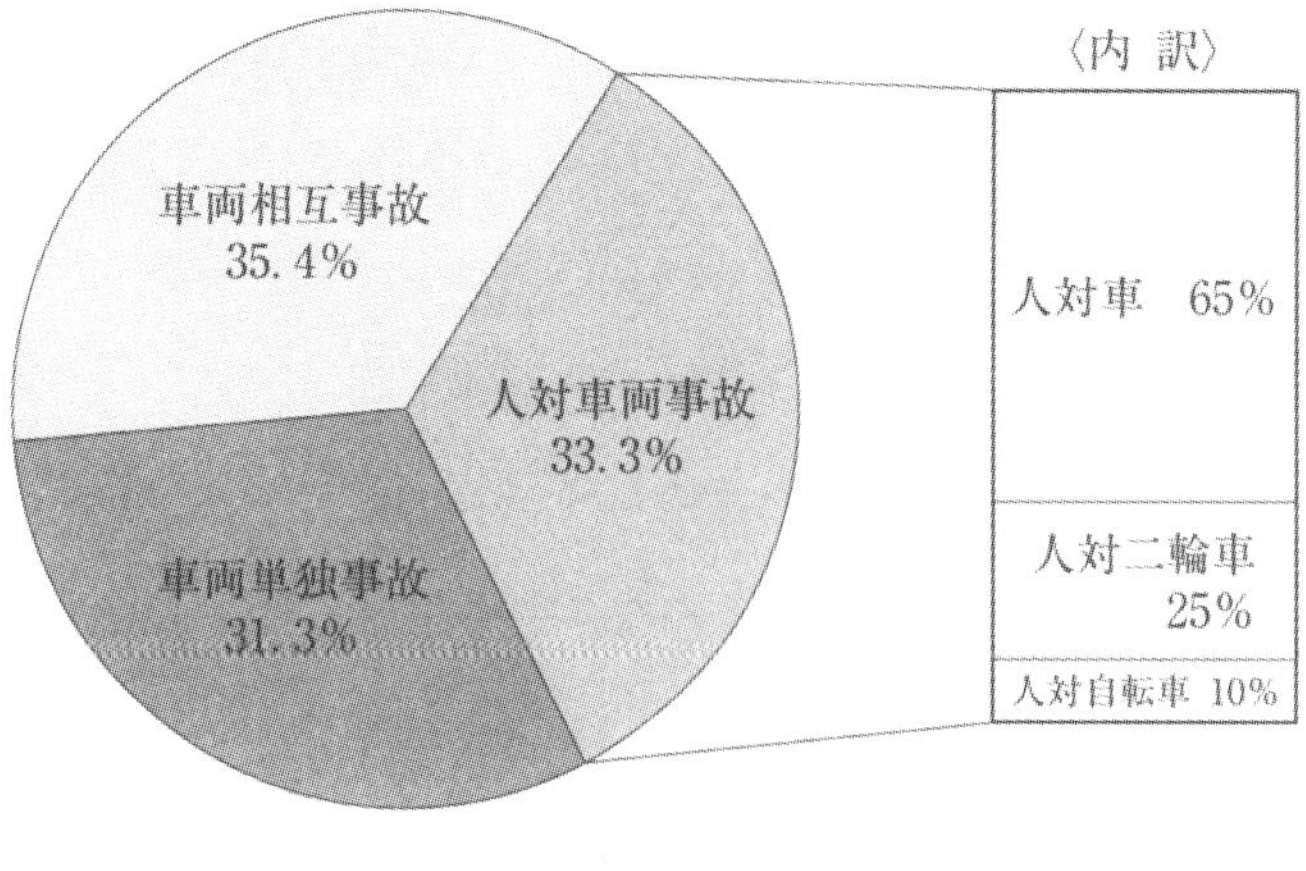

(本郷市ホームページより)

問1 野口さんは、**【追加資料】**の内容を**【交通マナーの向上を呼び掛ける文章（下書き）】**に加えようとしている。**【追加資料】**から読み取って本文に加える内容（ア～オ）と、それを入れる場所（ Ⅰ ～ Ⅴ ）として最も適当なものの組合せを、後の①～⑤のうちから一つ選べ。解答番号は 9 。

ア　本郷市のホームページにあった「本郷市で昨年度に発生した交通事故の状況」によると、「人対車両事故」「車両単独事故」「車両相互事故」の発生割合は、どれかが圧倒的に高いわけではなく、どれもが三割台と似通った数値になっている。ここでの車両には自転車も含まれるので、私たちは自転車に乗る際に、「人対自転車の事故」だけでなく、「自転車単独の事故」や「自転車相互の事故」にも十分な注意が必要だと考える。

イ　本郷市のホームページにあった「本郷市で昨年度に発生した交通事故の状況」によると、「人対車両事故」「車両単独事故」「車両相互事故」の発生割合は、どれかが圧倒的に高いわけではなく、どれもが三割台と似通った数値になっている。ここでの車両には自転車も含まれるので、自転車単独の事故は、相手がいる事故と同じくらいに発生するということだ。自転車には十分注意して乗ることが必要だと考える。

ウ　本郷市のホームページにあった「本郷市で昨年度に発生した交通事故の状況」での「人対車両事故」の内訳によると、事故の相手の九割は車や二輪車であった。このことから、私たちは登下校の際に、特に車や二輪車に注意することが必要だと考える。

エ　本郷市のホームページにあった「本郷市で昨年度に発生した交通事故の状況」での「人対車両事故」の内訳によると、その九割は車や二輪車を相手とした事故であるが、残りの一割は自転車を相手とした、「人対自転車の事故」であった。自転車に乗る際には、車や二輪車との事故の被害者にならないようにするとともに、人との事故の加害者にならないように注意することが必要だと考える。

オ　本郷市のホームページにあった「本郷市で昨年度に発生した交通事故の状況」によると、「人対車両事故」が全体の約三割を占めている。本校の生徒の二十五％はバスや電車での通学をしており、最寄りの駅やバス停からは徒歩で学校に来ている。だから、私たちは徒歩の際にも交通事故に注意することが必要だと考える。

① Ⅰ にウを入れる。
② Ⅱ にエを入れる。
③ Ⅲ にオを入れる。
④ Ⅳ にアを入れる。
⑤ Ⅴ にイを入れる。

問2　傍線部を論理の展開を変えずに読みやすくするためには、どのように修正するとよいか。最も適当なものを、次の①～⑤のうちから一つ選べ。解答番号は 10 。

①【A】の前で文を切って「～利用している。」とし、その後に「私たちは」を入れる。

②【A】の前で文を切って「～利用している。」とし、その後に「そのため」を入れる。

③【B】の前で文を切って「～乗り慣れている。」とし、その後に「あるいは」を入れる。

④【C】の前で文を切って「～走るためだ。」とし、その後に「また」を入れる。

⑤【C】の前で文を切って「～走るためだ。」とし、その後に「私たちは」を入れる。

4 次の文章を読んで、問1～問6に答えよ。

(注)カントによれば、私たちは世界の中のさまざまな自然現象について、空間と時間という枠組みを利用し、さらには因果的法則性という概念に従って、その運動や変化のあり方を理解しようとしています。すでに見たように、これはニュートンがリンゴの落下を見ながら、月や惑星の運動のことを理解できたように、基本的に自然界の一切の現象変化の中身を、万有引力の法則を含むいくつかの運動法則で整理するということです。つまり、理論理性が行う自然世界の認識とは、私たちの周囲の世界を力学的な法則で理解するということですから、少々乱暴にいえば、科学によって世界を考えるということは、A世界を機械仕掛けの時計のようなものとして考える、ということを意味しています。私たちはもちろん、積極的にこのような見方をすることで、自然世界のメカニズムを冷静に考え、その絶妙な仕掛けに感激することができるようになるのです。

ところで、私たちはリンゴや月や太陽からなる自然世界の中で生活し、そのメカニズムを追求していると同時に、社会の中で、人間どうしお互いに交流しながら生きてもいますから、私たちは自然の産物であると同時に、社会に生きる生物です。しかしながら、社会の中での人間どうしは、太陽系の中での惑星どうしや、リンゴと地球との関係のように、「力学的」な関係によって支配された、機械仕掛けの運動を行っているのでしょうか。私たちは歯車やゼンマイのように、互いに組み合わさって、一つの大きなメカニズムを作動させるための駒となって働いているのでしょうか。

たしかに私たちの生活の一部には、機械の駒のような行動を強いられる側面もまったくないわけではありませんが、それが社会全体の基本的な性質だということは、やはりありえないでしょう。私たちはいつもいろいろな面で、複数の人間どうしお互いに相談したり、助け合ったり、競争したり、対立しあったりして暮らしていますが、そうしたいろいろな関係からできている社会全体は、地上の植物の世界とも太陽系の惑星のシステムとも異なった、人間どうしのさまざまな欲望と善悪の判断、無数の信念と希望によって生み出された行動のからみあう、B「共同体」という世界です。

共同体の中の出来事は機械の中の出来事ではありません。共同体の非常に複雑な結びつきと働きを構成しているのは、歯車やゼンマイではなくて、私たち自身の一人一人です。社会のメンバーである私たちは、それぞれ一個のかけがえのない人格であって、人格は機械の駒ではありません。各人は一個の人格として、自分の頭で考え、自分の好みや欲求を選び出し、自分で行為へと赴くことのできる、自由な主体です。しかも、私たちは自分自身がそうした自由な主体であることを理解しているばかりではなく、私が関係しあう他の人もまたすべて、それぞれの頭で考え、それぞれの信念と希望で生きている人間だ、ということをよく理解しています。

私たちは自分の生きる共同体が、お互いにお互いを人格として理解し、その理解の下で互いに関係しあっていることを、十分に承知しています。そうだとすると、社会の中に生きる私たちが、自分たちを機械の駒ではなくて、一個の人格として捉えるとき、私たちは自分たちにたいして、現象世界の中に現れる対象とは異なったレベルでの存在者、という見方をしていることになります。私たちは宇宙や物質的世界を力学的メカニズムと考える一方で、同じ外界でありながら、自分がそのメンバーである社会という人間世界については、それがメカニズムではなく、助け合い、あるいは競いあう、まったく別の世界だと考えているのです。

カントは、われわれが共同体の中で生きるかぎり、互いが互いをたんなる現象の一部ではなく、物自体として扱う可能性をもっているというのですが、それはこうした私たち自身の相互理解の特異な性格に着目するからです。人間の歴史に現れた社会のなかには、人びとが奴隷制を容認したり、独裁者によって極端な非人間的政治が行われたことも少なくありません。そして、それは現在なお世界の中で見られる現実であるかもしれません。こうした社会では、一部の人びとを除くと多くの人びとが機械の歯車やゼンマイのように、扱われています。そこではいわば、各人がそれ自体として価値をもつ、一個の人格としてではなく、たんなる道具として扱われているといえるでしょう。

カントにとって、Cわれわれ人間が目指すべき社会は、こうした道具としての人間の存在を拒否して、それぞれの人格を互いにそれ自体として価値をもつ、それ自体として尊厳を要求できる存在とするような社会です。それは、人格どうしが互いにその尊厳を認め、守ろうとする社会です。彼はこうした社会がいわば、物自体としての人格構成というメンバーによって構成された「目的の王国」であると考えるのです。

目的とは手段の逆の言葉です。何かが手段となって目的が実現されます。実現されるべきなのは各人が追求している、自分自身の尊厳ですが、それは互いに互いを尊敬しあい、互いの価値を認め合うことによってのみ達成されます。自分自身の価値が他人への関係によって実現され、それによって自分の尊厳も他人の尊厳も生み出されるというのは、少し変なことですが、それは他の人を特別に助けたり、社会への善行をたくさん積むことで、段々と自分の人格が形成されて、偉い人になるということとはかなり違います。

私たちは他人を助けることができますが、同時に、他人を出し抜いて自分だけ得をするような行動をとることもできます。そして、日々の生活の中で、自分だけ得をするような行動を採用しても、それ自体としてはけっしてとがめられるべきことではありません。誰でも一番大切なのは自分自身の幸福ですから、そのための方策として、自分の利益だけを大切にする利己主義に徹し、他人への思いやりや配慮をできるだけ少なくしようとすることも、それ自体として悪いこととはいえないでしょう。それ自体として悪いことは、他人に危害を加えたり、他の人のものを盗んだり、極端な場合には他人の命を奪ったりするような、具体的に罪に問われるような行動です。そして、誰でもそのような行動には、その行動の責任者にたいして、罪に見合った罰ということが社会的に課せられるべきだと思うでしょう。

このように、人間の行為の善悪は一人一人の個別的なケースについていえば、格別に道徳的な規準を考えて、善人らしく振るまうことなく、単純にその人にとっての損得とか、何が賢い選択なのか、というレベルで考えることができますし、ある意味では、利己的な行為をすることも、利他的な行為をすることも、各人の好みや性格で考えれば、毎日の生活における具体的な行動としては、それで十分だといえると思います。私たちは他人の人格を認めはしますが、それによってその尊厳を重視し、現象の一部ではなく一種の物自体のような存在だとまでは考えなくても、とりあえずは生きていけます。

とはいえ、私たちの善悪の判断には、こうした日常生活レベルでの具体的な行動だけでなく、各人のそれぞれにまかせるわけにはいかない、もっと一般的な基準が必要となる側面もあります。たとえば、今あげたような、何らかの犯罪にたいして、罰を与える必要があるという場合、その罰の重さをどの程度にすべきかということは、よく考えてみると、非常に難しい問題であることが分かるでしょう。何らかの形で犯された罪にたいして課せられるべき刑罰の重さということは、たんなる個人の判断の問題ではなくて、むしろ一般的な基準の問題の一つだということが分かります。いうまでもなく、裁判で問われるのは、個々の悪行の細かい事実の中身ではなく、それが社会全体に共通の規則ないし規範にたいする、どのようなタイプの違反なのかということですし、それにたいして必要な罰則はどのようなタイプの罰なのか、ということです。いいかえると、何が罪で、それにどのような罰が必要なのか、といったことは、私たちの個人的な好き嫌いでは決められない問題です。

したがって、私たちが社会の中で生活し、共同体の一員として暮らしていくためには、それぞれが利己的な態度を取ったり利他的な姿勢をもとうとすることとは別に、人間どうしの関係において、いかなる行動の原則を基本の原理とするべきなのか、ということがどうしても問われてきます。つまり、D 個人個人の行動方針とは別に、社会全体にとっての共通の規則はどうあるべきかということが、何らかの仕方で考えられる必要があるのです。

しかし、このような社会全体の行為の規範となるべき、人間の行為の原則が必要であるとしたら、われわれはそれをどうやって見つけることができるのでしょうか。カントは、そうした共同体全体の行為の規範を考える能力が、われわれ人間の一人一人において、実践理性という形で備わっていると考えます。私たちは、自分が属する社会の全体が、いかなる共通の行動規範の下で統率されているべきかを、自分自身の思考力を使って考えることができます。われわれは自分の社会のあるべき姿について、「自己立法」を行うことができるのです。私たちは、一人一人それぞれで、いわば社会全体の代表者となって、その社会の道徳と政治の原則をうち立てる能力を、内に秘めて生活しています。そして、私たちは、その原則を考えつつ、自分自身の具体的な行動方針を、そうした原則に合致させるべきか、それとも無視するべきか、自分の中で反省し、判断する能力をもっています。

先に見たように、私たちが利己的に生きるか、それとも他人のために積極的に行動すべきかは、とりあえずは、私たち自身の性格の問題であり、好みの問題です。しかし、もしも、自分自身があるべき社会の行動原則について、その理想的な姿を描きだすことができるにもかかわらず、毎日の自分自身の行動方針についてはまったくそれを無視して、いわば自分だけの生活のルールで暮らしているとしたら、どうでしょうか。それはある種の自己分裂した姿として、けっして望ましい生活態度とはいえないでしょう。

カントは、われわれ人間は自分の実践理性を使って目的の王国を実現しようとすることができると言いますが、その意味は基本的には、われわれがこうした理性の自己分裂を、自分の責任で避けることができるということです。われわれは自分の共同体に共通の規則を、自分の責任で考えようとすることができます。そして、その規則に照らして、自分の日々の行動方針が、正しい方針であるか、間違った方針であるかを、これまた自分の責任で判断することができます。われわれは^Eこうした複雑な経路を通って、自分自身の行動を律しようと考えるのです。

私たちがそれぞれの理性の能力を発揮して、共同体の共通の原理を考案しようとするとき、その共通の原理のことを「道徳原理」と呼びます。私たちは道徳原理に照らして、日々の生活における自分の個人的な行動方針の善悪を判断し、その結果として自分の行動を承認したり、間違っていると考えて反省したりするでしょう。

実践理性がわれわれに課する道徳原理は、社会の中の自分以外のメンバーを、道具や手段でなく、それ自体として価値あるもの、一個の物自体としての人格として扱えと命じます。私たちがこの道徳原理の命令に目を向け、その命令の下で自分の行為の日々の善悪を反省し直すこと、それが科学的な自然認識の能力である理論理性の働きとはまったく別の、今ある共同体を道徳的な目的の王国へと変換しようとして働く、実践理性の力です。人間の実践理性は、自分の中にある道徳法則に目を向け、その価値を認め、その命令に従って、社会の法律を定めるとともに、自己の行動方針を改めようとするのです。

（伊藤邦武『宇宙はなぜ哲学の問題になるのか』による。）

（注）　カント ―― 十八世紀のドイツの哲学者。

問１　傍線部Ａ　世界を機械仕掛けの時計のようなものとして考える　とあるが、その説明として最も適当なものを、次の①～⑤のうちから一つ選べ。解答番号は 11 。

①　世界は人間どうしの関わり合いとは異なり、力学的な法則に従い様々な要素が相互に関連し合って動くものだと考えるということ。
②　世界は明確な意思を持って力学的な法則を活用し、様々な要素を関連させ絶妙な仕掛けを動かしているものだと考えるということ。
③　世界の様々な動きを因果的法則性の概念ではなく、万有引力の法則のような力学的法則だけで理解できるはずだと考えるということ。
④　カントが述べたように、空間と時間という枠組みを利用できれば、世界の現象はその運動や変化まで理解できると考えるということ。
⑤　カントが述べたような絶妙な仕掛けを持つメカニズムによって、人間が世界を確実に動かすことができるのだと考えるということ。

問２　傍線部Ｂ　「共同体」という世界　とあるが、それはどのような世界であると述べられているか。最も適当なものを、次の①～⑤のうちから一つ選べ。解答番号は 12 。

①　人間どうしが互いに助け合ったり競争したり対立し合ったりして暮らしつつ、相互に相手の価値を尊重した上で力学の法則に従って動いている世界。
②　自分自身の考えに従って行動し、独自の信念や希望を持って生きている自由な主体どうしが互いを人格として理解し、相互に関係し合っている世界。
③　お互いを主体として理解しようとせず、自らの人格を重視するが故に、他者に対して社会を動かすたんなる道具であるかのように扱ってしまう世界。
④　他人を出し抜いて自分だけ得をする行動をとる者がいたとしても決して非難せず、むしろその者が形だけでも他人を助けようとするように導く世界。
⑤　自分の利益を目的とする利己主義に徹して他人への思いやりや配慮を最小限にすることよりも、利他的に善人らしく振るまうことを強要し合う世界。

問3　傍線部C　われわれ人間が目指すべき社会　とあるが、それを具体的に説明したものとして最も適当なものを、次の①～⑤のうちから一つ選べ。解答番号は 13 。

① 人間関係をよりよくするためなら嘘をつくことも許容されるような社会。
② 親切にすることで周囲から感謝されることを全ての人が目標とする社会。
③ 困っている人がいたら助けるということを全ての人が目指すような社会。
④ 周りの人の悪口を言っても周囲から非難をされることがないような社会。
⑤ 募金や寄付をし続けていれば徳の高い人になれることが保証される社会。

問4　傍線部D　個人個人の行動方針とは別に、社会全体にとっての共通の規則はどうあるべきかということが、何らかの仕方で考えられる必要があるのです　とあるが、その理由として最も適当なものを、次の①～⑤のうちから一つ選べ。解答番号は 14 。

① 共同体の中で生きるかぎり、自分の好みや欲求に従って自由な主体として生きることは認められておらず、社会全体の原則と対立するから。
② 人間どうしの関係において、一人一人が社会全体の代表者となり社会の行動原則を打ち立ててしまうと、刑罰の重さが平等でなくなるから。
③ 共同体の中で生きるかぎり、最終的な行動の判断は個人に委ねられているが、形式的には社会全体の一般的な基準を用意する必要があるから。
④ 人間どうしの関係において、社会全体の行動方針がないと、私たちは自分だけ得をするような利己的な行動を常に採用してしまいがちだから。
⑤ 共同体の中で生きるかぎり、善悪の判断には私たち個人の好き嫌いでは決められない問題があり、一般的な基準が必要となる側面があるから。

問5　傍線部E　こうした複雑な経路　とあるが、それはどういう経路か。その説明として最も適当なものを、次の①～⑤のうちから一つ選べ。

解答番号は　15　。

① 自分の共同体に共通した行動の原則を利他の観点で考えた上で、その原則にならった自分なりの生活のルールで生活態度の良否を判断するという経路。

② 自分の共同体に共通する行動規範を自分の責任で考えた上で、その規範とは異なる生活の具体的な行動の良否を自分の思いつきで判断するという経路。

③ 自分の共同体に共通して適用できる規則を自分の責任において考えた上で、その規則に照らし合わせ自分自身の行動指針の良否を判断するという経路。

④ 自分の行動方針を好みや性格に基づいて考えた上で、その方針に照らし合わせて他人のためではなく利己的に生きることの良否を判断するという経路。

⑤ 自分の行動方針を共同体の枠組みに従って考えた上で、各人の好みや性格に基づいた自己の行動指針と比較させつつ行動の良否を判断するという経路。

問6　この文章の論の展開と内容について述べたものとして最も適当なものを、次の①～⑤のうちから一つ選べ。解答番号は 16 。

① カントの世界観を踏まえつつ、現代社会では共同体の中で人びとが道具として扱われることはやむをえないとしつつも、共同体における人間どうしの尊厳の危機を回避する方法を試みている。

② カントの思想を前提としながら、人間の相互理解の特異な性格に着目することで人間社会の負の側面を描き出し、カントの目指す社会とは異なる筆者独自の理想的な社会について述べている。

③ 人間社会における具体的な事例に基づきながら、各人の好みや性格による個人の判断を疑問視することで社会全体の共通の行動規範の必要性を訴え、カントの思想の弱点の補強を試みている。

④ 全体を通してカントの世界観に基づきながら、自然世界と人間による共同体との違いを述べることによって人間社会の特徴を導き出し、共同体内での人間の道徳のあり方について述べている。

⑤ カントの考えを否定する立場をとり、社会的事象をカントの思想に基づいて説明することで現代社会の問題を顕在化させ、人間が道具になることが理想的な生き方だとする持論を述べている。

5 国語総合の授業で、古文と漢文を読み比べ、それぞれの内容について考える学習を行った。Ⅰ～Ⅲの文章を読んで、**問1～問5**に答えよ。

Ⅰ

知恵も侍《はべ》り心も賢き人は、ひとをつかふに見え侍るなり。人毎のならひにて、わが心によしとおもふ人を、万《よろづ》のことに用ゐて、文道(注1)に弓箭《ゆみや》(注2)とりをつかひ、こと葉たらぬ人を使節にし侍り、心とるべき所に鈍なる人を用ゐなどするほどにそのことちがひぬる時、A なかなか人の一期《いちご》をうしなふことの侍るなり。その道にしたしからむをみて用ゐるべき也《なり》。曲がれるは輪につくり、直なるは轅《えん》(注3)にせんに、徒《あだ》なる人は侍るまじき也。たとひわが心にちがふ人なりとも、物によりてかならず用ゐるべきか。

（『竹馬抄』による。）

（注1） 文道 ―― 文学の道。特に儒学的な学芸の道。

（注2） 弓箭とり ―― 武士。

（注3） 轅 ―― 牛車・馬車などの前に長く平行に出した二本の棒。

Ⅱ

幼少の時より、道の正しき輩《やから》に相伴ひ、かりそめにも悪友に随順《ずいじゅん》あるべからず。水は方円《ほうえん》(注4)の器に随《したが》ひ、人は善悪の友に依《よ》るといふ事、誠なる哉《かな》。爰《ここ》を以《もっ》て、国を A 守護は、賢人を愛し、民を B 国司は、佞人《ねいじん》(注5)を好むの由、申し伝ふる也。君心を知らんと欲せば、其《そ》の君の愛する輩を見、其の心を知るといふ事これ有り。

(中略)

人をあまた召仕ふ心得、大かた日月の草木国土を照らし給《たま》ふごとく、近習《きんじゅう》(注6)にも外様《とざま》にも、山海遙《はる》か隔りたる被官《ひかん》(注7)以下までも、昼夜慈悲誅罰の心を廻《まは》し、其の人々に随ひて召仕ふ可《べ》き也。諸侍の頭《かしら》をする身は、知恵才学無く油断せしむれば、上下の輩に批判せらるる事多かるべし。只行《ただぎょう》住《じゅう》坐《ざ》臥《が》、仏の衆生《しゅじゃう》(注8)をすくはんと諸法に宣《のたま》ふごとく、心緒《しんしょ》(注9)をくだき、文武両道を心に捨て給ふべからず。国民をさむる事、仁義礼智信一つもかけては、あやうき事なるべし。政道(注10)を以て科《とが》を行へば、人の恨なし。非義を構《かまへ》て、死罪せしむれば、其の恨ふかし。しかれば、其の科因果遁《のが》るべからず。第一には臣下の忠不忠の者を分別して、恩賞有る可き儀、簡要《かんよう》(注11)也。

(『今川状』による。)

(注4) 方円 —— 正方形と円形。
(注5) 佞人 —— 口先が巧みで、心のねじけている人。
(注6) 近習にも外様にも —— 主君の近くで仕える者にもそれ以外の者にも。
(注7) 被官 —— 下級武士。
(注8) 衆生 —— 一切の人類や動物。
(注9) 心緒 —— 思い。思いの一端。また、心の動き。
(注10) 政道 —— 正しい道。
(注11) 簡要 —— 肝要。

Ⅲ

西門豹《せいもんひょう》(注12)為鄴《ぎょうノ》(注13)令(注14)、清《せい》(注15)剋《こく》潔《けつ》愨《かくニシテ》、秋毫《しゅうごう》(注16)之端無私利也。而《しかレドモ》甚《はなはダ》簡左右(注17)。左右因
相与《ともニ》比《ひ》周《しゅうシテ》(注18)而悪《おス》之。居期年(注19)、上《たてまつルニ》計(注20)、君収其璽(注21)。豹自請曰、「臣昔者《さきニハ》不知
所以治鄴、B今臣得矣。願請璽復以治鄴。不当、請伏斧《ふ》鑕《しつ》(注22)之罪。」文侯(注23)不忍而
復与之。豹因重斂《れんシ》(注24)百姓《ひゃくせいニ》、急事《つかフ》左右。期年、上計、文侯迎而拝之。豹対《こたヘテ》曰、「往
年臣為君治鄴。而君奪臣璽。今臣為左右治鄴。而君拝臣。臣不能治矣。」
遂納《いレテ》璽而去。文侯不受、曰、「寡人曩《さきニハ》不知子、今知矣。願子勉《つとメテ》為寡人治之。」
C遂不受。

（『韓非子』による。）

（注12）西門豹 ―― 人名。
（注13）鄴 ―― 地名。
（注14）令 ―― 長官。
（注15）清剋潔愨 ―― 清廉潔白で、誠実なこと。
（注16）秋毫 ―― ごく僅か。
（注17）簡左右 ―― 側近をないがしろにすること。
（注18）比周 ―― 徒党を組むこと。
（注19）期年 ―― 一年。
（注20）上計 ―― 毎年、地方から中央に行財政の状態を集計して報告すること。
（注21）収其璽 ―― 印璽（官印）を取り上げ免職にすること。
（注22）斧鑕之罪 ―― 斬罪。
（注23）文侯 ―― 春秋時代末期から戦国時代初期にかけての魏の名君。
（注24）斂 ―― 徴税。

問1 傍線部A 人の一期をうしなふことの侍るなり とあるが、どういうことか。最も適当なものを、次の①～⑤のうちから一つ選べ。解答番号は 17 。

① 人を上手く召し使うことができないと、自分自身の権力を十分に生かして国を治めることができずに一生を終えてしまうことがあるということ。

② それぞれの人に適していない仕事を任せると、十分に実力を出し切ることができず、その人の一生を台無しにしてしまうことがあるということ。

③ 自分の気に入った者だけに仕事を任せると、不公平だと感じる者が多くなり、一生に一度しかないような好機を生かせないことがあるということ。

④ 様々な場面で人を上手く召し使わないと、その人が自分自身にとって将来必要となる能力を身に付ける機会を失ってしまうことがあるということ。

⑤ 必要な能力を身に付けることができなければ、状況を適切に判断することができず、自分の進むべき道がわからなくなることがあるということ。

問2 空欄 A ・ B に入る語句の組合せとして最も適当なものを、次の①～⑤のうちから一つ選べ。解答番号は 18 。

① A 滅ぼす　B 愛する
② A 欺く　B 罰する
③ A 憎む　B 慈しむ
④ A 誇る　B 守る
⑤ A 治むる　B 貪る

問3　傍線部B　今臣得矣　とあるが、豹はどのようなことを理解したのか。最も適当なものを、次の①～⑤のうちから一つ選べ。解答番号は　19　。

①　人民から尊敬されずとも、文侯に取り入って信頼を勝ち取ることが鄴を治めることになるということ。
②　人民の税を軽くし、清廉潔白な政治を行うことが、鄴の長官としてふさわしい行動であるということ。
③　人民から重く税を取り立て、文侯の側近たちに取り入ることが、鄴を治めることになるということ。
④　文侯の側近たちの意向を特に重んじ、人民の税を軽くすることが鄴を治めることになるということ。
⑤　文侯やその側近たちよりも人民を大切にすることが、鄴の長官として本来あるべき姿だということ。

問4　傍線部C　遂不受　とあるが、文侯はなぜ官印を豹から受け取らなかったのか。最も適当なものを、次の①～⑤のうちから一つ選べ。解答番号は　20　。

①　側近たちが豹のことを悪く言っていたため誤解していたが、実は豹が鄴を正しく治めていたと分かったから。
②　側近たちが鄴を治めるために豹を登用することを薦めていたが、実は文侯もそうしようと考えていたから。
③　側近たちは豹から悪く言われていたが、実は文侯のために鄴を正しく治めようと考えていたと分かったから。
④　豹が実際は正しく鄴を治めていないことが証明されたので、今後は正しく鄴を治めさせようと考えたから。
⑤　豹は側近たちから悪く言われてやる気を失っていたが、実は以前から豹の能力が高いことを理解していたから。

問5　田中さんのクラスでは、Ⅰ～Ⅲの文章を読んだ後で、話合いをした。次の【話合いの一部】を読んで、⑴、⑵に答えよ。

【話合いの一部】

田中さん　「ⅠからⅢの文章は、人を召し使うことについて記されているね。」

渡辺さん　「そうだね。Ⅰの文章では、その人に適した役割を与えることが重要だと述べられているよ。」

佐藤さん　「Ⅰの文章にある、『文道に弓箭とりをつかひ、こと葉たらぬ人を使節にし侍り、心とるべき所に鈍なる人を用ゐなどする』というのは、この文章中の喩《たと》えでいうなら、［　C　］ということになるのかな。」

田中さん　「そういうことになるね。Ⅱの文章では、君主の心を知るには、その寵愛する人を見ると良いとあるね。では、Ⅲの文章で、清廉潔白な仕事ぶりであった豹を評価しなかった文侯は、愚かで悪い君主だったのかな。」

渡辺さん　「そうとは言えないよ。最後には豹のことを認めているから。」

佐藤さん　「では、文侯に必要だったものは、何だったのかな。」

田中さん　「Ⅱの文章にあるように、君主として、［　D　］が必要だったのだと思うよ。」

渡辺さん　「うん、そうだね。」

⑴　空欄［　C　］に入る内容として最も適当なものを、次の①～⑤のうちから一つ選べ。解答番号は［21］。

① まっすぐな木は車輪にできないため、曲げるべきだ
② まっすぐな木は、車輪と轅のどちらにも使用できる
③ 曲がった木は轅にできないため、まっすぐにすべきだ
④ 曲がった木を轅にして、まっすぐな木を車輪に用いる
⑤ 曲がった木とまっすぐな木を利用して、車輪を作る

(2) 空欄 D に入る内容として最も適当なものを、次の①～⑤のうちから一つ選べ。解答番号は 22 。

① 身近な者よりも自分とは日頃接することのない部下の働きを見て、正当に評価すること
② 身近な者からそうでない者まで広く人々の働きを見ることにより、適切に処遇すること
③ 側近たちの意見を聞き取るだけでなく、役人の実際の働きを見て、厳重に処罰すること
④ 側近だけでなく、民衆からも長官の働きを見てもらうことにより、的確に判断すること
⑤ 側近の推薦や能力にかかわらずに人々を登用し、その働きを見て、冷静に批判すること

令和３年度　第１回

解答・解説

【重要度の表記】

Ａ：重要度が高く確実に正答したい設問。しっかり復習する必要のある問題です。

Ｂ：重要度はＡレベルよりすこし下で、やや難易度が高い設問または内容を読み取る設問。高得点を狙う人は復習しましょう！

Ｃ：重要度が低い、または難解な設問。軽く復習する程度でよいでしょう！

令和３年度 第１回 高卒認定試験

【解 答】

解答番号			正答	配点
1	問１	1	④	2
	問２	2	③	2
		3	⑤	2
	問３	4	⑤	4
	問４	5	④	4
	問５	6	①	4
	問６	7	②	4
2	問	8	②	8
3	問１	9	②	5
	問２	10	①	5

解答番号			正答	配点
4	問１	11	①	5
	問２	12	②	5
	問３	13	③	5
	問４	14	⑤	5
	問５	15	③	5
	問６	16	④	5
5	問１	17	②	5
	問２	18	⑤	5
	問３	19	③	5
	問４	20	①	5
	問５	21	④	5
	問６	22	②	5

【解 説】

1

問１　傍線部の漢字は「えしゃく」と読みます。会釈とは、「すこし頭を下げて礼をすること。軽いお辞儀」という意味です。

したがって、正解は④となります。

解答番号【１】・４ ⇒ **重要度Ａ**

問２

（ア）カドとは「過度」と書き、「ふつうの程度を超えていること。度が過ぎること」という意味です。これより、傍線部の漢字は「過」となります。選択肢の漢字はそれぞれ、①大「家」、②「価」格、③「過」剰、④進「化」、⑤「華」麗となります。これらのうち、傍線部の「過」という漢字を含む選択肢は③となります。

したがって、正解は③となります。

解答番号【２】・３ ⇒ **重要度Ａ**

（イ）オクるとは「贈る」と書き、「物などを人に与える。贈呈する」という意味です。これより、傍線部の漢字は「贈」となります。選択肢の漢字はそれぞれ、①「起」床、②「興」味、③「後」悔、④「遅」刻、⑤「贈」与となります。これらのうち、傍線部の「贈」という漢字を含む選択肢は⑤となります。

したがって、正解は⑤となります。

解答番号【３】・５ ⇒ **重要度Ａ**

問３　「憎まれ口」とは「人から憎まれるようなことば。憎々しい物の言い方」という意味です。この「憎まれ口」ということばと相性の良いことばを選択肢から選びます。

したがって、正解は⑤となります。

解答番号【４】・５　⇓ 重要度Ａ

問４　「表面」という熟語は「表の面」という意味であり、「表」という字が「面」という字を修飾する構成となっています。これと同じように「上の字が下の字を修飾している」という構成になっている熟語を選択肢から選びます。

①「登山」は、「登」が登るという動作を、また「山」がその動作の目的語を表していて、「下の字が上の字の目的語になっている」という構成になっていることから誤りです。②「上下」は、「上」と「下」がそれぞれ反対の意味であり、「反対の意味を表す字を重ねる」という構成になっていることから誤りです。③「停止」は、「停」も「止」も「とまる」という意味であり、「同じような意味の漢字を重ねる」という構成になっていることから誤りです。④「偉人」は、文字どおり「偉い人」という意味であり、「上の字が下の字を修飾している」という構成になっているので正しいです。⑤「造園」は、「造」が造るという動作を、また「園」がその動作の目的語を表していて、「下の字が上の字の目的語になっている」という構成になっていることから誤りです。

したがって、正解は④となります。

解答番号【５】・４　⇓ 重要度Ｂ

問５　「背水の陣」という故事成語の意味を知らない場合は、問題文に「わざと川を背にして陣を張り、勝利をおさめた」という、もととなっている故事が記されていますから、これに基づいて適切な意味を選択肢から選びます。

したがって、正解は①となります。

解答番号【６】・１　⇓ 重要度Ａ

問６　傍線部Ａについて、「お待ちしておりました」は、「お待ちする」という謙譲語に丁重語「おる」と丁寧語「ます」が組み合わさった形で、店員から客に対して用いる敬語として適切です。傍線部Ｂについて、「おっしゃっていました」は、「おっしゃる」という尊敬語に丁寧語「ます」が組み合わさった形ですが、店員から自社の担当の者に対して用いるのは不適切です。傍線部Ｃについて、「御依頼」は、「依頼」という語に相手に対する敬意を示す「御」という接頭語が付いた形で、店員から客に対して用いる敬語として適切です。傍線部Ｄについて、「お答えします」は、「お答えする」という謙譲語と丁寧語「ます」が組み合わさった形で、店員から客に対して用いる敬語として適切です。傍線部Ｅについて、「おっしゃった」は、「おっしゃる」という尊敬語で、店員から客に対して用いる敬語として適切です。

したがって、正解は②となります。

解答番号【７】・２　⇓ 重要度Ｂ

2

問　①について、「スピーチの中で挙げられていた数値について」という部分が、スピーチでは具体的な数値が挙げられていないことと、谷川さんの質問は農業への取り組みについてのものであることから誤りです。②について、大森さんの質問は農業の研究や改革が行われてきた背景や品種改良の成功例を問うものであるので正しいです。③について、「その由来を明らかにする」という部分が、小林さんの質問は品質管理や販路拡大について具体的な説明を求めていることから誤りです。④について、「矛盾が生じていることを指摘する」という部分が、中原さんの質問はミナミスターの成功による市民への影響やメロン以外の作物についてのものであって矛盾を指摘するものではないことから誤りです。⑤について、たしかに山下さんは上野さんの2つ目の質問に「私にはまだよく分かりません」と答えてはいますが、この回答に対する上野さんの応答はありません。それゆえ、ここからは知識不足を指摘する内容は読み取れませんので、「山下さんの知識不足について、指摘する」という部分が誤りです。

したがって、正解は②となります。

解答番号【8】・2 ⇒ **重要度A**

3

問1　まず、空欄Ⅰ～Ⅴの前後の展開を読み取って、選択肢の文章が入る余地があるかどうかを検討します。その余地があると考えられる場合には、選択肢の組み合わせにしたがって空欄に選択肢の文章を入れてみて、前後のつながりを確認します。

①について、Ⅰの空欄の前後は「今年度は交通事故は発生していない↓だが↓今後も事故に遭わないという保証はない」という展開になっているため、選択肢の文章が入る余地がないことから誤りです。②について、段落の末尾にⅡの空欄があるため、選択肢の文章が入る余地が認められます。また、この段落では「自転車と人との接触事故」を話題として取り上げ、自転車が「凶器」となる可能性があると述べています。選択肢エの文章はそれを受けた展開となっているので正しいです。③について、Ⅲの空欄の前後は「慣れた自転車で慣れた道を走るため↓また↓この『慣れ』から」という展開になっているため、選択肢の文章が入る余地がないことから誤りです。④について、Ⅳの空欄の前後は「傘差し運転、イヤホンをつけての運転↓このような行為」という展開になっているため選択肢の文章が入る余地がないことから誤りです。⑤について、段落の末尾にⅤの空欄があるため、選択肢の文章が入る余地が認められます。しかし、空欄の直前に着目すると、話題がすでに自転車通学から徒歩通学に移っています。もし選択肢イの文章を入れるとなると、また自転車通学の話題に戻すことになってしまうことから誤りです。

したがって、正解は②となります。

解答番号【9】・2 ⇒ **重要度B**

問2　①について、論理の展開を変えていないだけでなく、「～利用している。」と修正することによって、「本校の生徒～利用していて」という部分が次の行の「～ため」という部分に係るのかどうかという曖昧さを解消しているので正しいです。②について、「そのため」という接続詞を入れるには、その前が「原因」でその後が「結果」という展開になっていなければなりませんが、そのような展開になってないことから誤りです。③について、「幼いころから自転車に乗り慣れており」と「慣れた自転車で慣れた道を走る」は「並列」の関係であるため、「どちらかひとつ」という意味を示す接続詞「あるいは」を入れることはできないことから誤りです。④および⑤について、「～走るためだ。」とすると、この文は「原因」を述べるものとなります。その場合、論理の展開として、この文のひとつ前の文で「結果」が述べられていなければなりません。しかし、前文ないしは前段落にさかのぼっても因果関係は認められないことから誤りです。

したがって、正解は①となります。

解答番号【10】・1　⇒　重要度B

4

問１　傍線部Aの前にある「少々乱暴にいえば」ということばに着目すると、傍線部Aはその１行前の「私たちの周囲の世界を力学的な法則で理解する」という部分を比喩的に言い換えた表現であることがわかります。また、傍線部Aの段落全体に視野を広げて指示語や接続詞に着目すると、傍線部Aの４行前の「世界の中の～理解しようと」する、２行前の「自然界の一切の～法則で整理する」という部分のどちらも、傍線部Aの内容を別のことばで言い換えた表現となっています。これらのことを参考に選択肢を見ていきます。

①について、「力学的な法則に～動くものだ」という部分が、先述した言い換え内容を踏まえて「機械仕掛けの時計のような」という比喩表現を説明するものとなっているので正しいです。②について、「世界は明確な意思を持って力学的な法則を活用し」という部分が、本文には世界そのものが主体性をもっているという言及がないことから誤りです。③について、「因果的法則性～力学的法則だけで」という部分が、本文ではいずれか片一方だけという言及がないことから誤りです。④について、「空間と時間という枠組みを利用できれば」という部分が、カントは世界の自然現象を理解するには因果的法則性という概念に従うことも必要だとしていることから誤りです。⑤について、「人間が世界を確実に動かすことができる」という部分が、本文には人間が主体となって世界を動かしているという言及がないことから誤りです。

したがって、正解は①となります。

解答番号【11】・1　⇒　重要度A

問２　傍線部Bが含まれる一文に着目すると、私たちの人間社会は「地上の植物の世界」や「太陽系の惑星のシステム」つまり自然世界とは異なる世界であることがわかります。また、次の段落ではこの『共同体』という世界」の構成員である私たちがいかなる存在であるかが述べられています。これらのことを参考に選択肢を見ていきます。

①について、「力学の法則に従って動いている世界」という部分が、先述の内容と合致しないことから誤りです。②について、次の段落の共同体という世界のメンバーである私たち自身についての記述を踏まえた説明となっているので正しいです。③について、後の段落ではたしかに道具としての人間の存在や利己主義についての言及はありますが、あくまで共同体という世界の一部の話です。それを共同体の全体にあてはめるかのような説明になっていることから誤りです。④について、「むしろその者が～ように導く世界」という部分が、本文に言及がないことから誤りです。⑤について、「利他的に善人らしく振るまうことを強要し合う世界」という部分が、本文に言及がないことから誤りです。

したがって、正解は②となります。

解答番号【12】・2 ⇒ **重要度B**

問3　傍線部Cが含まれる一文に着目すると、傍線部Cはこの文の主部ですから、これに続く述部が傍線部Cの説明になっていることがわかります。また、傍線部Cの段落全体に視野を広げて指示語に着目すると、傍線部Cの次の行の「人格どうしが～とする社会」、その次の行の「物自体としての～『目的の王国』」という部分のいずれもが、傍線部Cを別のことばで言い換えた表現となっていることがわかります。これらのことを参考に選択肢を見ていきます。

①について、本文には「人間関係をよくする」という目的のためならば「嘘をつく」という手段が許容されるという言及がないことから誤りです。②について、人格がそれ自体として尊厳を要求できる存在たることを目的とするのであって、「周囲から感謝されること」を目的とするのではないことから誤りです。③について、「困っている人がいたら助ける」ことをすべての人に求めることは、人格としての尊厳を互いに認めて守ることにつながるので正しいです。④について、悪口を許容するというのは人格どうしが互いに認めて守ろうとする尊厳を傷つけ得るものであることから誤りです。⑤について、②と同様に、人格がそれ自体として尊厳を要求できる存在たることを目的とするのであって、「徳の高い人」になることを目的とするのではないことから誤りです。

したがって、正解は③となります。

解答番号【13】・3 ⇒ **重要度A**

問4　傍線部Dの直前にある「つまり」という接続詞に着目すると、前文の「それぞれが～こととは別に」という部分が傍線部Dの「個人個人の行動方針とは別に」という部分と対応し、前文の「人間どうしの～するべきなのか」という部分が傍線部Dの「社会全体にとっての共通の規則はどうあるべきか」という部分と対応していることがわかります。また、傍線部Dの2行前の「したがって」という接続詞に着目すると、傍線部Dを含む段落では「結果」が、その前の段落では「原因」が述べられていることがわかります。これらのことを参考に選択肢を見ていきます。

①について、「自分の好みや～られておらず」という部分が、自由な主体として生きることは認められていることから誤りです。②について、「刑罰の重さが平等でなくなるから」という部分が、刑罰の重さをどうするかという問題は善悪の判断という範疇のひとつの例に過ぎないことから誤りです。③について、「社会全体の一般的な基準を用意する必要がある」という部分が、なぜそのような一般的な基準を用意する必要があるのかという理由が欠けていることから誤りです。④について、「私たちは自分～してしまいがち」という部分が、本文に言及がないことから誤りです。⑤について、傍線部Dを含む段落のひとつ前の段落の内容と合致するので正しいです。

したがって、正解は⑤となります。

解答番号【14】・5 ⇒ **重要度B**

問5　傍線部Eにある「こうした」という指示語に着目すると、傍線部Eを含む段落ではこの「複雑な経路」を具体的に述べてきて、それを抽象的に言い換えたのが傍線部Eだとわかります。このことを参考に選択肢を見ていきます。

①について、「その原則にならった自分なりの生活のルールで」という部分が、判断基準はそのような個人の解釈に基づくルールではなく「自分の共同体に共通の規則」であることから誤りです。②について、「その規範とは～で判断する」という部分が、判断基準は思いつきなどではなく共同体の共通の規則であることから誤りです。③について、傍線部Eの前で具体的に述べられてきた筋道を踏まえた説明となっているので正しいです。④について、「自分の行動方針を好みや性格に基づいて考えた上で」という部分が、個人の行動方針は好みや性格ではなく共同体に共通する規則に基づき、また判断されることから誤りです。⑤について、「各人の好みや～と比較させつつ」という部分が、行動の良否を判断する基準に好みや個人の性格に基づく行動方針は含まれないことから誤りです。

したがって、正解は③となります。

解答番号【15】・3　⇒　重要度A

問6　①について、「共同体における～試みている」という部分が、本文に言及がないことから誤りです。②について、「カントの目指す～述べている」という部分が、筆者は一貫してカントの思想に基づいて論を展開していることから誤りです。③について、「カントの思想の弱点の補強を試みている」という部分が、本文にはカントの思想の弱点についての言及がないことから誤りです。④について、この文章全体の展開と内容を踏まえた論旨となっているので正しいです。⑤について、「カントの考えを否定する立場をとり」という部分が、②と同様に、筆者は一貫してカントの思想を援用して論を展開していることから誤りです。

したがって、正解は④となります。

5

解答番号【16】・4　⇒　重要度A

Ⅰ（現代語訳）

知恵もあり利口でもある人というのは、人をどのように使うかでわかるものです。自分の気に入った者を何事につけても用いることは誰しもよくあることであります。しかし、文学の道に武士を就かせたり、ことばに長けていない人を使節に任命したり、思慮が必要とされる地位に愚かな人物を登用したりというほどに、人の使いどころを誤ってしまうと、かえってその人の一生を駄目にしてしまうこともございます。その分野の事柄に通じているかどうかを判断して人を用いなければなりません。曲がったものは車輪にし、まっすぐなものは轅にしようとすれば、無用な人はいないはずなのです。たとえ自分の気に入らぬ者であっても、きっと物事に応じて人を用いるのがよいのではないでしょうか。

Ⅱ（現代語訳）

幼少の頃から人として正しい行いをする者と行動をともにすべきで、軽々しくも人の道に背く行いをする者に付き従ってはならない。水は正方形や円形の器の形に従い、人はいかなる者と付き合うかによって変わるというのは真実であることよ。このようなわけで、国をうまく治める守護は知恵と人徳を備える者を大事にするが、民を搾取する国司は口先が巧みで心のねじけている者を好むという趣旨のことが語り継がれているのだ。主君の心を知ろうとするならば、その主君が寵愛する者を見れば、その心がわかるということがある。

（中略）

人をたくさん召し使う心得は、総じて太陽と月が草木や国土を照らしてくださるように、主君の近くで仕える者にもそれ以外の者にも、山や海を隔ててはるか遠くにいる下級武士やそれ以下の身分の者に至るまで、いつも慈悲と誅罰の精神を行きとどかせて、その者たちに応じて召し使うのがよいのである。多くの武士の頭領を務める者は、知恵や学識がなく（武士たちを）油断させてしまうと、身分の高い者からも低い者からも批判されることが多いであろう。ただふだんから、仏様が一切の人類や動物を救おうとして万物におっしゃられるように、思いを尽くして、文武両道を心掛けておかれるのがよい。国と民を治めるにあたっては、仁義礼智信のどれかひとつでも欠けてしまうと、うまくいかないであろう。正しい道にあって過ちを犯しても、人の恨みをかうことはない。しかし、道理に背いて死罪としたならば、その恨みは深いものとなる。そのようなわけで、その過ちの報いからは逃れられないのだ。第一には臣下のうちの忠心のある者となき者を区別して、恩賞を与えるべきことが肝要である。

Ⅲ

（書き下し文）

西門豹鄴の令と為り、清剋潔愨にして、秋毫の端も私利する無しなり。而れども甚だ左右を簡にす。左右因りて相与に比周して之を悪す。居ること期年、計を上るに、君其の璽を収む。豹自ら請ひて曰はく、「臣昔者には鄴を治むる所以を知らず、今臣得たり。願はくは璽を請ひ復た以て鄴を治めん。当たらずんば、請ふ斧鑕の罪に伏せん」と。文侯忍びずして復た之を与ふ。豹因りて重く百姓に斂し、急に左右に事ふ。期年にして、計を上るに、文侯迎へて之を拝す。豹対へて曰はく、「往年臣君の為に鄴を治む。而るに君臣の璽を奪ふ。今臣左右の為に鄴を治む。而るに君臣を拝す。臣治むること能わず」と。遂に璽を納れて去る。文侯受けず、曰はく、「寡人曩には子を知らず、今知れり。願はくは子勉めて寡人の為に之を治めよ」と。遂に受けず。

（現代語訳）

西門豹は鄴の長官となったが、清廉潔白にして誠実であり、ごく僅かも私利を計ることがなかった。ただ君主の側近たちをひどくないがしろに扱った。それで側近たちはともに徒党を組んで西門豹を中傷するようになった。長官となって一年が経って会計報告をしたところ、君主は西門豹の官印を取り上げて免職とした。豹は自ら願い出て次のように言った、「わたくしはこれまで鄴の治め方を知りませんでした。しかし今、わたくしは理解しました。願わくは官印をたまわりまして今一度鄴を治めたく存じます。もしこれでうまくいきませんでしたら、斬罪の刑に服させてください」と。文侯はあわれに思って再び官印を与えた。そこで今度は豹は多くの人民たちから重税を取り立て、しきりに例の側近たちに取り入ったのだった。また一年が経過して会計報告をしたところ、文侯は拝礼して西門豹を迎えた。豹はこれに対して次のように言った、「昨年は、殿下のために鄴を治めましたが、殿下はわたくしの官印をお取り上げになりました。今年は、殿下の側近たちのために鄴を治めましたが、殿下はわたくしに拝礼をなさいました。これではわたくしには鄴を治めることはできません」と。西門豹はそのまま官印を返納してその場を離れようとしたが、文侯は官印を受け取らず次のように言った、「われはこれまでそなたのことを知らなかったのだ。しかし今、われは理解した。願わくはそなたはわれのために鄴を治めることに尽力してもらえはしまいか」と。そのまま文侯は西門豹から官印を受け取らなかった。

問1　傍線部Ａ「人の一期をうしなふことの侍るなり」の直前に「文道に弓箭とりを～ちがひぬる時」とあります。これより、傍線部Ａはその人の適性を考慮せずに人を用いたことによって生じ得る事態が述べられていることがわかります。このことを参考に選択肢を見ていきます。

①について、「自分自身の権力を～ことができずに」という部分が、本文に言及がないことから誤りです。②について、傍線部Ａ「人の一期をうしなふことの侍るなり」とその直前の「文道に弓箭とりを～ちがひぬる時」という部分の内容と合致するので正しいです。③について、「不公平だと感じる者が多くなり」という部分は本文に言及がなく、「一生に一度しかないような好機」という部分は傍線部Ａの「一期」がここでは「好機」ではなく「一生、生涯」という意味を表すことから誤りです。④について、「その人が自分自身にとって将来必要となる能力」という部分は本文に言及がなく、「能力を身に付ける機会」という部分は③と同様に「一期」が「機会」ではなく「一生、生涯」という意味を表すことから誤りです。⑤について、「必要な能力を身に付ける」という部分は本文に言及がなく、「状況を適切に～わからなくなる」という部分は傍線部Ａの内容と合致しないことから誤りです。

したがって、正解は②となります。

解答番号【17】・2　⇒ **重要度B**

問2　空欄Ａの直前に「爰を以て」とあります。「爰を以て」とは「このようなわけで」という意味です。これより、前の文には空欄Ａと空欄Ｂを含む一文の内容の「原因」が述べられていることがわかります。前の文の内容は、人は善人と付き合えば善人に悪人と付き合えば悪人になるものだということです。これに基づけば、賢人を大事にする守護は善人であり、佞人を好む国司は悪人であるはずだと解釈できますので、空欄Ａにはプラスの意味をもつ「治むる」が入り、空欄Ｂにはマイナスの意味をもつ「貪る」が入ります。

したがって、正解は⑤となります。

解答番号【18】・5　⇒ **重要度A**

問3　傍線部Ｂ「今臣得矣」の直前に「臣昔者不知所以治鄴」とあります。これより、豹が理解したのは鄴の治め方であることがわかります。また、この後の展開として、豹がこのやりとりで心得たという治め方が具体的に述べられます。これらのことを参考に選択肢を見ていきます。

①について、「文侯に取り入って」という部分が、本文では文侯の側近たちに取り入っていることから誤りです。②について、「人民の税を軽くし」という部分が、本文では重税を課していることから誤りです。③について、「人民から重く～に取り入る」という部分が、本文の内容と合致するので正しいです。④について、「人民の税を軽くする」という部分が、本文では重税を取り立てていることから誤りです。⑤について、「文侯やその側近たちよりも人民を大切にする」という部分が、本文では人民からは重税を取り立て、また文侯の側近たちに取り入っていることから誤りです。

したがって、正解は③となります。

解答番号【19】・3 ⇓ **重要度B**

問4　傍線部C「遂不受」の直前に「寡人曩不知子、今知矣。願子勉為寡人治之」とあります。ここから、以前は豹が鄴をうまく治めることができていないと考えていたが、今になって豹が鄴を正しく治めていたことが文侯にも理解されたことがわかります。このことを参考に選択肢を見ていきます。

①について、「側近たちが～治めていた」という部分が、本文の内容と合致するので正しいです。②について、「側近たちが～薦めていた」という部分が、本文では側近たちは豹を中傷していることから誤りです。③について、「側近たちは豹から悪く言われていた」という部分が、本文では側近たちが豹を中傷していたことから誤りです。④について、「豹が実際は～証明された」という部分が、傍線部Cの直前の「寡人曩不知子、今知矣。願子勉為寡人治之」という部分の内容と合致しないことから誤りです。⑤について、「やる気を失っていたが」という部分は本文に言及がなく、「実は以前から豹の能力が高いことを理解していた」という部分は、本文では豹の能力を見誤っていることから誤りです。

したがって、正解は①となります。

解答番号【20】・1 ⇓ **重要度B**

問5　選択肢には「車輪」と「轅」ということばが並んでいますから、佐藤さんが言及しているⅠの文章中の喩えというのは「曲がれるは輪につくり、直なるは轅にせん」だとわかります。また、佐藤さんが引用している「文道に弓箭とりを～用ゐなどする」という部分は、その人の適性を考慮せずに人を用いるという内容です。これらのことから物の本来の形状を無視して「車輪」あるいは「轅」の用途に用いている選択肢を選ぶことになります。

したがって、正解は④となります。

解答番号【21】・4 ⇓ **重要度B**

問6　田中さんの発言には「Ⅱの文章にあるように」とありますから、文侯に必要であったものはⅡの文章に示されていることになります。また、文侯に必要であったものを問うていますから、Ⅲの文章で文侯が君主として豹に対してどう振舞ったのかも併せて考える必要があります。これらのことを参考に選択肢を見ていきます。

①について、「身近な者よりも～働きを見て」という部分が、Ⅱの文章に身近な者よりもそうでない者を重視するという言及がないことから誤りです。②について、Ⅱの文章の内容に合致するだけでなく、君主として文侯に必要なこととしても合致するので正しいです。③について、「厳重に処罰する」という部分が、Ⅱの文章では厳重な処罰ではなく正当な評価とその対処が肝要だとあることから誤りです。④について、「側近だけでなく～ことにより」という部分が、Ⅱの文章に長官に対する民衆の評価を参考にするという言及がないことから誤りです。⑤について、「側近の推薦や能力にかかわらずに人々を登用し」という部分が、Ⅱの文章に言及がないことから誤りです。

したがって、正解は②となります。

解答番号【22】・2 ⇓ **重要度B**

キリトリ線

第　回　高等学校卒業程度認定試験

国　語　解答用紙

氏　名	

受験番号 ⇒

①	⓪①②③④⑤⑥⑦⑧⑨	⓪①②③④⑤⑥⑦⑧⑨	⓪①②③④⑤⑥⑦⑧⑨	⓪①②③④⑤⑥⑦⑧⑨

生年月日 ⇒

年号						
明治Ⓜ 大正Ⓣ 昭和Ⓢ 平成Ⓗ	⓪①②③④⑤⑥	⓪①②③④⑤⑥⑦⑧⑨	⓪①	⓪①②③④⑤⑥⑦⑧⑨	⓪①②③	⓪①②③④⑤⑥⑦⑧⑨

（注意事項）
1．記入はすべてＨまたはＨＢの黒色鉛筆を使用してください。
2．訂正するときは、プラスチックの消しゴムで丁寧に消し、消しくずを残さないでください。
3．所定の記入欄以外には何も記入しないでください。
4．解答用紙を汚したり、折り曲げたりしないでください。
5．マーク例　良い例　悪い例

受験地			
北海道	○	滋　賀	○
青　森	○	京　都	○
岩　手	○	大　阪	○
宮　城	○	兵　庫	○
秋　田	○	奈　良	○
山　形	○	和歌山	○
福　島	○	鳥　取	○
茨　城	○	島　根	○
栃　木	○	岡　山	○
群　馬	○	広　島	○
埼　玉	○	山　口	○
千　葉	○	徳　島	○
東　京	○	香　川	○
神奈川	○	愛　媛	○
新　潟	○	高　知	○
富　山	○	福　岡	○
石　川	○	佐　賀	○
福　井	○	長　崎	○
山　梨	○	熊　本	○
長　野	○	大　分	○
岐　阜	○	宮　崎	○
静　岡	○	鹿児島	○
愛　知	○	沖　縄	○
三　重	○		

解答番号	解答欄 1234567890
1	①②③④⑤⑥⑦⑧⑨⓪
2	①②③④⑤⑥⑦⑧⑨⓪
3	①②③④⑤⑥⑦⑧⑨⓪
4	①②③④⑤⑥⑦⑧⑨⓪
5	①②③④⑤⑥⑦⑧⑨⓪
6	①②③④⑤⑥⑦⑧⑨⓪
7	①②③④⑤⑥⑦⑧⑨⓪
8	①②③④⑤⑥⑦⑧⑨⓪
9	①②③④⑤⑥⑦⑧⑨⓪
10	①②③④⑤⑥⑦⑧⑨⓪
11	①②③④⑤⑥⑦⑧⑨⓪
12	①②③④⑤⑥⑦⑧⑨⓪
13	①②③④⑤⑥⑦⑧⑨⓪
14	①②③④⑤⑥⑦⑧⑨⓪
15	①②③④⑤⑥⑦⑧⑨⓪

解答番号	解答欄 1234567890
16	①②③④⑤⑥⑦⑧⑨⓪
17	①②③④⑤⑥⑦⑧⑨⓪
18	①②③④⑤⑥⑦⑧⑨⓪
19	①②③④⑤⑥⑦⑧⑨⓪
20	①②③④⑤⑥⑦⑧⑨⓪
21	①②③④⑤⑥⑦⑧⑨⓪
22	①②③④⑤⑥⑦⑧⑨⓪
23	①②③④⑤⑥⑦⑧⑨⓪
24	①②③④⑤⑥⑦⑧⑨⓪
25	①②③④⑤⑥⑦⑧⑨⓪
26	①②③④⑤⑥⑦⑧⑨⓪
27	①②③④⑤⑥⑦⑧⑨⓪
28	①②③④⑤⑥⑦⑧⑨⓪
29	①②③④⑤⑥⑦⑧⑨⓪
30	①②③④⑤⑥⑦⑧⑨⓪

キリトリ線

第　回　高等学校卒業程度認定試験

国　語　解答用紙

氏　名	

(注意事項)

1. 記入はすべてHまたはHBの黒色鉛筆を使用してください。
2. 訂正するときは、プラスチックの消しゴムで丁寧に消し、消しくずを残さないでください。
3. 所定の記入欄以外には何も記入しないでください。
4. 解答用紙を汚したり、折り曲げたりしないでください。
5. マーク例

良い例	●

悪い例	

受験番号⇒

①	⓪①②③④⑤⑥⑦⑧⑨	⓪①②③④⑤⑥⑦⑧⑨	⓪①②③④⑤⑥⑦⑧⑨	⓪①②③④⑤⑥⑦⑧⑨

生年月日⇒

年号						
明治Ⓜ 大正Ⓣ 昭和Ⓢ 平成Ⓗ	⓪①②③④⑤⑥	⓪①②③④⑤⑥⑦⑧⑨	⓪①	⓪①②③④⑤⑥⑦⑧⑨	⓪①②③	⓪①②③④⑤⑥⑦⑧⑨

受験地			
北海道	○	滋　賀	○
青　森	○	京　都	○
岩　手	○	大　阪	○
宮　城	○	兵　庫	○
秋　田	○	奈　良	○
山　形	○	和歌山	○
福　島	○	鳥　取	○
茨　城	○	島　根	○
栃　木	○	岡　山	○
群　馬	○	広　島	○
埼　玉	○	山　口	○
千　葉	○	徳　島	○
東　京	○	香　川	○
神奈川	○	愛　媛	○
新　潟	○	高　知	○
富　山	○	福　岡	○
石　川	○	佐　賀	○
福　井	○	長　崎	○
山　梨	○	熊　本	○
長　野	○	大　分	○
岐　阜	○	宮　崎	○
静　岡	○	鹿児島	○
愛　知	○	沖　縄	○
三　重	○		

解答番号	解答欄 1 2 3 4 5 6 7 8 9 0
1	①②③④⑤⑥⑦⑧⑨⓪
2	①②③④⑤⑥⑦⑧⑨⓪
3	①②③④⑤⑥⑦⑧⑨⓪
4	①②③④⑤⑥⑦⑧⑨⓪
5	①②③④⑤⑥⑦⑧⑨⓪
6	①②③④⑤⑥⑦⑧⑨⓪
7	①②③④⑤⑥⑦⑧⑨⓪
8	①②③④⑤⑥⑦⑧⑨⓪
9	①②③④⑤⑥⑦⑧⑨⓪
10	①②③④⑤⑥⑦⑧⑨⓪
11	①②③④⑤⑥⑦⑧⑨⓪
12	①②③④⑤⑥⑦⑧⑨⓪
13	①②③④⑤⑥⑦⑧⑨⓪
14	①②③④⑤⑥⑦⑧⑨⓪
15	①②③④⑤⑥⑦⑧⑨⓪

解答番号	解答欄 1 2 3 4 5 6 7 8 9 0
16	①②③④⑤⑥⑦⑧⑨⓪
17	①②③④⑤⑥⑦⑧⑨⓪
18	①②③④⑤⑥⑦⑧⑨⓪
19	①②③④⑤⑥⑦⑧⑨⓪
20	①②③④⑤⑥⑦⑧⑨⓪
21	①②③④⑤⑥⑦⑧⑨⓪
22	①②③④⑤⑥⑦⑧⑨⓪
23	①②③④⑤⑥⑦⑧⑨⓪
24	①②③④⑤⑥⑦⑧⑨⓪
25	①②③④⑤⑥⑦⑧⑨⓪
26	①②③④⑤⑥⑦⑧⑨⓪
27	①②③④⑤⑥⑦⑧⑨⓪
28	①②③④⑤⑥⑦⑧⑨⓪
29	①②③④⑤⑥⑦⑧⑨⓪
30	①②③④⑤⑥⑦⑧⑨⓪

キリトリ線

第　回　高等学校卒業程度認定試験

国　語　解答用紙

氏　名	

受験番号⇒

①	⓪①②③④⑤⑥⑦⑧⑨	⓪①②③④⑤⑥⑦⑧⑨	⓪①②③④⑤⑥⑦⑧⑨	⓪①②③④⑤⑥⑦⑧⑨

生年月日⇒

年号						
明治Ⓜ 大正Ⓣ 昭和Ⓢ 平成Ⓗ	⓪①②③④⑤⑥	⓪①②③④⑤⑥⑦⑧⑨	⓪①	⓪①②③④⑤⑥⑦⑧⑨	⓪①②③	⓪①②③④⑤⑥⑦⑧⑨

受験地	
北海道 ○	滋賀 ○
青森 ○	京都 ○
岩手 ○	大阪 ○
宮城 ○	兵庫 ○
秋田 ○	奈良 ○
山形 ○	和歌山 ○
福島 ○	鳥取 ○
茨城 ○	島根 ○
栃木 ○	岡山 ○
群馬 ○	広島 ○
埼玉 ○	山口 ○
千葉 ○	徳島 ○
東京 ○	香川 ○
神奈川 ○	愛媛 ○
新潟 ○	高知 ○
富山 ○	福岡 ○
石川 ○	佐賀 ○
福井 ○	長崎 ○
山梨 ○	熊本 ○
長野 ○	大分 ○
岐阜 ○	宮崎 ○
静岡 ○	鹿児島 ○
愛知 ○	沖縄 ○
三重 ○	

（注意事項）
1．記入はすべてＨまたはＨＢの黒色鉛筆を使用してください。
2．訂正するときは、プラスチックの消しゴムで丁寧に消し、消しくずを残さないでください。
3．所定の記入欄以外には何も記入しないでください。
4．解答用紙を汚したり、折り曲げたりしないでください。
5．マーク例　良い例 ●　悪い例

解答番号	解答欄 1 2 3 4 5 6 7 8 9 0
1	①②③④⑤⑥⑦⑧⑨⓪
2	①②③④⑤⑥⑦⑧⑨⓪
3	①②③④⑤⑥⑦⑧⑨⓪
4	①②③④⑤⑥⑦⑧⑨⓪
5	①②③④⑤⑥⑦⑧⑨⓪
6	①②③④⑤⑥⑦⑧⑨⓪
7	①②③④⑤⑥⑦⑧⑨⓪
8	①②③④⑤⑥⑦⑧⑨⓪
9	①②③④⑤⑥⑦⑧⑨⓪
10	①②③④⑤⑥⑦⑧⑨⓪
11	①②③④⑤⑥⑦⑧⑨⓪
12	①②③④⑤⑥⑦⑧⑨⓪
13	①②③④⑤⑥⑦⑧⑨⓪
14	①②③④⑤⑥⑦⑧⑨⓪
15	①②③④⑤⑥⑦⑧⑨⓪

解答番号	解答欄 1 2 3 4 5 6 7 8 9 0
16	①②③④⑤⑥⑦⑧⑨⓪
17	①②③④⑤⑥⑦⑧⑨⓪
18	①②③④⑤⑥⑦⑧⑨⓪
19	①②③④⑤⑥⑦⑧⑨⓪
20	①②③④⑤⑥⑦⑧⑨⓪
21	①②③④⑤⑥⑦⑧⑨⓪
22	①②③④⑤⑥⑦⑧⑨⓪
23	①②③④⑤⑥⑦⑧⑨⓪
24	①②③④⑤⑥⑦⑧⑨⓪
25	①②③④⑤⑥⑦⑧⑨⓪
26	①②③④⑤⑥⑦⑧⑨⓪
27	①②③④⑤⑥⑦⑧⑨⓪
28	①②③④⑤⑥⑦⑧⑨⓪
29	①②③④⑤⑥⑦⑧⑨⓪
30	①②③④⑤⑥⑦⑧⑨⓪

キリトリ線

第　回　高等学校卒業程度認定試験

国　語　解答用紙

氏　名	

受験番号⇒

①	⓪①②③④⑤⑥⑦⑧⑨	⓪①②③④⑤⑥⑦⑧⑨	⓪①②③④⑤⑥⑦⑧⑨	⓪①②③④⑤⑥⑦⑧⑨

生年月日⇒

年号						
明治Ⓜ 大正Ⓣ 昭和Ⓢ 平成Ⓗ	⓪①②③④⑤⑥	⓪①②③④⑤⑥⑦⑧⑨	⓪①	⓪①②③④⑤⑥⑦⑧⑨	⓪①②③	⓪①②③④⑤⑥⑦⑧⑨

（注意事項）
1．記入はすべてＨまたはＨＢの黒色鉛筆を使用してください。
2．訂正するときは、プラスチックの消しゴムで丁寧に消し、消しくずを残さないでください。
3．所定の記入欄以外には何も記入しないでください。
4．解答用紙を汚したり、折り曲げたりしないでください。
5．マーク例　良い例 ●　悪い例

受験地	
北海道 ○	滋　賀 ○
青　森 ○	京　都 ○
岩　手 ○	大　阪 ○
宮　城 ○	兵　庫 ○
秋　田 ○	奈　良 ○
山　形 ○	和歌山 ○
福　島 ○	鳥　取 ○
茨　城 ○	島　根 ○
栃　木 ○	岡　山 ○
群　馬 ○	広　島 ○
埼　玉 ○	山　口 ○
千　葉 ○	徳　島 ○
東　京 ○	香　川 ○
神奈川 ○	愛　媛 ○
新　潟 ○	高　知 ○
富　山 ○	福　岡 ○
石　川 ○	佐　賀 ○
福　井 ○	長　崎 ○
山　梨 ○	熊　本 ○
長　野 ○	大　分 ○
岐　阜 ○	宮　崎 ○
静　岡 ○	鹿児島 ○
愛　知 ○	沖　縄 ○
三　重 ○	

解答番号	解答欄 1 2 3 4 5 6 7 8 9 0
1	①②③④⑤⑥⑦⑧⑨⓪
2	①②③④⑤⑥⑦⑧⑨⓪
3	①②③④⑤⑥⑦⑧⑨⓪
4	①②③④⑤⑥⑦⑧⑨⓪
5	①②③④⑤⑥⑦⑧⑨⓪
6	①②③④⑤⑥⑦⑧⑨⓪
7	①②③④⑤⑥⑦⑧⑨⓪
8	①②③④⑤⑥⑦⑧⑨⓪
9	①②③④⑤⑥⑦⑧⑨⓪
10	①②③④⑤⑥⑦⑧⑨⓪
11	①②③④⑤⑥⑦⑧⑨⓪
12	①②③④⑤⑥⑦⑧⑨⓪
13	①②③④⑤⑥⑦⑧⑨⓪
14	①②③④⑤⑥⑦⑧⑨⓪
15	①②③④⑤⑥⑦⑧⑨⓪

解答番号	解答欄 1 2 3 4 5 6 7 8 9 0
16	①②③④⑤⑥⑦⑧⑨⓪
17	①②③④⑤⑥⑦⑧⑨⓪
18	①②③④⑤⑥⑦⑧⑨⓪
19	①②③④⑤⑥⑦⑧⑨⓪
20	①②③④⑤⑥⑦⑧⑨⓪
21	①②③④⑤⑥⑦⑧⑨⓪
22	①②③④⑤⑥⑦⑧⑨⓪
23	①②③④⑤⑥⑦⑧⑨⓪
24	①②③④⑤⑥⑦⑧⑨⓪
25	①②③④⑤⑥⑦⑧⑨⓪
26	①②③④⑤⑥⑦⑧⑨⓪
27	①②③④⑤⑥⑦⑧⑨⓪
28	①②③④⑤⑥⑦⑧⑨⓪
29	①②③④⑤⑥⑦⑧⑨⓪
30	①②③④⑤⑥⑦⑧⑨⓪

- - - - - - - - - - キ リ ト リ 線 - - - - - - - - - -

第　　回　高等学校卒業程度認定試験

国　語　解答用紙

氏　名	

（注意事項）
1．記入はすべてＨまたはＨＢの黒色鉛筆を使用してください。
2．訂正するときは、プラスチックの消しゴムで丁寧に消し、消しくずを残さないでください。
3．所定の記入欄以外には何も記入しないでください。
4．解答用紙を汚したり、折り曲げたりしないでください。
5．マーク例　良い例 ●　悪い例

受験番号⇒

①	⓪①②③④⑤⑥⑦⑧⑨	⓪①②③④⑤⑥⑦⑧⑨	⓪①②③④⑤⑥⑦⑧⑨	⓪①②③④⑤⑥⑦⑧⑨

生年月日⇒

年号						
明治Ⓜ 大正Ⓣ 昭和Ⓢ 平成Ⓗ	⓪①②③④⑤⑥	⓪①②③④⑤⑥⑦⑧⑨	⓪①	⓪①②③④⑤⑥⑦⑧⑨	⓪①②③	⓪①②③④⑤⑥⑦⑧⑨

受験地			
北海道	○	滋　賀	○
青　森	○	京　都	○
岩　手	○	大　阪	○
宮　城	○	兵　庫	○
秋　田	○	奈　良	○
山　形	○	和歌山	○
福　島	○	鳥　取	○
茨　城	○	島　根	○
栃　木	○	岡　山	○
群　馬	○	広　島	○
埼　玉	○	山　口	○
千　葉	○	徳　島	○
東　京	○	香　川	○
神奈川	○	愛　媛	○
新　潟	○	高　知	○
富　山	○	福　岡	○
石　川	○	佐　賀	○
福　井	○	長　崎	○
山　梨	○	熊　本	○
長　野	○	大　分	○
岐　阜	○	宮　崎	○
静　岡	○	鹿児島	○
愛　知	○	沖　縄	○
三　重	○		

解答番号	解答欄 1 2 3 4 5 6 7 8 9 0
1	①②③④⑤⑥⑦⑧⑨⓪
2	①②③④⑤⑥⑦⑧⑨⓪
3	①②③④⑤⑥⑦⑧⑨⓪
4	①②③④⑤⑥⑦⑧⑨⓪
5	①②③④⑤⑥⑦⑧⑨⓪
6	①②③④⑤⑥⑦⑧⑨⓪
7	①②③④⑤⑥⑦⑧⑨⓪
8	①②③④⑤⑥⑦⑧⑨⓪
9	①②③④⑤⑥⑦⑧⑨⓪
10	①②③④⑤⑥⑦⑧⑨⓪
11	①②③④⑤⑥⑦⑧⑨⓪
12	①②③④⑤⑥⑦⑧⑨⓪
13	①②③④⑤⑥⑦⑧⑨⓪
14	①②③④⑤⑥⑦⑧⑨⓪
15	①②③④⑤⑥⑦⑧⑨⓪

解答番号	解答欄 1 2 3 4 5 6 7 8 9 0
16	①②③④⑤⑥⑦⑧⑨⓪
17	①②③④⑤⑥⑦⑧⑨⓪
18	①②③④⑤⑥⑦⑧⑨⓪
19	①②③④⑤⑥⑦⑧⑨⓪
20	①②③④⑤⑥⑦⑧⑨⓪
21	①②③④⑤⑥⑦⑧⑨⓪
22	①②③④⑤⑥⑦⑧⑨⓪
23	①②③④⑤⑥⑦⑧⑨⓪
24	①②③④⑤⑥⑦⑧⑨⓪
25	①②③④⑤⑥⑦⑧⑨⓪
26	①②③④⑤⑥⑦⑧⑨⓪
27	①②③④⑤⑥⑦⑧⑨⓪
28	①②③④⑤⑥⑦⑧⑨⓪
29	①②③④⑤⑥⑦⑧⑨⓪
30	①②③④⑤⑥⑦⑧⑨⓪

第　　回　高等学校卒業程度認定試験

国　語　解答用紙

氏　名	

（注意事項）
1．記入はすべてＨまたはＨＢの黒色鉛筆を使用してください。
2．訂正するときは、プラスチックの消しゴムで丁寧に消し、消しくずを残さないでください。
3．所定の記入欄以外には何も記入しないでください。
4．解答用紙を汚したり、折り曲げたりしないでください。
5．マーク例

良い例	●

悪い例	

受験番号⇒

①	⓪①②③④⑤⑥⑦⑧⑨	⓪①②③④⑤⑥⑦⑧⑨	⓪①②③④⑤⑥⑦⑧⑨	⓪①②③④⑤⑥⑦⑧⑨

生年月日⇒

年号						
明治Ⓜ 大正Ⓣ 昭和Ⓢ 平成Ⓗ	⓪①②③④⑤⑥	⓪①②③④⑤⑥⑦⑧⑨	⓪①	⓪①②③④⑤⑥⑦⑧⑨	⓪①②③	⓪①②③④⑤⑥⑦⑧⑨

受験地	
北海道 ○	滋　賀 ○
青　森 ○	京　都 ○
岩　手 ○	大　阪 ○
宮　城 ○	兵　庫 ○
秋　田 ○	奈　良 ○
山　形 ○	和歌山 ○
福　島 ○	鳥　取 ○
茨　城 ○	島　根 ○
栃　木 ○	岡　山 ○
群　馬 ○	広　島 ○
埼　玉 ○	山　口 ○
千　葉 ○	徳　島 ○
東　京 ○	香　川 ○
神奈川 ○	愛　媛 ○
新　潟 ○	高　知 ○
富　山 ○	福　岡 ○
石　川 ○	佐　賀 ○
福　井 ○	長　崎 ○
山　梨 ○	熊　本 ○
長　野 ○	大　分 ○
岐　阜 ○	宮　崎 ○
静　岡 ○	鹿児島 ○
愛　知 ○	沖　縄 ○
三　重 ○	

解答番号	解答欄 1234567890
1	①②③④⑤⑥⑦⑧⑨⓪
2	①②③④⑤⑥⑦⑧⑨⓪
3	①②③④⑤⑥⑦⑧⑨⓪
4	①②③④⑤⑥⑦⑧⑨⓪
5	①②③④⑤⑥⑦⑧⑨⓪
6	①②③④⑤⑥⑦⑧⑨⓪
7	①②③④⑤⑥⑦⑧⑨⓪
8	①②③④⑤⑥⑦⑧⑨⓪
9	①②③④⑤⑥⑦⑧⑨⓪
10	①②③④⑤⑥⑦⑧⑨⓪
11	①②③④⑤⑥⑦⑧⑨⓪
12	①②③④⑤⑥⑦⑧⑨⓪
13	①②③④⑤⑥⑦⑧⑨⓪
14	①②③④⑤⑥⑦⑧⑨⓪
15	①②③④⑤⑥⑦⑧⑨⓪

解答番号	解答欄 1234567890
16	①②③④⑤⑥⑦⑧⑨⓪
17	①②③④⑤⑥⑦⑧⑨⓪
18	①②③④⑤⑥⑦⑧⑨⓪
19	①②③④⑤⑥⑦⑧⑨⓪
20	①②③④⑤⑥⑦⑧⑨⓪
21	①②③④⑤⑥⑦⑧⑨⓪
22	①②③④⑤⑥⑦⑧⑨⓪
23	①②③④⑤⑥⑦⑧⑨⓪
24	①②③④⑤⑥⑦⑧⑨⓪
25	①②③④⑤⑥⑦⑧⑨⓪
26	①②③④⑤⑥⑦⑧⑨⓪
27	①②③④⑤⑥⑦⑧⑨⓪
28	①②③④⑤⑥⑦⑧⑨⓪
29	①②③④⑤⑥⑦⑧⑨⓪
30	①②③④⑤⑥⑦⑧⑨⓪

2024　高卒認定スーパー実戦過去問題集

国　語

2024年 2月 13日 初版 第1刷発行

編集：J-出版編集部
制作：J-Web School
発行：J-出版

〒112-0002 東京都文京区小石川2-3-4 第一川田ビル TEL 03-5800-0552
J-出版.Net http://www.j-publish.net/

この本についてのご質問・ご要望は次のところへお願いいたします。
*企画・編集内容に関することは、J-出版編集部(03-5800-0552)
*在庫・不良品(乱丁・落丁等)に関することは、J-出版(03-5800-0552)
*定価はカバーに記載してあります。

ISBN978-4-909326-90-4 C7300 Printed in Japan